REISEABENTEUER

DUMONT

DENNIS FREISCHLAD

DIESSEITS DER TAGE

EIN SOMMER AUF KUBA

REISEABENTEUER

DUMONT

Gestaltung: Herburg Weiland, München
Umschlagfotos: Michael Christopher Brown / Magnum Photos (Vorderseite),
Dennis Freischlad (Rückseite)
Fotos: Dennis Freischlad, Miloš Jevtić, Hermes Villena
Karten: Dennis Freischlad, Gerald Konopik, DuMont Reisekartografie
Printed in Spain
ISBN 978-3-7701-8287-9

www.dumontreise.de

Für Hermes und Demián

Nunca cansado, nunca triste, nunca culpado

»Ich sah was ich nicht sah,
aber das Auge?
Bestätigte.«
JOSÉ LEZAMA LIMA, »FRAGMENTE DER NACHT«

Fumigación! Normalerweise wird das Rauchgemisch zur Moskitoabwehr per Handgebläse in die Häuser gewölkt – manchmal schickt die Revolutionsarmee aber auch dieses Auto.

Wenn es nachts nicht regnet, wird aus meiner Herberge Casa Azul die „Terraza Azul".
Linny und Hermes noch im Tiefschlaf.

Eine der täglichen Sitzungen mit Mayra, *patrona* der Casa Azul

In der Innenstadt von Santiago de Cuba

Santiago de Cuba, Hauptstadt der Revolution. Szenen aus der Calle Santa Rosa und Rafael in seinem Hauseingang

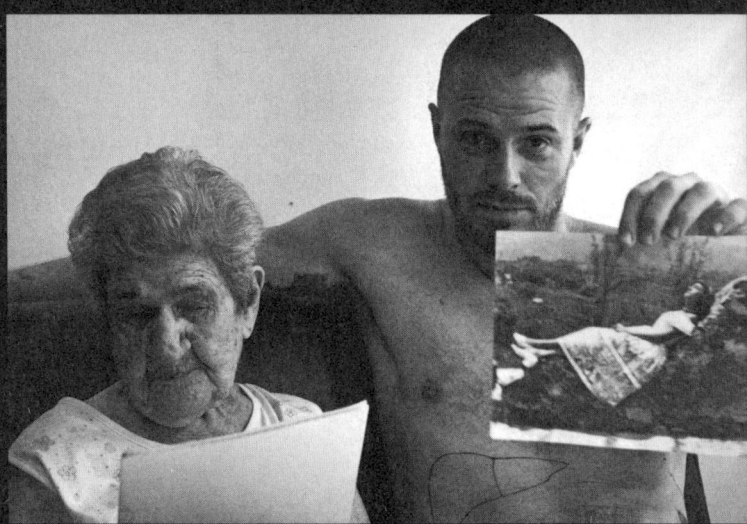

Bilderbuchtag mit Abuela – damals und heute

Schriftsetzer der alten Schule im Herzen Santiagos

Ausflug nach Siboney, Hausstrand Santiagos, mit Violetta und Familie (links).
Abends: Party in der Calle Santa Rosa mit den Streetcats

Der Friedhof Santa Ifigenia, letzte Ruhestätte etlicher kubanischer Helden

Boxtraining in der Sala de Polivalente, mit Francisco und García

Blick von der Casa Azul über Santiago de Cuba

INHALT

Santiago de Cuba

Teil 1

Das Hören ist der erste Sinn Santiagos.
Noch bevor ich die Augen in den Himmel hebe und die Haut um ihr Feingefühltes weiß, rattern unten die Wägelchen. Der Hahn hat Morgenstunden hinter sich, Radios laufen, von der Straße strömen die Stimmen. Nur von meiner Terrasse ist noch kein Geräusch zu hören. Die Topfpflanzen stehen still in der Luft und Steine wärmen das Licht. Meine Matratze bleibt stumm, mein Laken, die Zeit; stumm auch die Außenspüle und über mir das noch lippenlose Blau. Ich stehe auf, erinnere mich kurz der Sterne, mit denen ich eingeschlafen bin, und höre den ersten Ausschreier sein Hör-mein-Liedchen, sein Kauf-mein-Bisschen singen.

»*Las velas, flores, flores, las velas, flooooores …*«

Ich ziehe mich aufs Mäuerchen.

Unter mir die Straße mit den üblichen Wangenküssern, Schrei-
hälsen, Tausendfachern: Eine Bewunderung in stundenlangen Anfängen, die niemandem dient und alle glücklich macht. Gegenüber alles wie immer. Das Haus verschluckt wie jeden Morgen
seine Tagesration Menschen und spuckt andere auf die Straße,
und wie jeden Tag kann ich mich kaum sattsehen an diesem Zauber, der die Santigueros so exakt beschreibt wie sonst nur die
Lust. Apotheose von Menschen und Göttern: Die Wände fast ein-
gestürzt oder gerade so aufgezogen, unverputzt, abgebröckelt, die
Patina lediglich eine vorübergehende Schönheit über dem uner-
sättlichen Staub, dem Zerfallenden und dem Schwarz, das den
Schimmel frisst; Holztürplanken, morsch und verwachsen, Wellblech über dem Kopf, klappriges Habe-kaum-Gut in der Form
durchgesessener Möbel und abgetretener Böden, der dreibeinige
Tisch unter der nackten Glühbirne, zerbeulte Töpfe und rostende
Wassertonnen, insgesamt in den Ruin getriebenes Material, fens-
terlos, asbestfarben – doch die Menschen treten aus ihren Häusern wie Engel.

Ich baue mein Nachtlager ab, schleppe die Matratze zurück ins
Zimmer und dusche mich mit der rostigen Dose. Von unten Milsys Stimme, die nach mir schreit.

»¡*Ven aka!*«

Verschlafen steht sie in der Küche, schlägt Eier in die Pfanne
und drückt mir den Telefonhörer in die Hand. »*Mi amor,* du wirst
es nicht glauben, aber ich habe von meinem Sohn geträumt, von
der Finca, und jetzt ruft er an und will mit dir sprechen.«

»Mit mir?«

»Natürlich! Du warst auch in meinem Traum.«

Ich nehme den Hörer und sage »Hallo«. Milsys Sohn kenne ich
nur von ihren Erzählungen, wir haben uns noch nie getroffen.
Nach den üblichen Begrüßungen und »Wie geht's« spricht er so
schnell und viel, dass ich kaum ein Wort verstehe. Aber da sitze ich

bereits im Schaukelstuhl, jenem Instrumental, das Gott erfunden hat, um sich und der gesamten Schöpfung zu vergeben; Milsy hat mir den *cafecito* hingestellt, der Ventilator läuft, nichts kann noch schiefgehen. Ich wippe vor und zurück und höre nicht auf zu wippen. José redet und redet, es tut uns beiden gut: das Erzählen, das Zuhören. Wenn er laut auflacht, lache ich mit und streue hier und da ein »*Exactamente*« ein, dann ist die Tortilla fertig und ich verabschiede mich mit dem Versprechen, ihn selbstverständlich bald auf der Finca besuchen zu kommen.

Ja, mit Milsy.

Ja, wie in dem Traum.

Mit dem zweiten Kaffee hocke ich mich in die Haustür und blinzle die Calle Santa Rosa hinunter. Parfüms, Wägelchen, durchuniformierte Schulkinder, dünne Hunde auf flachen Dächern und eine Meile weit die Straße runter nur Licht und Gold, Gold und Licht. Ein sich den Hügel heraufkämpfender Lada mit zwei schallend lachenden Männern. Der Schatten meiner Füße im klarer werdenden Licht, im heißer werdenden Tagesblau. Die Kinder wie Kinder und Männer und Frauen so flatternd und leicht, als sei der Morgen gerade erst zu ihrem Körper geworden, als hätte er sich ihnen angepasst, ergeben wie ein Stück biegsames Metall.

Nebenan geht das Eisengitter auf und Ivan streckt seinen Kopf hinaus. Er setzt sich zu mir, die Granma unter dem Arm, Kubas größte Zeitung, wenn man die paar Seiten Parteinachrichten unbedingt eine Zeitung nennen will. »Hier!«, sagt er und wirft sie mir in den Schoß. »*Cojones,* alles ist eine riesengroße Scheiße, aber Kuba ist das einzige Land der Welt, wo die Zeitungen nur gute Nachrichten drucken.«

Gerade, als ich die Granma aufgeschlagen habe, höre ich die Maschine. Ich stehe auf und schaue den Hügel hoch. In der Tat ist schon wieder Dienstag und sie steht bereits dort oben, wo der Asphalt endet und nur noch der Himmel weiter in die Welt zieht.

Von dort arbeitet sie sich langsam meine geliebte Straße hinunter, Fidels Revolutionsarmee, um uns alle umzubringen.

Ich sage Milsy Bescheid, die das Haus in ein Tollhaus verwandelt und wegpackt, was wegzupacken ist. Ich suche meine Trainingssachen zusammen, schließe alle Fenster, verbarrikadiere die Türen und bin abfahrbereit unten auf der Straße, als der erste Soldat mit seinem Vergeltungsgebläse direkt vor mir steht, Maske und Maschine absetzt und dem Ausländer freudestrahlend mit beiden Händen eine Hand schüttelt. Nebenan quillt der Rauch aus Presidentes Haus, Hunde bellen, die ganze Straße hustet und stinkt. Ivan schleppt Abuela, sein Mütterchen, auf die Straße, dreht sich zu mir und tätigt die in Kuba so großzügig ausgeführte Halsabschneidegeste, kommentiert mit dem großzügigsten Grinsen der Welt.

»*Permiso,* Entschuldigung«, sagt der Soldat, schiebt sich die Gasmaske wieder auf und mich freundlich zur Seite, »aber ich muss jetzt arbeiten.«

¡Fumigación!
Olivgrüne Anzüge, Wägelchen voller kleiner Giftfässer und ein Auftrag, dem sich nichts entgegensetzen lässt: Die Dreifaltigkeit jeden Dienstags, unaufhörlich wie das Erdenrund. So zieht die Armee durch Santiago de Cuba, um durch die Ausräucherung des menschlichen Wohnraums Moskitos zu töten.
Buenas, willkommen, kommen sie ruhig herein!
Die Soldaten stürmen jedes Haus mit ihrer handlichen Nebelmaschine, die sitzt wie eine Waffe und ein Gemisch aus Diesel und Benzin in alle auffindbaren vier Wände wölbt. Es bleibt keine andere Wahl, als das Haus zu verlassen und auf der Straße zu warten, bis sich das meiste verzogen hat. Anschließend bleibt keine andere Wahl, als sein Haus irgendwann wieder zu betreten. Die Giftschlieren in der Luft, der Geruch von Benzin an den Möbeln, an

den Wänden, auf dem Obst, den Kleidern. Von der *fumigación* wird
einem schlecht, die Nase beginnt zu laufen – was Moskitos tötet,
wird eben auch den Menschen langsam zur Strecke bringen, aber
was soll man machen? Etwa ein Straßentänzchen mit dem Sohnemann, wie es Abuela gerade improvisiert? Etwa weiter Kaffee kochen für alle Wartenden, wie Richard es tut? Etwa quatschen und
lachen und witzeln und dem nächsten prächtigen Hintern hinter-
herpfeifen, weil all diese Schönheit, *fumigación* hin oder her, noch
immer umsonst ist? Etwa einfach warten, bis das Leben ganz von
alleine weitergeht, wie es dies schon immer getan hat?

Ich halte mir ein Motorrad an und durchquere die Stadt.

Vom Hotel Deportivo aus laufe ich die letzten Meter vorbei
am Baseballstadion, den ersten müden Joggern und schließlich
dem Pförtner der Sportfakultät, ein fröhlich auf seinem Stuhl
festgesessenes Andenken der Zeit, der mich wie jeden Morgen
mit seinem »*Buenas,* Schweinsteiger« empfängt. Vorbei am Haupt-
gebäude, verziert mit den Wandbildern Raúls, Ches und Fidels,
vorbei an dem einzigen Baum und den Hang hinunter zur Cafeteria Olimpia, die nichts anzubieten hat außer der Musik aus dem
MP3-Player, und die ist geschenkt.

Das alte Schwimmbecken leer und verdreckt, der Sprungturm
einsturzbereit, auf der Tribüne der umgekippte Flutlichtmast. Hier
gibt es schon lange kein Wasser mehr, keine Schwimmer, keinen
Applaus unter Flutlicht. Es ist neun Uhr und ich sitze im Schatten
und schwitze. Außer Jusmani, dem kräftigsten, breitesten und nu-
schelndsten Teil des Trainerstabs, ist noch niemand zu sehen.

Jusmani schließt das Tor auf und wir treten ins dunkle Gym respektive Kellergewölbe, in dessen gestandener Schwüle das staat-
liche Boxteam von Santiago de Cuba für die Ostkuba-Meister-
schaften trainiert. Ein niedriger, dunkler Raum, in dem der
Schweiß von tausend tropischen Trainingsstunden die Luft säuert.
Inventar: ein provisorisch hingeknallter Boxring, aus dessen Bo-

den man sich Splitter reißt und dessen oberstes Ringseil kurz überm Bauchnabel endet. Hinzukommen vier absterbende Boxsäcke, die nur deshalb an einem Eisenträger hängen, weil man pragmatischerweise den drumherum liegenden Stein aus der Decke geschlagen hat; eine Hantel ohne Gewichte, ein Besenstiel und in der Ecke die schauerlichen Reste von Schuhen, die selbst in Kuba keinen Weitergebrauch mehr finden.

Gerade, als ich mich warmmachen will, ertönt die knattrigversoffene Stimme meines Trainers.

Francisco ist ein Wunder von einem Meter sechzig. Ein schiefes Wunder, aber Wunder nichtsdestotrotz. Grinsend und knatternd – seine Stimme immer auf einer Frequenz, als stiegen mit ihr kleine nasse Luftblasen auf, als stünden seine Lungen stets ein wenig voll Bier – schaukelt er in den Raum. Die zerschlissene Saufnase ist noch rot von der Anstrengung, die ihn sein Tag bisher gekostet hat, und die einzig noch verbliebenen zwei Zähne der unteren Zahnreihe schmückt ein Lächeln, das all seinen Sanftmut, seinen Stolz und das treugute Herz offenlegt.

»Ihr Schwuchteln«, tönt er, »wehe ich bin heute umsonst aufgestanden! Was für ein gottverdammter, heißer Tag ...«

Nachdem er sich schmerzhaft auf die alte Holzbank niedergelassen hat, verläuft alles normal. Wir sitzen herum, Francisco erzählt mir seinen letzten Abend oder was ihm sonst gerade durch den Kopf geht, einiges aus den Nachrichten, das ihm gefällt, Erinnerungen an seine Auslandseinsätze in Afrika und Frauengeschichten von früher. Ein großes Wortwerk für einen Tag, der solcherart Zuspruch notwendig hat, um in Gang zu kommen. Schließlich und plötzlich dann das Signal zum Aufbruch:

»Hopp jetzt, was sitzt ihr hier rum! Seid ihr zum Nachdenken hierhergekommen, was bildet ihr euch ein, na los! Beweg deinen Arsch, Dennis, García, an den Boxsack, aber schnell!«

Nach dem Aufwärmen beginnt und beendet Luis die heutigen Sparring-Runden, indem er mit einem Eisenhaken gegen eine bereits zusammenbrechende Metallbank hämmert, auf der er selbst Platz genommen hat. Francisco nimmt mich zur Seite und macht mit mir Sondereinheiten von Schritten und Kombinationen, bis ich mich kaum noch konzentrieren kann. »*Alemán crudo*«, schreit er. »Deutsche sind hässliche Dummköpfe! Und die Arme nicht so weit zusammen, du bist keine Mama, die ihr Kindchen wiegt, du bist hier, um zu schlagen und geschlagen zu werden. Und merk dir, das ist zwar ein Kampf, aber Kampf hat einen Rhythmus wie alles im Leben. Finde deinen Rhythmus, überhaupt einen, ist mir ganz egal! Bewege dich leicht, bleib locker – du musst beweglich bleiben, beim Ausweichen und beim Denken! Hör mal auf und schwing einfach die Hüfte, wie beim Tanz! Ja, ja, genau so!«

Ich schwinge die Hüfte.

Er steht sogar auf, verkatert und gelenkgeplagt, um in die Hände zu klatschen.

»¡*Alemán crudo!* Und jetzt: Salsa!«

Dann vorbei an in Schaukelstühlen dösenden Großmüttern;

vorbei an plattgetretenen Kakerlaken, die auch nichts anderes sind als braune Heuschrecken;

vorbei an allem, was Licht ist und Stein und Lichtstein in dieser Stadt;

vorbei an einem Dominospieler, der aussieht wie Mississippi John Hurt;

vorbei an leeren, von Pferden gezogenen Müllfässern;

vorbei an den Alten, die sich zur Radiomusik an die *casas* lehnen;

vorbei an den Alten, die nichts mehr hören, aber die Augen aufschlagen wie Schmetterlinge;

vorbei an den Messerschleifern, Trinkern, Taugebloßen, die Arm in Arm mit dem Tag ihre Kreise ziehen;

vorbei am grenzenlosen Mittag, der so dick und schwer ist wie frisches Fleisch;

vorbei an Hunderten Hunden auf Hunderten Dächern;

vorbei an Beton, Kalk, an Kunterbuntseelen, vorbei an Sonne und Gas;

vorbei an jenen, die plärren, das Leben sei hart, und vorbei an jenen, die flüstern, das Leben sei schön;

»*Santiago es Santiago*«, steht auf einem Bus, um der Wahrheit zu dienen:

»Santiago ist Santiago.«

Ich lasse mich an der Trocha absetzen, um die letzten Meter nach Hause zu laufen. In einem Hauseingang ein Mädchen, vielleicht um die zehn Jahre alt, und ihr halb nackter Freund. Sie wischt ihm seinen Schweiß mit ihrem Finger von der Unterhose bis zur Brust, fährt um die Brustwarze, leckt sich den nassen Finger, schiebt ihn sich im Mund herum, holt aus und gibt ihm eine Ohrfeige.

Er fasst ihr in den Schritt und wirft seinen Mund an ihren Hals.

Die Liebe im Sommer, bei Gott, die Liebe!

Zu Hause sind die Hähne trocken. Die Dusche schon seit einer Woche ohne Wasser. Ich muss mich so weit in den Reservetank hineinbeugen, dass meine Füße den Boden nicht mehr berühren. Die alte Konservendose, mit der ich das Wasser fische und die wir zum Duschen benutzen, kratzt bereits am Boden.

»Noch ein, wenn wir sparsam sind auch zwei Tage«, sage ich zu Milo, der neben mir steht und mit zusammengekniffenen Augen den Himmel absucht.

»Dann haben wir ein Problem.«

Nach dem Mittagsschlaf sitze ich mit Milo und den beiden Damen des Hauses in den Schaukelstühlen. Am Beispiel von George Harrison, der mit achtundfünfzig Jahren an Lungenkrebs gestorben ist, wird im TV Werbung gegen das Rauchen gemacht. Ich schalte um. Auf dem Bildungssender laufen Mathematikaufgaben, unterlegt mit klassischer Musik. Der *cafecito* ist getrunken und wir haben nichts zu tun, als auf den Nachmittag oder sonst was zu warten.

Es ist diese eigenartige kubanische Stunde zwischen drei und vier Uhr, eine Zeit weder lebendig noch tot, weder an- noch abwesend. Ein Vorhandensein, gegen das sich nichts unternehmen lässt. Man kann nicht mehr schlafen, das hat man hinter sich, und noch erlauben es der letzte Traum und die Hitze nicht, gänzlich wach zu werden als Mensch unter Menschen. Rum hebt die Stimmung, sicherlich, packt sich den Körper mit seinem dunklen Wasser und reißt sich einige Ufer.

Der Cubay füllt die Gläser, nur Mayra und Milsy wollen nichts trinken.

Milo schließt die Augen und prostet mit dem Glas in die Luft.

»Wie ein König«, sagt Mayra, »wie der König von Montenegro, und jetzt auch noch Kuba. Denni, schau ihn dir an! Als ihr hier ankamt, war er weiß und kannte keine Liebe. Jetzt hat er Sonne und bringt jede Nacht eine *negrita* mit nach Hause, *ai, ai, ai.*«

Ihr zufriedenes, herausforderndes Grinsen: Mögen die Spiele beginnen! Mayra wartet auf Milos Retour, indem sie noch mal die Nase rümpft, Augenfunkel auflegt und die *negrita*-Geste ausführt, der Klassiker im Pantheon der sieben großen kubanischen Gesten:

1. Fidel: als zupfe man sich den langen Kinnbart.
2. Gefängnis: das Umgreifen des linken Handgelenks mit der rechten Hand.
3. Sex: das Aneinanderreiben beider ausgestreckter Zeigefinger.
4. Ich finde dich heiß: das Klatschen mit geschlossenen Fäusten.
5. Etwas ist sehr gut, sehr schön: ein zugeworfener Handkuss, trotz angetäuschter Kussbewegung allerdings vom Kinn aus ausgeführt.

6. Flaco, ein Dürrer oder eine Dürre: in die Höhe gereckter kleiner Finger.

7. Schwarze, *negritas* und *negritos:* das Reiben des Zeigefingers auf dem Unterarm.

»Es ist schön«, sagt Milo und nimmt einen ordentlichen Schluck, »auf der Welt eine Insel zu wissen, auf der alle armen Leuten gut leben. Alle, sogar die Touristen.«

»So arm dieser Milo, natürlich«, plärrt Mayra und wuchtet ihr Gewicht nach vorne, um die Herrscherhaltung einzunehmen, mit der sie sich immer mit ihm darüber streitet, wer von den beiden ärmer dran ist. Ich schenke mir ein, schubse mich vor und zurück und genieße das Schauspiel.

»Montenegro, das ist Europa. Und du arbeitest auf einem Kreuzfahrtschiff, du hast die halbe Welt gesehen, Mister Cruzero. Wie viele Frauen hast du von dem Schiff in deine Berge geschleppt, ha, wie viele Frauen?«

»Hey, ich arbeite dort als Fotograf, hallo? Das ist ein kleiner Job, wo ich fast nichts verdiene. Nicht jeder Ausländer hat viel Geld, auch arme Leute reisen.«

»Wer mit dem Flugzeug nach Kuba kommen kann und weiterreisen nach Mexiko, der ...«

»Darauf habe ich lange gespart, und hier esse ich Reis mit Bohnen und fahre mit dem billigsten Bus. Da hilft mir keiner. Im Gegensatz zu dir habe ich keine Exilfamilie in Miami, die mich mit Dollars finanziert.«

»Ja, ja, hier bist du ein König und in deinem Land ein Bettler, nicht wahr?!«

»Wer reist hier zwei Mal im Jahr nach Havanna? Mit dem Flugzeug!«

(Milsy reicht mir einen Teller mit Mangos. Ich soll beim Zuhören ja nicht verhungern.)

»*Ai,* das ist für uns Kubaner billiger als mit dem Bus, und mein

Rücken und meine Beine, schau, damit zwanzig Stunden mit einem Bus nach Havanna, dann kannst du mich dort gleich auf den Friedhof kippen ...«

»Arme Mayra ...«

»So ist es. Aber mein Milo, dir soll es immer gut gehen, dafür werde ich schon sorgen. In meinem Haus wird es dir an nichts mangeln. Wie mein Sohn!«

Sie steht auf, packt seinen Kopf zwischen ihre Hände und knutscht ihn, bis sein Atem knapp wird.

Nachdem der Punktsieg an Milo, die Haltungsnoten aufgrund von Zähnefletschen, divenhafter Halbohnmachten und abschließenden Abschmatzereien erneut an Mayra gegangen sind, machen Milo und ich uns runter zu Rafael und Anailis. Vorbei an Bruno, dem schönsten Hund der Welt, vorbei an den kleinen Hauscafeterias und der ruinösen Gewalt der Häuser und Straßenschlachten, den Schönheiten Santiagos – als kippte ständig alles in eine bereits verlorene Zeit, um das Vergehen nachzuholen.

An der Kreuzung, wo die Calle Santa Rosa nach einer langen Geraden wieder hügelauf steigt, steht die Tür wie immer offen.

»¡Oye, señor!«

Rafael streckt seinen Kopf aus dem Zimmer, sein bubenhaftes Gesicht, die Verspieltheit in den Gesichtszügen, das krause, ergraute Mulattenhaar über den funkelnden Augen, die platte Boxernase und das seit Jahrzehnten unvollendete Tattoo auf seinem linken Oberarm. Für das Grabsymbol hatte die Farbe noch gereicht. Den Schriftzug »Bon Jovi« hat der Künstler dann einfach ohne Tinte in die Haut gewetzt.

Er rollt aus seinem Zimmer und freut sich über die roten Hollywood, die wir ihm mitgebracht haben.

Ob Anailis auch da sei, fragt Milo, und Rafael verneint. Sie sei nebenan bei einer Freundin, komme aber bald wieder. *Bueno.* Warum also nicht auf sie warten auf dem schönsten Warteplatz Santiagos, dieser kleinen Plattform, welche die paar Treppenstufen zu Rafaels Wohnung abrundet und von der aus man im Mittelpunkt Tivolís sitzt. Wie gemacht, um alles andere gut oder schlecht sein zu lassen. Nur noch die übrig gebliebene, volle, bunte und großartige Welt, wie sie unaufhörlich vorkommt in ihrem Menschenzauber, den großen Sommertagen und der vollendeten, weil kostenlosen Langeweile.

Eine Zigarette, ein bisschen Unterhaltung, kaum Klamotten tragen müssen, ein Glas Rum. Keine Viertelstunde an diesem Ort und man weiß, was alle Kubaner wissen: Um diese erdengetragene, in Augenlicht und Körpersaft stehende Welt ist es geschehen. Nichts kann man noch tun, verhindern oder hinzufügen: Die Kontrolle haben eben die *orishas,* die Castros, Gott und sein Sohn im Himmel, die von den Tagen ohnehin und märchenhaft erzählte Weltstunde, der Tod und die Kreisläufe von Schlaf und Wachen, Leben und Tod. Es gibt nicht viel, also erwartet man wenig neben der großen Sonne und den Schönheiten, die hier vorbeikommen, Frauen und Männer, aufsteigend wie Vormittagssonnen. So viel Zeit, so viel Hitze. Das Glück Kubas bleibt eine simple Rechnung: Dreißig Leute gehen vorbei, siebenundzwanzig davon lachen und grüßen.

Schließlich kommt Anailis, Rafaels Tochter, mit ihrer Freundin Clara. Clara, die mit ihren siebzehn Jahren aussieht wie vierzehn, und Anailis, die mit ihren siebzehn Jahren aussieht wie siebzehn. Milo hat sich nach einigen Tagen Mutmachung durchgerungen, sie zum Tanzen einzuladen; immerhin ist sie nach kubanischer Jahresrechnung schon seit über zwei Jahren eine Frau. Sie lächelt schüchtern, nickt, sagt zu, die Sommersprossen auf ihrer Nase fliegen leuchtend umher. Auch Rafael gibt seine Zustimmung. Anailis macht sich fertig, zwängt ihren jungen, mit allen Wogen der Weiblichkeit voll besetzten Körper in ihr Lieblingsoutfit und schießt einige Selfies. Die beiden machen sich auf den Weg in die Tanzbars der Stadt.

Rafael und ich wünschen ihnen das Beste.

Besorgt sind wir nicht.

Zu Unrecht, wie sich bald herausstellen wird.

Clara setzt sich eine Weile zu uns und dreht die Haare um ihre Finger, während Rafael von seinen Taekwondo-Jahren erzählt und mir in der Theorie die Abläufe erklärt, die der an den Rollstuhl Gefesselte nicht mehr vormachen kann. Dann die Geschichte eines legendären Touristen aus Indien, der hier am Park Céspedes bestohlen wurde und die Kampfkunst beherrschte. Er habe die Räuber verfolgt und sie dermaßen verprügelt, dass er von der Polizei ins Gefängnis geworfen worden sei, weil man ihn für einen Mafia-Don gehalten habe.

Besuche: Ein Nachbar, von dem Rafael einen Fernseher kaufen will. Die ersten Preisverhandlungen werden derart nebensächlich betrieben, als stünde nur der Erfolg eines freundlichen Small-Talks auf dem Spiel.

Ein weiterer Nachbar, der Rafael eine Schachfigur zurückgibt.

Der von mir der Einfachheit nur *El Loco* genannte Verrückte, der sich liebend gern an dieser Ecke rumtreibt, schenkt uns einen Karton, den er sofort zurückhaben möchte. Den nächsten Leuten, denen er das Ding schenkt, erzählt er, er habe ihn von uns gestohlen. Auch sie müssen den Karton wieder hergeben. Am gegenüberliegenden Haus wirft er ihn immer wieder an die Wand, um ihn immer wieder aufzufangen.

Eine junge Mulattin mit ihrem kleinen blonden und ziemlich weißen Mädchen, das Kind keine zwei Jahre alt.

Clara nimmt sie auf den Arm und fragt:

»Na, wo ist deine Schwester?«

Die Kleine macht die Halsabschneidegeste.

»Ja, deine Schwester ist tot, und dein Vater, wo ist der?«

Sie dreht den Zeigefinger an der Schläfe, eine weitere der in Kuba so häufig ausgeführten Universalgesten. Noch kein vernünftiges Wort sprechen können, denke ich, aber das aus dem Effeff!

Nach einigen Küssen verabschieden sich Mutter und Kind.

»Warum ist ihr Vater verrückt?«, frage ich.

»Italiener«, sagt Rafael und zündet sich eine Hollywood an, womit alles gesagt wäre.

Mit dem Beginn der Dämmerung gehe ich meine gewohnte Route runter zur Bucht, vorbei an den nun durchatmenden Häusern, die großen Treppen hinabsteigend, vorbei an den Hunderten auf der Straße spielenden Kindern und den großen Lagerhallen am Hafen, vorbei an den Bratfettfahnen und Bierpartys, bis ich das Wasser und meinen nächsten Ausblick erreiche.

Hinter der Bucht steigen die Anfänge der Sierra Maestra auf, jener Berge, in denen sich die Guerillas um Che und Fidel zwei Jahre lang verschanzt hatten, bevor sie hier in Santiago die Revolutionsregierung ausriefen und sich als Helden auf den Weg nach Havanna machten, getragen auf den Schultern einer ganzen Nation. Heute versprechen die Berge ein Dahinter, einen anderen Ort. Zusammen mit dem Wasser gewinnt Santiago seinen Charme durch die Nähe zu dieser Sehnsucht, die sich als Falle entpuppt. Denn wegen der Berge glaubt man stets, man wäre der Höhenluft nahe, dass bei gutem Wind Unterholznebel und kühles Harz in die Stadt triebe. Aber nein. Um die Ecke rauscht das Meer und Santiago bleibt der heißeste Ort der gesamten Insel, und ich behaupte: ihr gleichzeitig schönster.

Das große Signal ist gegeben.

Seit es nach der Trockenzeit nun ab und zu regnet, sind die Dämmerungen gewaltig wie die Sierra. Santiago wird tänzelndes Licht und wiegt Tausende seiner Spiegel auf dem Wasser der Bucht. Alles hebt an zur großen Verwandlung, eine Stunde lang ist man stumm. Die Sichel des Mondes schwebt auf dem dunklen Wasser, zuckt auf und ab wie ein Tierchen. Kaum merkt man es:

Jedes Mal, wenn man das Ufer verlässt und zurückkehrt in das Dickicht der Stadt, trägt man ein Lied auf den Lippen, ein bekanntes Lied, so warm wie der eigene Atem.

Abendessen bei La China. Ich bin der einzige Kunde. Neben dem guten und günstigen Essen mein Hauptgrund, diese Hausküche zu meinem Stammlokal gemacht zu haben.

Alondra kocht mir *Bistec de cerdo a la Santiaguero:* Schwein, darüber Schinken, darüber Käse und Soße. Cocu, der Papagei, sitzt in seinem Traumfänger, so unbeweglich, als wäre er lieber ein Stofftierchen, aber ab und an beweist er seine Lebendigkeit und kackt seelenruhig auf den Küchenboden.

Neben mir Señor Ehemann, der abends hier reinschleicht und den Rest seines Tagesprogramms bewegungslos vor der Glotze verbringt. Señor Ehemann hat ein Talent, man sollte ihn irgendwo anmelden. Er kann sich alles angucken, und zwar wirklich alles: dämliche Kindercartoons, Soaps, Singshows, sogar den ausgeschalteten Fernseher. Stundenlang, ohne nur einmal zu blinzeln. Zuerst ist es mir nur aufgefallen, dann habe ich es genau beobachtet: ohne zu blinzeln, was auch immer die Glotze hergibt, stundenlang wie gelähmt.

Irgendwer im TV erwähnt Fidel.

Alondra ruft aus der Küche:

»Wie alt ist er denn jetzt eigentlich, schon bestimmt hundert, oder?«

Und Señor Ehemann, trocken wie Husten und ehrlich wie die Wüste:

»Keine Ahnung, aber ich hoffe, der Bastard stirbt bald.«

Zurück in den Straßen.

Ein Fleischer beugt sich in seiner kleinen Stube über seine paar Brocken Schwein, murrt und schnippt seine Zigarette nach draußen, wo sie neben einer alten Frau landet.

»*Que pinga*, das darf doch nicht wahr sein, eine alte Frau zu bewerfen.«

Der Fleischer, die Hände voller Blut, blickt nach draußen und antwortet:

»*Mi amor*, heute ist dein Glückstag. Komm herein, du bekommst eine Suppe.«

Es war eine Überlegung wert.

Aber ich gehe dann doch nicht mehr rauf zur Plaza de Marte, um Rosi oder Kodi zu finden; auch ist es besser, Milo und Anailis mal schön allein zu lassen. Der Tag war gut, er hatte weder zu viel noch zu wenig mit sich gebracht in seiner leichten, überschaubaren Haltung, ein Tag so kubanisch wie Zungenschnalzen, das machte ihn kostbar. Nun noch etwas von ihm verlangen zu wollen, wäre respektlos.

Wer weiß, wie sich die Götter morgen dafür rächen würden.

Zurück in der Santa Rosa höre ich sie schon von draußen, schon einige Meter vor der Wohnungstür. Als ich aufschließe und im Wohnzimmer stehe, sitzen Mayra und Milsy in den Schaukelstühlen und essen zu Abend, meine beiden *patronas,* die sich in all ihrer Unterschiedlichkeit doch so ähnlich sind. Milsy in ihrer kurzen, engen Jeanshose, der hübschen Bluse und diesem immer etwas schüchternen Kleine-Mädchen-Blick, der sie auch mit ihren fast fünfzig Jahren nicht ins Alter hat weiterziehen lassen. Milsy mit dem Vorzug der Hingabe und dem Nachteil der Hingabe: Einige Hundejahre hat sie ihre sanfte Liebe gekostet, das verrät ihr Abgang in eine wohltemperierte Traurigkeit, die sie sich während des Kochens, Waschens und Aufräumens leistet, Erinnerungen, die sie sofort fortzublasen weiß, wenn sie wieder einen Menschen vor sich sieht, dem sie Gutes tun kann, der da ist für ihr *mi amor, amorcito,* für ein *besito,* für: Hast du schon was Gutes gegessen?

Und dann Mayra in all ihrer Pracht.

Mayra, das Riesenmutterschiff.

Mayra, der laute Berg aus heftigem Lachen, Verwünschungen und Fürsorglichkeit.

Mayra in ihrem Nacht- und Tageskleid, ihrem Strampelanzug, der wohl als Negligé oder dergleichen dienen soll, und ich sage das, ohne genau zu wissen, was ein Negligé genau sein soll. Also ist es ein Strampelanzug und, Gott beschütze uns alle, das einzig richtige Outfit für die Herrschergeste, mit der sie den Menschen zu Leibe rückt: Eingezwängt in dies zweiteilige, bunt oder mit Erdbeeren bedruckte Textil, das nicht in der Lage ist, all das herausquellende, sich losreißende Fett zu bannen, sitzt sie breitbeinig auf dem Thron, zu dem sie den Schaukelstuhl erkoren hat, den rechten nackten Arm hinter den Kopf geworfen, Achselhöhle und Armfleisch einer in die Jahre gekommenen Wrestlerin präsentierend, einer Wrestlerin wohlgemerkt, deren Kampf immer nur darin bestand, die zweite Riesenportion Reis mit Hähnchen noch hinterherzuwerfen oder nicht; so und nie anders beargwöhnt die Königin der Casa Azul, des Blauen Hauses, ihr Reich mit Argwohnaugen. Neben jeder nur angetäuschten Contenance kann es ihr Leib ebenfalls zu einer Heiterkeit bringen, sodass sie regelrecht aus dem Stuhl kippt.

Mayra redet und redet und redet, und Mayra ist eine Performerin vor dem Herrn, den sie unentwegt anruft. Ihr Gesicht beherrscht alle Züge und Winkel des menschlichen Mimikpantheons. Alle Hautschichten, Nerven und Muskeln hat sie derart unter Kontrolle, dass sie jede Emotion auszufleischen vermögen, sie rümpft die Nase, spitzlippt den Mund, wogt mit den Wangen und zieht die Stirn wellend, elektrisiert ihre Augenbrauen und kalibriert das Kinn wie ein Fähnlein im Wind.

Als ich nach einer Stunde Zusammenkunft und Schunkelsein die Treppen zur Terrasse hinaufsteige, schreit sie mir noch nach, ich müsse eigentlich heute die Miete zahlen, sie messe ihre Erfolge in materiellen, nicht in spirituellen Dingen. »Gott hat mich hier auf die Erde geschickt, damit ich dieses Haus bewirtschafte und ich gebe dir die Geschichten für dein Buch, verstehst du, dann wirst du viel Geld machen mit deinem Buch, so hat es Gott gewollt, mein Junge, mein Sohn, und du wirst nach Kuba zurückkommen und dann nie wieder gehen, du baust dir ein Haus und wir sind Nachbarn. Für immer. Verstehst du?«

Ich schleppe die Matratze aus dem Zimmer und baue mir mein Nachtquartier auf der Terrasse, bevor ich aufs Dach klettere und die letzten Blicke über mein Viertel, über die Stadt werfe. Schon nimmt der Mond ab oder zu. Trommeln sind zu hören, präzise, tiefe Schläge in den Körper Santiagos, die Falter über den Dächern und die Katzen, die die Falter jagen. Ein Abend in seinem gelben Schönheitsschlaf, weich und verwaltend, die Nacht dann schwerelos und über den Farben verschwunden. Unter mir rollen sich die Häuser bis hinunter zur Bucht, dort alles bereits schwarz, bleifarben, alles wie ungeschehen, als hätte der Tag nie stattgefunden und als wäre das, was morgen wieder aus den Bildern hervortreten würde – Wohnraum aus Licht und Farbe – nichts weiter als eine grundlose Höflichkeit. Aber gerne, gerne mehr und immer weiter, egal wozu: Die Straßen Santiagos sind wanderbar wie die keiner anderen Stadt, die Stunden unendlich lang und groß wie lachende Münder.

Keine zwei Wochen bin ich nun hier. Was für ein Segen, blindlings in dieser Stadt gelandet zu sein, einzig einem Gefühl folgend. Meine anderen Leben in Köln und Indien, sie sind komplett vergessen. Santiago hat mich aufgenommen und beheimatet, als wäre ich nicht zum ersten Mal hier, sondern nur einige Zeit fort gewesen von dieser Antilleninsel, die so einfach funktioniert und doch so schwer zu begreifen ist, fort von diesem Stück grüner Erde, das seit einhundertfünfzig Jahren in einer permanenten Selbstbefreiung und Selbstfindung steckt, ein Land unvergleichbar mit einem zweiten dieses Erdenrunds.

Der erste Sozialstaat Lateinamerikas mit seinen weltberühmten Guerillas, seiner Revolution und seinen charismatischen Killern:

poetische Bilderbuchmenschen in Blutlachen und Wirtschaftsämtern. Ein hemmungslos fruchtbares Land, in dem das Essen knapp ist und sich die Menschen in Friedenszeiten über Straßenköter hermachen mussten, durch ein Handels- und Wirtschaftsembargo so schmerzhaft isoliert und doch im Fokus der Weltgeschichte, die der winzigen Insel ihren entscheidenden Teil im Kräftemessen der Großmächte zusicherte. Ein Land, visioniert von einem Dichter, der mit gezogener Machete in jenem Unabhängigkeitskrieg fiel, den über ein halbes Jahrhundert später ein junger Anwalt namens Fidel Castro vollendete, groß angelegt zwischen Worten wie Würde, Gerechtigkeit und Freiheit. Man war sich einig: Revolution, das war das Menschsein, der Mann, die Frau. Sie mussten es schaffen, sich neu zu entwerfen und in sich schlummernde Lichter zu wecken. Nur so, nur so konnte es klappen: eine nachhaltige, substanzielle Veränderung der Gesellschaft und der Art, wie der Mensch in das Gesicht seines Bruders, seiner Schwester sieht. Nur so konnte das Glück strahlen: wenn es eine Seele hat.

Was für ein ungeheuerliches Experiment also in einem Land aller Hauttöne, gehalten in tausend dunklen Schattierungen, eine Insel bester Laune und tödlicher Langeweile, die Insel des Sons, der Rumba, der Conga und der großen afrokubanischen Religionen, welche die Sklaven mit über den Ozean brachten und die höchst selten sichtbare Reiche besingen, nichts als zumutbare Zustände irgendwo zwischen den Lebenden und den Toten. Die Insel von schwarzer Magie und heller Weltlichkeit, ein Land der alten Götter und der körperlichen Lust, so reich an Zeit, Rhythmus und Sonne, so arm an Elitismus und Devisen.

Kuba und die ganze Welt sind sich einig: Das Land steht an einem Scheidepunkt. Die seit dem Verschwinden des sowjetischen Partners betäubte, verarmte und doch nicht aufgebende Insel ist in dem Aufschwung, der heute in minimalen Schritten über die Insel schleicht, ohnmächtiger denn je. Die Zukunft bleibt ein Vakuum. Überall lässt es sich sehen und hören: Wenn sich jemals etwas ändert in diesem so pittoresk zurückgelassenen Land, dann ungefähr jetzt oder gleich, wenn sich das Aussterben der alten Revolutionsgarde beobachten lässt und die USA ihre eigentlich so liebe Insel wieder in die Arme schließen möchten, um sich das zurückzuholen, was die Kubaner ihnen gerechterweise genommen haben.

Die Spatzen pfeifen es von den Dächern, in den Kokosschalen lesen es die Priester, in Havanna nicken die Diplomaten zum Takt der Gesprächsrunden: Es wird etwas passieren.

Die Frage ist nur: wann?

Die Antwort immer nur: was?

Je länger man in die Nacht schaut, desto heller leuchtet Santiago.

Auf den Dächern liest das Auge all das Gerümpel hervor, morsche Notfallrationen, löchriges Blech, rostige Reserven. Die Bucht liegt bleiern und schwer im Schoß des Wassers, das genauso andauernd ist wie die über den Dächern schwebenden Lieder: Trommeln, Glöckchen und schellenrunde Rhythmen, die an Changó appellieren, Yemayá anrufen, Eleguá bitten. Hier, wo einst Sklavenschiffe anlegten und Millionen Menschen auf die Felder geschleppt wurden, um das von den Spaniern importierte Zuckerrohr zu schneiden, rühren die Nachkommen der afrikanischen Sklaven noch immer an den Elementen und singen das Wiegenlied Santiagos, welches weder verstummt noch überhaupt verstummen kann.

In »Ankunft« schrieb Nicolas Guillén:

»Hier sind wir!
Feucht von den Wäldern gedeiht uns das Wort,
eine zwingende Sonne geht uns auf in den Adern.
(...)
Unser Lied,
wie ein Muskel ists unter der Haut der Seele
unser einfaches Lied.«

Ich öffne die Augen ins Licht. Habe ich wirklich so lange geschlafen? Der Tag hellt an den Mauern, am gewölbten Grün der
Topfpflanzen, umarmt den Stein mit Silberringen. Der Himmel empfängt den Augenstrahl mit weit aufgerissenem Herzen,
ein Himmel in Weißblaublüten, der wächst mit den Blicken und
prahlt mit all seinem Raum. Augenmaß: Wie kann es diese Farbe geben, und wie habe ich bei diesem Licht so lange pennen
können?

Ich ziehe mich aufs Mäuerchen. Das ganze Mäuerchen bereits
warm. Die Santa Rosa belebt, durchquert, belichtet, Richard sitzt
auf seiner Treppe, trinkt Kaffee und schlägt einen Takt auf dem
Oberschenkel. Gegenüber alles wunderbar einsturzbereit. Der
Alte im ersten Stock stülpt sich ein Shirt über und knöpft es zu,
um es wieder aufzuknöpfen. Dann begutachtet er eine Metallschüssel. Stumm und gestenlos versuche ich, ihn aus der Ferne zu
bestärken, dass diese Art Nutzlosigkeiten ein gutes Omen des
auch heute nicht beginnenden Tagewerks sind.

Ich schaffe meine Matratze ins Zimmer und beschließe, mich
heute um meine Visumverlängerung zu kümmern.

Milsy hat mich schon gehört, »*Corazon*«, schreit sie von unten,
»ich bin gleich fertig mit dem Frühstück, aber komm, *ven aka!*«

Unten angekommen drückt sie mir das Telefon in die Hand.

Wer dran sei, frage ich. Milsy bläst die Backen auf.

»Mayra, *mi corazon, ¡dimme!*«

»*Mi hijo*. Endlich bist du wach. Ich war schon auf der Terrasse
heute Morgen und habe mich über dich gebeugt. Du hast geschlafen wie ein Baby, *ai, dios mio,* geschlafen wie ein toter Hitler.«

»Das ist prima. Mayra*cita*, wie läuft die Arbeit?«

»Na, immer muss ich schauen, dass hier keiner verrückt wird.
Und du?«

»Habe lange geschlafen, wie ein toter Hitler, und Milsy ist
gleich mit der Tortilla fertig.«

»*Bueno*, sag ihr, sie soll auch ...«

Mit der schnellsten Bewegung, die mein Arm jemals ausgeführt hat, gebe ich Milsy das Telefon zurück und hole meinen Rei-
sepass. Das Ministerium für Immigration. Das ist alles, was ich
weiß, also übersetze ich es Wort für Wort ins Spanische und frage
Ivan, der vor seinem Haus die Schatten der Frauen zählt. Richard
kommt mit zwei Tassen *cafecito* über die Straße, gefolgt von seiner
Frau Maria – *Ministerio de Inmigración*, natürlich, jeder hat womöglich davon gehört und eine felsenfeste Ahnung, wo man es eventuell finden könnte. Die unterschiedlichen Adressen klingen so
schön wie Silbermünzen, die man während einer Sonnenfinsternis
in einen stillgelegten Wunschbrunnen rieseln lässt. Ohne Fantasie
und Ratespiele, denke ich, ließe sich kein Menschenleben aushalten.

Je mehr Passanten und Nachbarn sich in die Runde gesellen,
desto wirrer und lauter wird die Diskussion; niemand merkt, wie
ich mich absetze und noch kurz bei Abuela reinschaue, Ivans Mutter, die das Radio leise gedreht hat und wissen will, was da draußen
für ein Theater vor sich gehe.

Die seien alle verrückt, sage ich, sie solle mir Glück wünschen.
Und Abuela antwortet:

»Glück, für was? Du bist noch jung. Du brauchst kein Glück.
Du hast die Jugend. Das ist das Einzige, was du brauchst, mein
Junge.«

Im menschenleeren Rum-Museum liegen die Empfangs- und Rei-
nigungsdamen mit dem Kopf auf dem Tisch und schlafen. Ein Ventilator dreht sich für niemanden. Elvio sitzt im Ausstellungsraum,
das eine Auge halb zu, das andere halb auf, und liest seinen Roman.

»Dennis! Trinken wir einen!«

Lachend flippt er den Ron Santiago auf, tätigt nach zwei Gläsern einige Anrufe und kritzelt mir eine Adresse ins Notizbuch.
Zwanzig Minuten später stellt sich heraus, dass sich Elvios Telefonate ausgezahlt haben. Als ich der Empfangsdame der Visastelle,

die es sich an einem Klappertischchen ungemütlich gemacht hat,
mein Anliegen vortrage, führt sie mich in den langen Raum, den
eine Glaswand in klimatisierte Bearbeitungszone und unklimati-
sierte Wartezone trennt.

»Tisch zwei, *mi amorcito*«, sagt sie und schafft es trotz verbaler
Liebkoselei tatsächlich, nicht den Hauch eines Lächelns auf die
Lippen zu quetschen.

Unter zwei verschrumpelten Luftballons, die jemand an die
Wand getackert hat, sitzt also die Dame, mit der ich es zu tun haben
werde. Ein kurzer Blick, kein Hallo, weder *buenas* noch *mi amorcito*.

Dann schickt sie mich zum Warten nach draußen.

»*¿Último?*«, frage ich in die Runde der circa fünfundzwanzig
Wartenden. Das Ergebnis sind derart stumme oder erstaunte Gesichter, als hätte ich mich nach den Weltbewältigungsmaßnahmen
von Plankton erkundigt. *¡Último!* Überall, wo auf Kuba bereits gewartet wird, fragt der oder die neu Dazugekommene nach dem
letzten Dazugekommenen, um seinen Platz in der unvorhandenen
Warteschlange zu finden.

»Von mir aus, dann nicht«, schlussfolgere ich auf Deutsch, nehme Platz und warte eine höfliche Stunde unter dem dünnen Man-
tel meines Schweißes, bis ich endlich kapiere, dass ich wie alle anderen einfach reinspazieren und an den Tisch treten muss, sobald
dieser nur den Anschein erweckt, irgendwann frei zu werden.

Die Zankerei ist vorprogrammiert. Von einem dürren Kerl
wird mir vorgeworfen, mich dreist vorgedrängelt zu haben – nun
denn! Erfolgreich spiele ich den dummen Touristen, der, so Gott
es will, überhaupt nicht weiß, was er falsch oder überhaupt gemacht hat in diesem süßbraunen und so herrlich fremden Kokos-
nussland seiner Postkartenträume. Gelernt ist gelernt: Ich gucke
so blöd, als beschränkte mein Schädel eine Landschaft aus
Zwetschgen und Torf, und schon schiebe ich der Frau von Tisch
Nummer zwei meine Touristenkarte unter die Nase.

Sie streckt sich nach vorn und schaut an mir herunter.

»Flip-Flops sind hier nicht erlaubt. Sie müssen Schuhe tragen. So können Sie hier keinen Antrag stellen.«

Als ich nach einer Phase des geistigen Schockvakuums meine Stimme wiedererlangt habe, frage ich drei Mal nach. Eine absolute Zumutung selbst für den entspanntesten Kubaner, dem nichts Schlimmeres geschehen kann, als sich wiederholen zu müssen. Fünfzig Jahre Wirtschaftsembargo sind dagegen ein Witz, den man mit einem Schulterzucken einkassiert. In der Tat eine kubanische Kuriosität, diese wohleingelebte Tiefenruhe, der weder Wassermangel noch Hunger oder Wartezeiten wirklich den Puls in die Höhe treiben können, aber wehe, wehe, man versteht ihre Nuscheleien nicht beim ersten Mal, wehe, die Musik ist zu laut oder die Spanischkenntnisse zu mies! Dann ruft man alle Götter und Heiligen an, legt sich Empörung in die feinen Gesichtszüge und wiederholt unter enormen seelischen Schmerzen sein Ausgesprochenes noch einmal, doppelt so schnell und drei Mal so laut! Diese Art der Ungeduld ist verständlich: Zeit ist kostbar, denn man hat einfach zu viel davon.

Auch wenn ich mich nun vor ihr fürchte: Es ist unmöglich, ihr *»¡No jangletas!«* falsch zu verstehen.

Ich schaue mich um.

Suche *jangletas* und feixende Gesichter.

Vergebens. Ihre Kolleginnen nicken oder werfen mir abwertende Blicke zu.

Keine Flip-Flops im verdammten Ministerium der textilophilen Revolution! So hallt es mir durch den Kopf, als ich auf der Straße stehe, ein *moto* nach Hause nehme und mir auf der Terrasse Socken und Schuhe anziehe. In dem Moment, da ich zurück zur Visastelle will, ertönt das Messerwetzen.

Was folgt, ist monströses Geschrei.

Hier weiß jemand, dass seine letzte Stunde geschlagen hat. Ich klettere auf das Treppengeländer, um eine komfortable Sicht über die Mauer auf den kleinen Dachhof nebenan zu haben. Die zwei Männer haben alles vorbereitet, Eimer, kochendes Wasser, Messer, blitzsauberes Lachen – ihre Routine ist beindruckend und die Handgriffe sitzen, als hätte man nie etwas anderes gemacht. Wortlos, aber pfeifend, gehen sie ans Werk. In den drei kleinen Betonställen hingegen veranstalten die nervösen Schweine einen Riesenlärm.

Einer der beiden, der sich mir kürzlich als Héctor vorgestellt hat, steigt über die kleine Betonmauer in den ersten Stall, drückt eines der Schweine zur Seite, setzt sich mit dem Knie und seinem ganzen Körpergewicht auf den sich wehrenden Körper und rammt, kurz oberhalb der Vorderbeine, das Messer in die Kehle. Nichts Lebendiges möchte sterben. Jeder Organismus kennt Angst. Aber nach einigen weiteren Stichen wird der Widerstand geringer, die Schreie leiser – Héctor packt den letzten Rest Leben an den Beinen und wirft ihn vor den Stall.

Das allerletzte Strampeln gegen den Tod, während sich der Boden rot färbt. Héctors Stiefel machen plitsch, platsch, sein Kollege raucht noch die letzten Züge seiner Hollywood. Als es ausgeblutet ist, werden einige Eimer heißes Wasser über das Schwein geschüttet, was noch einmal die allerletzten Zuckungen aus dem fast toten Körper herausholt – und die Enthaarung einleitet. Die Beine werden mit der Hand ausgewrungen. Dort lösen sich die Haare fast wie von selbst, der Rest wird mit einem Messer abgeschabt: der weiche Körper, die knorpeligen Ohren. Eine halbe Stunde dauert das Klingenputzen, Schaben und Weiterschaben, bis von der Sau nur noch ein schneeweißer, gummiartiger Körper übrig ist, der so fremd auf dem Steinboden liegt, als wäre er niemals von dieser Welt gewesen. Unmöglich, dass dieses Etwas jemals Puls und Leben beherbergte, dass es heute Morgen noch mit den Hufen scharrte und die Schnauze über den Boden trieb.

Héctor dreht sich zu mir hoch und fragt: »Sag mal, die EM, ist die in Frankreich oder Deutschland?«

»In Frankreich.«

»Nun gut, aber Deutschland wird gewinnen. Die Franzosen sind Schwuchteln!« Er lacht, flippt das Messer und schlitzt das auf dem Rücken liegende Tier der Länge nach auf, um es fachgerecht auszuhöhlen. In seiner Rolle als Zeremonienmeister, dessen einzige Liturgie die Musik ist, klopft er immer wieder mit dem Messer über das Fleisch und findet von Takt zu Takt. Nein, kein Son, keine Rumba oder Salsa. Es ist klassische Musik, die er vor sich hin summt; ab und zu erhebt er sich sogar und tut, als dirigiere er Eimer, Wasser und Klinge.

Neben ihm stapeln sich die Organe in einem einzigen schleimigen Gedärm- und Gewebehaufen, die Bauchhöhle des Schweines steht voll Blut. In einem Eimer Wasser wird der Pack Innereien gewaschen, blasiges Fasergewühl, und danach mit einem feinen Messer genauso fein voneinander getrennt.

Dann kommt das nächste Schwein dran. Das Wasser, mit dem die Gedärme gewaschen wurden, wird zu dem dritten Schwein geschüttet, das versucht, mit den Vorderpfoten an den Rand seines Stalls zu kommen.

Auch, wenn es nichts sieht: Seine Ohren und seine Nase werden ihm wohl alles verraten haben.

Eine Hollywood zur Belohnung.

Héctor und sein Kollege bringen, unterstützt von anderen Mitgliedern der Familie, die Leichen weg, verpacken die Innereien und waschen das Blut vom Boden. Bald ist jede Erinnerung an die Schlachtung verschwunden. Nur die Luft hält noch den Geruch von ausblutendem Fleisch. Das letzte verbliebene Schwein schaut mich mit traurigen, fragenden Augen an. »Besser hier als ein Leben im Schlachthof, Schweini«, ist der einzige Trost, der mir einfällt.

Immerhin hat es jetzt einen Namen.

Als ich vom Treppengeländer springe, grunzt Schweini mir etwas hinterher, was ich nicht verstehen will.

Zurück im Ministerium für korrekte Fußbekleidung sitze ich sofort wieder in der Wartehalle, da vier Mann auf einmal Tisch zwei belagert haben.

Die Dame vom Empfang macht eine Runde durch die Wartenden, sieht mich und sagt, ich hätte keine lange Hose an, das sei nicht erlaubt, *amorcito,* hier müsse man Schuhe und lange Hosen tragen, alles andere: sei im Ministerium nicht erlaubt.

Selbst in Panik ist es unmöglich, »*¡Necesita pantalones!*« falsch zu verstehen, also halte ich das Ganze für einen Scherz, durch den man sich lausbubenartig entschuldigen möchte, mich wegen so einer dummen Sache wie den *jangletas* nach Hause geschickt zu haben.

»Das ist schon okay«, sage ich wie ein Volltrottel. Aber nach einem weiteren Blick in ihr Gesicht wird mir klar, dass überhaupt nichts okay ist. Als ich nach einer weiteren Phase des geistigen Schockvakuums meine Stimme wiedererlangt habe, hole ich aus:

»*Mi amor,* gerade habt ihr mich nach Hause geschickt, damit ich mir Schuhe anziehe, da hatte ich bereits die kurze Hose an, denn man stelle sich das vor: Dieses Klima hier zwingt selbst Bitter- und Sauerstoff, Häuserwände und ganze Seelenlandstriche in die Knie, und die mit etwas Sonnenmilch eingeölte Penetranz der hominiden Schweißdrüsen hat in der gesamten Erdengeschichte noch immer die entblößten Luftzufuhrzonen von Zehenspitze bis Kniescheibe gerechtfertigt. Wie Sie wissen hat Buddha gelehrt, dass es zwar Leiden gibt, dieses aber überwunden werden kann. Wenn man schließlich bei der supramentalen Weltenraumbeherrschung ankommt und sich kraft seines Bewusstseins dem Leiden verweigert, sehr gerne; doch umsonst und völlig umstandsfrei ist der erste Schritt auf dem Pfad der Erleuchtung: das Verhindern von Schweißausbruch bei körperlicher Nichtaktivität.

Schauen Sie sich die ganzen bunten Schweißtücher an, die hier geschwenkt werden wie die kubanische Flagge. Die Kraft, die durch diese Unnot verschwendet wird, könnte die Erde in die endlich rechten Angeln wuchten oder, um mit Fidel zu sprechen, zur

›Verbesserung‹ beitragen. Dessen ungeachtet hätte ich auf meinem soeben erledigten Heimgang gerne eine lange Hose angezogen, wenn man mir dies aufgetragen hätte. *Si claro,* kein Problem. Ich selbst habe zwar keine dabei, wissend, dass eine lange Hose in einem karibischen Sommer so nützlich ist wie ein Mondkalender auf dem Mond, aber ich hätte meinen Nachbarn Ivan gefragt, der ist eh den ganzen Tag zu Hause und freut sich stets, wenn ich vorbeikomme und Bucanero mitbringe, um dem Tag einige Zeit zu stehlen. Ich hätte mir also eine seiner Hosen geliehen, die mir entschieden zu groß sind, dann wäre ich hier hereingestiefelt – stiefeln nun das passendere Wort als latschen, wenn sie wissen, was ich meine – und alle hätten geschrien: Was macht dieser Clown hier im Ministerium! Soll er erst mal schauen, ob er irgendwo eine ihm passende Hose auftreiben kann!«

Obwohl ich all dies nur denke, sprechen meine Augen anscheinend solch ein Entsetzen aus, dass sie abwinkt und mir mein Zu-kurz-gekommen-sein durchgehen lässt. Als ich wieder an Tisch Nummer zwei sitze, rücke ich mich so nah an selbigen, dass ich für die Dame von der Hüfte abwärts verborgen bin und bleibe. *El turista alemán,* nun die Höflichkeit in Person, »*Buenas*«, »*Buenas, ¿estas bien?*«, »*Si claro, si mi amor*«, aber die Dame will Marken sehen, *sellos* genannt. Ich bräuchte neben der Touristenkarte eine gültige Auslandskrankenversicherung und ebenjene *sellos,* die ich zu fünfundzwanzig CUC in einer der Banken am Park Céspedes besorgen könne.

»Kommen Sie morgen wieder. Ab jetzt haben wir eh geschlossen.«

Als letzte Tat des Arbeitstages kramt sie ein kleines Spiegelchen aus ihrer Handtasche und kämmt sich mit den Fingern ihre Augenbrauen zurecht, schielend und stumm.

Was bleibt noch zu tun?

Ich zupfe mir ein Haar aus dem freigelegten und gut umlüfteten Unterschenkel.

Und lasse es still und selig zu Boden schweben.

Kurz nach Mittag am Park Céspedes. Für alles muss in Kuba
Schlange gestanden werden, insbesondere für das Sanctum sanc-
torum einer Bank. Nur der Teufel weiß noch, wie heiß es ist. Es ist
ein absurdes Gefühl, aber ich schäme mich, bei so einem Wetter
Schuhe zu tragen. Ich stoße ein kleines Gebet in meine Lungen
und weiß: Irgendeine höhere Instanz wird mir beizeiten hierfür
verzeihen müssen.

Mein »*Último*« nur schemenhaft und fadenscheinig. Ich
habe nicht die geringste Lust, hier zu sein und nehme es dankend an, dass Eddie, Clara und Zoe vorbeikommen und mich
nicht überreden müssen, den Bankbesuch auf morgen, oder
noch besser, übermorgen oder wann anders zu verschieben. An
die Häuserwände gedrückt, die einen schmalen Streifen Schatten hergeben, schlängeln wir uns hinauf zum Café Ven an der
Plaza de Marte.

Eddie und Clara kenne ich schon seit meiner Ankunft. Er ist
ein immerguter Rastamann mit der Ruhe eines kubanischen Be-
amten und der Freundlichkeit von einem Dutzend Sonnen, sie
eine bis in den letzten Winkel sympathische und stämmige
schwarze Frau, die alle fünf Minuten ihre gewaltige Afromähne
durchschüttelt; Zoe ist Engländerin und ohne große Erklärung
schon seit einigen Wochen in der Stadt.

Obligationen des Ven: ein Espresso, dem einige kalte Presidente nachgelegt werden. Ich lasse mir Zeit, die ganze Geschichte meines Vormittags zu erzählen, und schmiede einen neuen
Plan. Meine alte Auslandskrankenversicherung läuft fünf Tage
vor meinem Abreisedatum ab und bei der Penibilität der Damen
im Ministerium werde ich das Risiko nicht eingehen, mich deswegen belangen zu lassen. Ich werde also versuchen, einen Kopierer aufzutreiben, die Unterlagen fälschen und fertig.

Zum Glück habe ich Eddie und Clara an meiner Seite, die mich
zu einem älteren Herrn führen, der mit PC und Kopierer ein drei
Quadratmeter großes Geschäft betreibt. Wer weiß, ob ich sonst

etwas gefunden hätte. Mal eben was kopieren oder ausdrucken lassen kann in einem Land, in dem derlei (funktionierende) Gerätschaften so rar gesät sind wie Internet oder Sportwagen, auch mal locker einen halben Tag kosten.

Ich kopiere also den Ausdruck meiner Versicherung, schneide eine 8 aus der Versicherungsnummer aus, klebe sie über die ungewollte Zahl des ersten Ausdrucks und mache eine erneute Kopie. Doch auch nach einigen Versuchen und Kontrasteinstellungen ist es nicht möglich, den Rand der 8 vollkommen zu kaschieren, zumal sich meine Geduld mitsamt der Druckertinte dem Ende neigt.

Ein Tag voller nötiger Einsichten: Ich eigne mich also nicht dazu, mich den Ministerien Kubas entsprechend zu kleiden, darüber hinaus tauge ich nicht als Urkundenfälscher.

Nach einem Aufenthalt in einer der einheimischen Hafenspelunken und dem Verzehr zweier Kubapizzen – handtellergroße Pizza Margheritas, aus achtzig Prozent aufgeblähtem Teig, neunzehn Prozent tropfendem Fett und einem Prozent Tomatenmark bestehend – sind wir für die nächsten Stunden gewappnet. Zurück im Zentrum besorge ich mir im Internetladen der kubanischen Telefongesellschaft eine neue Krankenversicherung und mache mich anschließend so unsichtbar wie möglich. Der Park Céspedes ist der einzige Ort Santiagos, wo wirklich jede Touristengruppe durchgescheucht wird und somit erstklassiges *jinertero*-Terrain: eine kleine Hölle für sich.

Geschniegelt und geleckt reizen die ›Reiter‹ und ›Reiterinnen‹ mit ihren Verlockungen. Während sich *jinerteras* nüchtern und zielstrebig auf die Prostitution konzentrieren, sind ihre männlichen Varianten noch auf andere Einkommensgebiete spezialisiert. Ein *jinertero* kann ein Loverboy sein, Tänzer mit Benefits, ein Zuhälter, jemand, der die richtigen Kontakte für die unterschiedlichsten Wünsche herstellt, der in der Stadt Dinge auftreibt, die in keinem Geschäft aufzutreiben sind, der immer den Schwarzmarkt überblickt und Kommissionen bei etlichen Bars und Restaurants erhält, wenn er weißes Fleisch an die Tische navigiert. Darüber hinaus verkauft er einfach alles, was ein Tourist in seinem Land braucht oder niemals zu besitzen gewagt hat.

Die Sonderperiode in Friedenszeiten zu Beginn der Neunzigerjahre, nachdem sich mit dem Verschwinden der Sowjetunion auch Kubas Lebensversicherung in Luft aufgelöst hatte, hat nicht nur die Dächer Santiagos mit der Hungervorsorge in Form von Schweinen und Suppenhühnern, sondern auch die Straßen mit *jinerteros* und *jinerteras* geflutet. Kuba brauchte Devisen, um den eigenen Zusammenbruch abzuwenden, und so öffnete man sich dem unbeliebten Massentourismus. Hunderttausende Kubaner wittern seitdem ihre Chance, durch das leicht sitzende Geld der Touristen das Überleben ihrer Familie zu sichern, und wer auf dieser Welt besäße die Unverschämtheit, ihnen dies zu verübeln.

Nach zwei Wochen in der Stadt kennen Milo und ich bereits die üblichen Verdächtigen, Dealer, Schwerenöter und Antänzer, nach nur einem Blick in die Bars und Clubs wissen wir die *jinerteras* von den übrigen Frauen zu unterscheiden. Stillschweigend hat man sich auf beiden Seiten auf eine adäquate Strategie geeinigt. Noch immer kokettieren die *jinerteras,* noch immer reichen die *jinerteros* feixend die Hände und nennen einen den Freund fürs Leben. Man sagt »Hallo«, greift die Hand, plaudert einige Sätze und ist auch schon wieder fort, ohne die andere Seite vergrault oder missachtet zu haben.

Die *jinerteros* wissen: Gerade bei Langzeitbesuchern auf dem Radar zu bleiben, kann sich irgendwann lohnen, wenn der weiße Mann doch etwas braucht.

Der deutsche Langzeitbesucher weiß: Die *jinerteros* mit Freundlichkeit zu behandeln, kann sich irgendwann lohnen, wenn man doch etwas braucht, was der Eckladen nicht führt und mit dem die gesetzestreuen Nachbarn nicht weiterhelfen können. Auch er weiß: Geschäft ist Geschäft.

Eddie und Clara verabschieden sich nach Hause. Während ich auf Zoe warte, die Eider, einem der Céspedes-*jineteros,* einen E-Mail-Account einrichtet, nehme ich mir eine Minute, um meine E-Mails zu checken. Als ich den Namen meines Bruders im Postfach lese, weiß ich bereits, was passiert ist. Ich rücke mich in dem schiefen Stuhl aufrecht und schaue, dass ich genügend Luft in die Lungen hole.

»Opa ist gestorben«, schreibt er.

»Sanft und schmerzlos eingeschlafen«, schreibt er.

»Die ganze Familie hat sich noch einmal versammelt und Abschied genommen«, schreibt er.

Man habe mich vermisst.

Ich warte, bis mir das Herz gegen die Schädeldecke hämmert, der Hals trocken wird, die Tränen hervorbrechen. Warte, bis ich den Tag infrage stelle und überhaupt jeglichen Anfang. Aber nichts. Nichts von all den Erwartbarkeiten. Ich hatte all das schon durchgemacht, hatte schon ein paar Mal Abschied genommen von meinem Großvater, dem die Demenz und das Alter in den letzten Jahren fast alles Lebenslicht geraubt hatten, hatte ihn schon einige Male beerdigt, bei jeder unserer Verabschiedungen, und dieser tatsächliche Tod war nur ein weiterer seiner kleinen jährlichen Tode. Seit Langem erwartete ich diese Mail. Lange schon schmerzte die Schädeldecke, wussten die Tränen, starben die Menschen.

Also okay. Ein letztes Mal atmen und Abschied nehmen. Draußen Gewissheiten: Über den Park schießt trotz der heranrollenden schwarzen Wolkendecke noch immer dieses einzigartige Licht, Santiago-Licht. Goldling, den die Augen niemals ganz preisgeben können.

Eine Straßenecke weiter: Eine alte Frau bleibt vor einer feuchten Zündholzschachtel stehen, die sie auf dem Boden sieht. Mit der Fußspitze stupst sie die Schachtel herum, als sei sie ein kleiner Vogel, als wolle sie checken, ob sie noch lebe. Sie sucht ein Geräusch, das Geräusch klappernder Streichhölzer. Sie beugt sich hinunter, stupst, hört immer noch nichts. Dann hebt sie die Schachtel auf und steckt sie in die Tasche, ohne hineinzuschauen.

Zoes *casa particular* liegt auf meinem Weg. Als wir bei ihr ankommen, bricht ein solch heftiges Gewitter los, dass der halbe Hof durcheinanderfliegt. Durch den Regen kommt Demsey gelaufen, den sie mir als ihren »Cuban Lover Boy« vorstellt. Demsey ist ein lieber Kerl, der als Erstes Richtung Kühlschrank verschwindet und richtigerweise mit drei Dosen Cristal zurückkommt.

Zu dritt starren wir in all dieses Wasser, welches Erde und Himmel vereinigt.

»Weißt du, ich war drei Wochen in Santiago, bevor ich kurz für ein paar Tage in London war«, beginnt Zoe ohne Einleitung oder Vorwarnung die Geschichte ihres toten Vaters. »Ich hatte eine Nachricht von meiner Schwester bekommen, dass mein Dad auf der Intensivstation liege, irgendwas mit einem Herzinfarkt oder irgendwas, sie konnte es mir auch nicht genau sagen, aber ich hatte dann den Horror, in diesem Land schnell einen Flug organisieren zu müssen ... Sein Gehirn war angeschwollen, weißt du, er war tot, doch vegetativ noch am Leben, er wurde künstlich beatmet, also ...«

Ihr Körper erinnert sich, sie weint und zittert und fällt in meine Arme, ein einziger bebender Mensch. Der Regen in gläsernen, wunderschönen Streifen. Demsey sitzt auf dem Boden und malt Hunderte Zeichen, Kreuze und Ringe in ein altes Notizheftchen. Zoe zeigt auf ihn und zuckt die Achseln. »Uns ist ein Kondom geplatzt und er ist in mir gekommen, vielleicht bin ich jetzt schwanger, hier gibt es keine Pille danach, also habe ich die normale Pille genommen, seit Jahren hab ich den Mist nicht mehr genommen, und mein ganzer Körper, alle Hormone sind durcheinander, ich bin durcheinander, es ist alles richtig abgefuckt, und ich weiß nicht mal genau, warum ich sofort nach seinem Tod nach Santiago zurückgekommen bin. Das ist alles so hoffnungslos verrückt. Irgendwie hat die Stadt aber mit dem Tod zu tun, weißt du, da gibt es eine Verbindung. Nicht wahr, Darling?«

Demsey hebt den Kopf und sagt: »So ist das Leben. Ich habe es dir schon gesagt. Wir können nichts dagegen tun.«

Nach dem Regen verabschiede ich mich.

Auf den Hügeln Tivolís nun das einzigartige Spektakel, den Tag gleichzeitig auf- und untergehen zu sehen. Die abziehenden Gewitterwolken geben das letzte Sonnenlicht frei, das gerade noch über die Bergspitzen gleitet und aufgefangen wird von Mensch und Beton; ein mit großen Armen ausgeschüttetes Trägerlicht schwebt in die dampfenden Gassen, nass, strömend und stolz wie alles, was uns gewaltig in die Gegenwart der Erde reißt. In sechsunddreißig Jahren habe ich noch kein solches Licht, noch keine solche Andacht erlebt. Die laute Stadt hält den Atem an. Der Anblick ist derart vollkommen, man möchte keinen Schritt weiter in dieser Welt.

Ich habe gehofft, die versammelte Mannschaft anzutreffen. Aber niemand ist zu Hause, selbst Milsy nicht, die immer da ist. Ob sie mit Mayra in der Kirche ist? Ob Milo unten bei Rafael und Anailis ist?

Ich stupse einmal gegen einen Schaukelstuhl und gehe die Treppen zur Terrasse hinauf, wo ich Schweini höre. Ich habe eine schreckliche Vorahnung, als ich mich nach einigen schweren Herzschlägen endlich die Mauer hochziehe und ihn in seinem Betonverschlag sehe, Schweini, wie er mich anstarrt mit dem treuen Blick, den dämlichen Ohren und den roten Striemen unter den Augen, als habe er Blut geweint aus seinen Äuglein, die Trauer, Freude und Freundschaft kennen. Er weiß alles, denke ich, er weiß über sich und mich und das Leben Bescheid, weiß um seinen baldigen Tod durch die Melodie des Messers.

Das war's. Der Tod meines Opas kommt über mich mit Gebrüll – der Anblick Schweinis hatte eben noch sein müssen, damit ich auf die Treppe sinke und über den Dächern der Stadt schluchze wie ein Baby.

Das ist es also. Väter, Großväter, suchende Söhne von suchenden Männern, jeden Tag zehntausendfache Geburten und Tode, Bedingungen, die sich in Habsale, sich verwehende Berge und Milliarden Blutblättchen mehren, in roten, weißen und aschegrauen, alles absolut richtig und grundlegend verkehrt. Was bleibt, ist die gleiche Trauer, die gleiche Verehrung: Seltsame Bewältiger auf einem Kugelrund, leuchtend zwischen all dem, was wir zu sagen und zu vergessen suchen, Mittler zwischen dem großen Ton, der die Kerzen anzündet am Ufer des Ganges, und dem Entsetzen, wenn das Ende der Sehnsucht erreicht ist.

Risse in Fußsohlen, Licht im Hirn, Oktaven, das ganze Gezeter.

Niemand sterbe am Tod, schrieb Octavio Paz. Alle sterben wir am Leben.

In einem Universum, wo alles gerecht ist, weil nichts mit dem Menschen zu tun hat, ziehe ich mich aufs Dach und mache der schönsten Stunde Santiagos meine Aufwartung. Die Straßenlampen springen an und funkeln im Abend wie Insekten. Jeder Mensch, jeder Ziegelstein, jede Karre, jedes Wellblechdach schwebt ein wenig unter dem Rausch der einsetzenden Dunkelheit, dieser winzigen Glut. Die Stadt hebt abermals an, um sich unter neuen Augen erneut zu gefallen.

Ein letztes Mal atmen und Abschied nehmen.

Man könnte verzweifeln, wäre nicht alles so wunderbar.

ooo

Ich reibe mir die Augen, als wollte ich eine Sinnestäuschung vertreiben. Aber der kleine Junge, der sich über mich beugt, ist echt.

Auch sind die Ausschreier unten auf der Straße real, die Wägelchen quietschen und rattern und poltern, interpunktiert vom Hahnengeschrei und dem Gegrunze Schweinis nebenan. Der unverkennbare Sound der Realität. Ich muss also wach sein.

»Wer bist du?«

»Ich bin Dennis, hallo.«

»Was machst du hier?«

»Aufwachen, nachdem du mich geweckt hast.«

»Wie alt bist du?«

»Ich glaube ungefähr sechs Mal so alt wie du.«

»Was machst du hier oben auf der Terrasse?«

Aus einer Tüte *chicoticos* schiebt er sich zwischen seinen Fragen die fettigen Maisflips in den Mund.

»Ich schlafe hier, es ist schön hier.«

Nach seinem Einverstandensein geht es weiter. Ob ich eine Freundin habe, verheiratet sei, Kinder oder gar Enkel habe?

»Nein.«

»Warum nicht?«

»Ich bin nicht viel zu Hause, meine Kinder wären oft alleine.«

»Hast du kein Land?«

»Nein, aber ich habe viele Länder, alle, die auf der Erde sind. Und den Mond.«

»Den Mond?«

Während er so vor sich hin fragt und mit offenem Mund kaut, heften sich immer mehr Maisbällchenbrösel auf sein schwitziges Gesicht. Je länger unsere Freundschaft dauert, desto schmutziger wird er.

»Ja, den Mond. Nachts reise ich dorthin, weil er so schön weiß ist. Dann kann man ihm von den Farben der Erde erzählen.«

Er nickt. Das mit dem Mond und den Farben versteht er.

»Man kann nicht auf die Sonne«, sagt er, »da ist kein Boden, nur Gas, und irgendwann ist das Gas zu Ende und dann geht die Sonne kaputt.«

Ich spare mir die Ergänzung, dass dann neben der Sonne ebenfalls die Erde richtig kaputtgehe, auch, weil Mayra nun neben dem mittlerweile richtig eingesauten Jungen steht und mir meine tägliche Standpauke hält.

»Denni, du wirst dir eine Erkältung holen, wenn du draußen schläfst nach dem Regen, ich sag es dir nicht noch mal: eine Erkältung, Lungenentzündung! Außerdem sind das neue Matratzen, weißt du, wie schwierig es ist, in Kuba Matratzen zu bekommen, weißt du, wie viele Monatsgehälter das sind? Matratzen gibt es nur für diejenigen, die Familie in Miami Beach haben, und selbst dann ... ein Vermögen! Mach es wie dein Freund Milo, der schläft drinnen bei uns und bleibt gesund, obwohl, *ai,* er ist traurig heute, denn gestern hat er keine *negrita* mit nach Hause genommen, *ai, ai, ai.* Verdammt, wie sieht denn der Junge aus!«

Mayra fuchtelt dem Jungen im Gesicht rum. Ich erkläre:

»Ich wollte ihn schon waschen, aber wir haben kein Wasser mehr, was vielleicht daran liegt, das die Hausherrinnen gestern mit den letzten Reserven den sauberen Fußboden noch etwas sauberer geschrubbt haben, weißt du zufällig etwas davon? Vielleicht gehen wir ihn in der Bucht baden oder warten aufs nächste Gewitter.«

Das Schnaufen Mayras verrät, dass der Spaß hier aufhört. In der Tat treffe ich, noch immer auf der Matratze liegend und einen Übermichgebeugten nach dem anderen willkommen heißend, einen äußerst empfindlichen Nerv. Das Wasser ist in der Tat ausgegangen und kein neues in Sicht. Natürlich erzählt mir jeder in dieser Stadt eine andere Geschichte. Dass der Stausee, aus dem die Wasserversorgung der Stadt komme, leer sei, und man nun das Aquädukt anzapfen müsse; dass man eh nur das Aquädukt habe und dessen Hauptrohr gebrochen sei, die Reparatur würde vierzehn Tage dauern; dass ein leerer Stausee nun von einem weiteren bespeist werde, aber die Verbindungsrohre kaputt seien – die Reparatur benötige zwei Wochen; dass im Sommer eh nur alle zwei

Wochen Wasser ausgegeben werde, mal ein paar Tage mehr oder weniger, je nach Laune oder Möglichkeit; dass eh alles eine riesengroße Scheiße sei in diesem Land und das Leben unerträglich.

Fakt ist, dass schon lange eine Dürre über die Insel herrscht und manchmal für einen Tag das Wasser fließt. An diesem Tag geht dann keine kubanische Frau zur Arbeit. Einen Tag lang wird der gesamte Hausrat gewaschen, das Geschirr, die Wäsche, Böden und Wände, alles. Die Tanks auf den Dächern werden aufgefüllt und genügend Trinkwasser abgekocht. Die Terrasse der Casa Azul sieht dann aus, als betriebe man eine Wäscherei, und der heiße Wasserdampf weht in den Häusern und Straßen wie der Seelennebel Santiagos.

Meine Morgendusche fällt also aus, aber unser letzter Eimer reicht noch, dem Jungen den Fraß aus dem Gesicht zu waschen. Unten erfahre ich auch so ungefähr, was es mit ihm auf sich hat, denn Mayra hat Besuch von etlichen Verwandten, das ganze Wohnzimmer ist voll und Eduardo anscheinend der Sohn einer Nichte, so oder so ähnlich. Schon lange habe ich aufgehört, mir die genauen Verwandtschaftsbeziehungen all der Menschen zu merken, die Mayra und Milsy besuchen und sich auf der kleinen Couch langmachen.

Auch Milo sitzt in der großen Runde.

Als er mich sieht, zieht er mich in sein Zimmer.

»Wie ist es mit Anailis gelaufen?«

»Lustige Geschichte«, sagt Milo und holt ein riesiges, rostiges Messer unter seiner Bettdecke hervor.

»Milo, bitte sag mir, dass sie noch lebt?«

»Sehr witzig, aber hör zu. Wir waren erst in der Bar 300, dann bis spät morgens in der Casa de la Música, haben getanzt und ziemlich viel getrunken. Hab ein paar Mal versucht, sie ein bisschen zu küssen, aber es wurden nur Umarmungen und Wangenküsse draus, trotzdem hatte sie ziemlich viel Spaß und ich dachte, da geht noch was. Jedenfalls sind wir so um halb drei nach Hause und kurz nach dem Park merkten wir, dass uns ein Typ folgt, und Anailis meinte, sie hätte gesehen, dass er ein Messer hat. Wir sind einige Umwege gegangen und haben versucht, ihn abzuschütteln, aber er war immer noch da. Rafael hat mir dann für meinen Heimweg das Ding hier gegeben, falls er noch mal auftaucht.«

Milo zieht ein niedergeschlagenes Gesicht und gesteht mir, dass er sich Sorgen wegen seines Auftretens mache. Ob er kräftig genug sei? Ob man ihn auf den Straßen Santiagos und besonders hier in Tivolí für einen Schwächling halte, ob man denke, man könne ihn leicht überfallen?

Keine Frage, Milo ist ein selbstbewusster und großartiger Kerl, ein Reisender, dessen Geist sich nach immer mehr Welt sehnt und der sogar den Swing hat und gut tanzen kann – aber der fast Dreißigjährige sieht eben aus wie ein Junge von zweiundzwanzig Jahren, der sein ganzes Leben ohne Essen in einem Verließ eingesperrt war. Ich kann mich noch an den Schock erinnern, als wir uns im Bus nach Santiago kennenlernten. So dürr und bleich war dieser aufgeweckte Typ, der mir mittlerweile so ein guter Freund geworden ist, dass ich ihm jetzt tunlichst nicht erzähle, dass er in der Nachbarschaft als *flaco* bekannt ist: als dürrer Hecht, hinter dessen Rücken die Santiagueros häufig, liebevoll und in Anerkennung seiner Masselosigkeit, den kleinen Finger in die Höhe strecken.

Milo schiebt das Messer zurück unter die Bettdecke.

Draußen hat ein Wägelchen jede Menge Gemüse geladen, das ich nicht kenne; der nächste Ausschreier trägt riesige Zwiebel- und Knoblauchketten um den Hals, als wolle er böse Omen fernhalten. Er singt:

»¡Hay cebolla, hay ajo, haaaay aaaaají, hay ceeebolla!«
Die Straße ist voll. Die Menschen beglückwünschen sich untereinander, dass es so weit gekommen ist: Der Tag ist noch jung, man wird heute weder hungern noch zunehmen, weder zu viel erwar-

ten noch zu wenig bekommen, der Himmel ist blau und die Zeit endlos. An der Morgenstunde haften einige kleine Vergnügungen, die bereits so einverleibt sind, dass sie zu Blutbahn und Zellkern gehören, darüber hinaus sind die Frauen schön, die Männer fit und die Straßenhunde sanft.

Vor Ivans Haus finden wir alle Gesichter der Nachbarschaft, alle unsere täglichen Menschen.

Da ist Elvio, Herrscher über das Rum-Museum und unser direkter Nachbar hügelabwärts, Elvio mit dem besten Englisch der Nachbarschaft und dem heftigsten Lachen. Das Leben hat ihm die Haare geraubt und seiner Nase und den Ohren unaufhaltsam weitere Masse geschenkt – sechzig Robin-Hood-Jahre, die eine einstmals reiche Haarpracht körperabwärts umverteilt haben, ihn aber dennoch unangetastet jung und frisch gelassen haben. Im Museum, wo wir ihn so oft es geht besuchen, liest er seine englischen Romane, führt ab und zu einige Besucher herum und schenkt ansonsten großzügig und gerne das aus, was die Rumfabrik an braunem Gold nicht vermissen wird.

Neben ihm und seiner Tochter wohnt sein Bruder Ivan und die gemeinsame Mutter, Abuela. Ivan sieht aus wie die karikierte Version seines älteren Bruders. Alles ist etwas breiter und hervorstehender, dazu ist die Stimme näselnd, der Humor pietätloser und aller Haarwuchs, vom Zehenfleisch bis Schädelreich, intakt. Neben den krummen wie notwendigen Geschäften, mit denen er sich wie jeder Kubaner neben seiner Arbeit das verdient, was die reguläre Arbeit zum Überleben nicht hergibt (gerade stehen zum Beispiel mehrere Kisten Hatuey-Bier in der einzigen Ecke des Hauses zum Unter-der-Hand-Kauf bereit), weiß ich nicht genau, was der studierte Ingenieur den ganzen Tag treibt, außer, dass er sich rührend um Abuela kümmert, den größten Schatz der Santa Rosa.

Die Dreiundneunzigjährige hat das um ein halbes Menschenleben ältere Gesicht ihrer Söhne, eine in vergängliches Fleisch gemeißelte Genealogie. Das eine Auge trüb, das andere lichtern wie

Karibiktage, die Haut: reptilienhaft. Wunderbar erkennt man die
sich abzeichnenden schrumpeligen Vierecke wie bei einem Sala-
mander, darunter die aufgeplatzten Venen und einige Hämatome.
Trotz allem steckt dieser Körper voll Unmengen Licht. Das Alter
kann den unglaublichen Funken Lebensstoff nicht mindern, der
sie garantiert über hundert werden lässt. Trotz ihrer schlechten
Ohren ist sie so aufmerksam und schlau, jedem Gespräch folgen
zu können und großartige Geschichten aus ihrem Leben zu erzählen – wenn keiner da ist, sitzt sie den ganzen Tag in ihrem Nacht-
hemd vor dem Radio, das sie ständig lauter und leiser dreht. Wenn
man vorbeikommt, klatscht sie in die Hände und spannt ein Lächeln über ihr Gesicht, welches alle Missgunst dieser Welt vernichten kann.

Kurz, sie ist ein Engel, genau wie Richard, bester Kaffeebrauer
der Nachbarschaft. Richard geht langsam auf die sechzig zu, sieht
aus wie fünfzig und wohnt mit seiner Frau auf der anderen Straßenseite, der direkte Nachbar der magischen Ruine, Hausgegenüber genannt. Ein Fast-Bauwerk, das keine zählbaren Einwohner,
keine nachweisbaren Ein- und Ausgänger hat, aber wie eine zerfal-
lene und halb wiederaufgebaute Märchenhütte in der Straße liegt
und für sich die Rolle des Verrückten reklamiert, ohne den keine
ordentliche Bande auskommt.

Dann ist da noch Huberto, das meistens missgelaunte Walross,
der ein Haus über uns wohnt und von mir nur Presidente genannt
wird, weil er einmal der Präsident des CDR war, des Comité de
Defensa de la Revolución. Presidentes Ornamentik: ein um seine
schwitzige Stirn schwebendes Köstlichgrau. Presidente mag nicht
viel auf der Welt, er ist der einzig mir bekannte Santiaguero, der
schwer das Reich der Freude zu sichten weiß, keinen schlichten
Gutsinn besitzt und trotzdem ziemlich okay ist. Stets mürrisch,
kann man ihn mit einer Flasche Rum immer zu einem Komplizen
machen, zumindest bis zum nächsten Tag, zumindest bis zur
nächsten Flasche.

Der Mund ist ein Organ, das jeden Morgen aufs Neue geschult wird, während Richard die nächste Runde Kaffee serviert. Nach einer Weile geht jeder seiner Wege. Presidente schlurft die paar Meter in sein Haus zurück, wo er sich niederlassen und den Ventilator anknipsen wird, Elvio setzt sich seine Baseballkappe auf und geht zur Arbeit, Richard geht heim, um irgendwas zu machen, Ivan geht in die Stadt, um irgendwas zu machen; Abuela lässt sich im Schaukelstuhl nieder, legt den Kopf auf die Brust und schaltet das Radio an, um sich an die Zeiten zu erinnern, da sie in ihren eigenen Worten die »Königin Kubas« auf den Tanzböden des Landes war.

Die Sonne strömt die Santa Rosa hinunter, die Suche nach Schatten beginnt.

Zeit, die Sachen zu packen und zum Training zu fahren.

Ich halte mir ein *moto* an und bin überrascht, dass der Fahrer keine Frau ist. Aus der Entfernung hatte ich nur eine riesige, über das Motorrad ausgeworfene Menschenmasse und daran befestigte wogende Brüste wahrgenommen, die, wie jetzt unschwer zu erkennen ist, weniger einem östrogenen Drüsenwerk als der inkompetenten Nahrungsaufnahme des Fahrers geschuldet sind.

Ich nenne ihm die Adresse, er nickt und gibt mir den Helm, diese ewig gleiche Plastikschüssel, die man sich Gesetzes halber auf den Kopf setzen und stets mit einer Hand festhalten muss, da sie einem sonst vom selbigen rutscht. Jede Fahrt mit derselben Gewissheit: Der einzige Effekt, den dieser unschöne Sonnenschutz erzielt, ist, dass er einem den Schädel zertrümmert, bevor es der Straßenbelag tun wird. Um aber anzuzeigen, dass alles gut ausgehen wird, hat der Fahrer Aufkleber auf seinen Außenspiegeln angebracht: einen Schmetterling mit der Aufschrift »Dreams Come True« auf der einen und eine tanzende Minnie Mouse auf der anderen Seite.

Sind die *moto*-Marke-Lifan-Fahrer, die einen in Santiago für zehn Pesos überall hinbringen, im Allgemeinen ruhige Gesellen, die höchstens mal nachfragen, ob man eine Frau brauche (man kenne da so einige etc. etc.; die Cousine sei eine wahre Schönheit etc. etc.; jeder Erdenmann müsse mal mit einer, wenn nicht mehreren Kubanerinnen etc. etc.), redet der Berg ununterbrochen und mit jedermann, kommentiert den Verkehr, streitet sich mit den Busfahrern und erzählt mir am Ende der Fahrt noch ausführlich von seinen eigentlichen Berufungen: der Erzählkunst und der Frauenwelt, welche, konträr zur allgemeinen Meinung, eine Massenansammlung, wie er eine sei, zu schätzen wisse – und das nicht zu knapp.

Unsere Verabschiedung ist herzlich. Er solle in zwei Stunden wieder hier sein, sage ich ihm, dann habe er eine weitere Fahrt sicher.

Natürlich, natürlich!

Da könne ich mir ganz sicher sein.

Zu genau hundert Prozent.

Er komme auf jeden Fall.

Es ist immer das Gleiche. Sobald das Café Olimpia in Sicht ist, produziert mein Kopf die immer gleichen Bilder. Eine seltsame Abteilung meines Bewusstseins – wahrscheinlich genau jene, die sich mit Märchen und Religionen gegen das Sterbenmüssen windet – will jeden Morgen das Schwimmbecken voll kühlem Wasser und den Mast repariert sehen. Jeden Tag stelle ich mir vor, dass alles in seinen ehemaligen Zustand zurück wünschelt und sich füllt mit Honigharfen und Mandelmilchengeln. Das Bild ist so stark, dass ich stets für eine halbe Sekunde davon überzeugt bin, es wäre möglich geworden. Wenn ich aber schließlich um die Ecke biege, irrt doch nur wieder eine Taube durchs Schwimmbecken und pickt auf den ausgerissenen Kondompackungen herum, während der umgestürzte Flutlichtmast der einzige Zuschauer dieser Leere bleibt.

Auch García schaut stumm auf die von göttlicher Zeit und menschlicher Vernachlässigung angerichtete Verwüstung. Er war der erste des Teams, den ich bei meiner Ankunft kennenlernte, mit ihm ging ich zum ersten Mal vom Hotel Deportivo hier rüber. Schon aufgrund dieser Tatsache hat sich zwischen uns eine besondere Beziehung entwickelt. Mit seinen einundzwanzig Jahren ist er so was wie mein Mentor geworden, ein Kamerad, der sich herzlich verpflichtet fühlt, mich zu einem besseren Boxer zu machen.

Mein Spanisch ist mäßig und er spricht keine Silbe Englisch, trotzdem verstehe ich bestens: »Es sind vorgestern einfach keine Busse gefahren, tja«, sagt García und zeigt auf die nun anwesenden Jungs aus den Provinzen, die müde unter dem einzigen schattigen Baum hocken. »Aber jetzt sind sie alle da.«

Wir sind also an die zwanzig Leute, die besten Boxer des Staates Santiago de Cuba, aber Disziplin will sich trotzdem nicht einstellen. Wir werden drei Runden auf die Laufbahn geschickt, machen uns neben dem Schwimmbad warm, die Übungen werden von Alivel geleitet, der so wenig Lust an dem Geschehen hat, dass er oft vergisst, dass auf eine Übung die nächste folgt. Tagträumerisch rutschen ihm Vorgaben von den Lippen. Ein bisschen runter hier und zur Seite da, ausschütteln, dann drehen wir uns wie Derwische im Kreis. Francisco sitzt da und schaut sich das Ganze mit halbem Auge an. Eigentlich aber schimpft er in sich hinein und massiert sich das Knie.

Drinnen wird sich zum Appell aufgestellt. In der Tat herrscht Ruhe. Jusmani geht vor den Jungs auf und ab und hält eine Ansprache.

»¡*Compañeros!* Wir müssen uns bewusst sein, dass es jetzt ernst wird, wir müssen uns bewusst sein, dass es in zehn Tagen soweit ist … Jetzt gilt es nur noch, zu machen und zu machen, zu arbeiten … Zehn Tage … Wir müssen machen, soviel wir können, nichts anderes … Und machen, das heißt trainieren, versteht ihr, was anderes zählt jetzt nicht mehr … Ohne dass wir nun hundert Prozent geben, geht nichts mehr ... Wir müssen es tun, wir haben noch zehn Tage, *¿listo?*«

»*¡Listo!*«

»Zehn Tage habe ich gesagt, verdammt! *¿LISTO?*«

»*¡LISTO!*«

Kopfnicken und Applaus und Herumstehen, bis Francisco uns aufscheucht. Das Sparring beginnt. Kaum zu übersehen, dass das Training demografisch eine recht eindeutige Angelegenheit ist. Es gibt einen Weißling, mich, einen Mulatten, García, und der Rest ist schwarz, so schön und tiefschwarz wie Lack. Luis pickt sich einen nach dem anderen aus der Runde und macht Übungen am Besenstiel. Er befestigt einen Boxhandschuh an einem Ende und stößt zu, damit sich die Männer die richtigen Ausweichmanöver einprägen. Dann hinüberspringen, hin und zurück, hin und zurück. Wer braucht schon Trainingsgerät in einem Land, wo noch immer ein krummer Besenstiel aufzutreiben ist?

Nach getanen fünfundsiebzig Prozent – die hundert Prozent heben wir uns für die nächsten Tage auf, es bleibt ja noch jede Menge Zeit – liegen wir auf dem Ringboden, der Schweiß tropft von der Decke. Es ist José Ángel, der sich schließlich auf den Bauch dreht und mir das Prozedere der Meisterschaften ungefähr so erklärt.

Kuba ist in drei Teile aufgeteilt, den Okzident im Westen, die Zentralregion und den Orient um Santiago. In den Vorentscheidungen für die nationale Meisterschaft kämpfen die Provinzen der jeweiligen Teile gegeneinander, im Fall des Orients sind das Santiago de Cuba, Holguín, Granma, Guantánamo und Las Tunas. Diese fünf haben bereits im März gegeneinander gekämpft, hier in Santiago, und Santiago hat gewonnen, mittlerweile aber die beiden besten Boxer an China verloren.

Jetzt steht die zweite Runde an, die in Guantánamo stattfinden wird. Eine Woche lang. In zehn Tagen.

»*¿Listo?*«

»Unser Level hat sich durch die Abgänge etwas verschlechtert«, schlussfolgert er, »aber scheiß drauf, wir sind noch immer die besten. Komm mit, dann wirst du es sehen.«

Ich sage sofort zu.

Ich wollte sowieso nach Baracoa, um mir das Paradies anzusehen.

Warum also nicht einen kleinen Zwischenstopp in Guantánamo einlegen?

Am Hotel Deportivo warte ich noch eine Minute, nachdem sich die anderen schon auf ihre Zimmer verabschiedet haben.

Aber der *moto*-Fahrer, diese einhundertdreißig Kilo Erzählkunst und Vollverführung:

Er kommt nicht.

Duschgang mit drei Ladungen aus der Konservendose.

Am Himmel unumgängliches Blau.

Milsy hat aus einem großen Haufen *malangas,* die ich besorgt habe, einen wunderbaren Brei gezaubert, dazu gibt es Schwein und *ensalada,* die Salatbeilage, die überall in Kuba aus den drei ewigen Zutaten besteht: einigen Scheibchen Tomate, einigen Scheibchen Gurke, dazu etwas geraspelten Kohl und fertig ist das Mondgesicht. Soße und Geschmack muss man sich dazu denken, aber immerhin gibt es Schlimmeres, Kriege zum Beispiel, Studienschulden, Minusgrade oder überhaupt keine Scheibchen von irgendwas.

Oben in meinem Zimmer falle ich bei laufender Klimaanlage und stummem Fernseher in einen solch wunderbaren Siestaschlaf, dass es nur eine Frage der Zeit ist, bis man mich aus selbigem herausreißt. Mayra steht im Zimmer, hat sich ›chic‹ angezogen und will, dass ich ein Foto von ihrer mintgrünen Bluse mache. Es bleibt mir nichts übrig, als sie nach draußen ins Tageslicht zu schieben und sie zu fotografieren, während

Milsy immer wieder beteuert, wie wunderbar ihr die Bluse stehe. Als ich Mayra verspreche, das Bild von ihr und ihrem Polyesterponcho so bald wie möglich und Gott weiß wo auszudrucken, ist die Empörung groß: »Was brauche ich ein Foto von mir«, schrillt sie, »davon habe ich genug. Das Foto ist für dich, *mi amor.* Obwohl ich mir nicht mehr ganz sicher bin, schnffff, ob du es verdient hast.«

Zurück im Bett schaue ich fern und warte, bis die Siestastunde in die Schaukelstuhlstunde übergeht. Die Zeit zwischen drei und vier Uhr nachmittags ist eine absolut tote Stunde, der Schlaf gerade vorüber und das Wachsein fern. Noch ist die Welt nicht wieder in Gang gesetzt, es ist einfach zu heiß und die Luft zu dick. Also wartet man. Man wartet nicht ab, sondern wartet einfach nur. Schiebt sich den Ventilator vor den Schaukelstuhl und nippt Kaffee. Die Welt ist gut. Es ist eine herrliche Stunde, in der die Menschheit von jeglichem Tunmüssen befreit ist und nachempfinden darf, wie sich das All fühlt, wenn es vollkommen auf sich alleine gestellt ist. Und doch denke ich manchmal, was wäre wenn. Vielleicht läge ja hier, hielte man den Geist irgendwie an der Oberfläche der stillgelegten Körperwasser, die notwendige Zeit für die Erlösung der Menschheit.

Vielleicht wäre mit dem ›Inhalt‹ dieser einen Tagesstunde der ganze Marsch vom Affen bis zum Gott schon längst vollzogen (und somit die Revolution beendet), vielleicht hätten die Kubaner zehntausend Tonnen Zuckerrohr geschnitten[1], vielleicht hätte

---

1   Im Jahr 1970 kam es zu einer besonderen *zafra,* der sommerlichen Zuckerrohrernte, als Fidel die »Schlacht der zehntausend Tonnen« ausrief. Um der Welt die Überlegenheit des kubanischen Menschen und Arbeiters vorzuführen, mobilisierte Fidel ein ganzes Volk, eine niemals zu bewerkstelligende Ernte an Zuckerrohr einzufahren: 10 Millionen Tonnen. Ganz nebenbei sollten im Zuge des höheren Exports in die Sowjetstaaten auch einige Schulden erlassen werden. Der Zwang, sich auf den

man das Raum-Zeit-Kontinuum derart gekürzt, dass man nie wieder unpünktlich wäre.

Der Schaukelstuhl tut sein Übriges. Ohne ihn wäre alles hinfällig. Er ist die richtigste wie wichtigste Institution in diesem Land und so berechtigt wie Sommersonnenlicht. Es gibt keinen einzigen kubanischen Haushalt, der ohne ihn auskommt. Der Schaukelstuhl ist *die* Flucht- und Komfortzone, die sich gegen alle eventuellen Widrigkeiten zu verteidigen weiß. Egal, was ist, egal, wie schlimm es gekommen ist oder kommen könnte: Wenn man sich in einen Schaukelstuhl setzt, lassen sich alle Angelegenheiten der Welt fortwippen wie Gespenster. Es entsteht ein Sog in eine andere Anwesenheit. Man pendelt, ist nie ganz auffindbar und orientiert sich einen Teufel an der übrig gebliebenen Welt, während das Herz gleichzeitig genügend Zeit hat, warm zu werden mit dieser und allen anderen möglichen Existenzen.

Könige und Königinnen, sie besitzen keinen Thron.

Auf der ganzen Welt hören sie Radio, sitzen in Schaukelstühlen und starren auf die Straße.

Wenig später stehe ich mit Milo schon aufbruchbereit auf der Straße, als ein Wasserwagen vorfährt, »*Agua Potable*« in heilsbringenden Buchstaben auf die Flanken gemalt und den Reggaeton

---

Feldern wund zu schuften, war selbstverständlich freiwillig. Fidel legte die gesamte kubanische Wirtschaft lahm, indem er Lehrer, Industriearbeiter, Studenten, Ärzte und seine Soldaten an Machete und Maschine schickte. Gegen alle Vernunft musste man auf die Felder. Das Ergebnis: 8,5 Millionen Tonnen. Eine Rekorddernte, die, ohne das vorgegebene Ziel erreicht zu haben, doch in jedem Fall dazu führte, die meisten Kubaner zu einem stolzen Kollektiv zu einen. Da der Sowjetunion nichts Besseres passieren konnte, als Kuba als ihren Außenposten direkt unter der Nase der USA zu wissen, nahm man es auch mit dem Schuldenausgleich nicht so genau und investierte weiter in die Insel, die niemals zurückwirtschaften konnte, was man in sie investierte.

derart maximal aus den offenen Fenstern geschallt, dass ich höre, wie Abuela ihr Radio lauter dreht.

Natürlich, in den Tanzbars und Hinterhöfen der Musiker wird der Son gespielt und die beste Salsa der Welt getanzt, in der Casa del Caribe Rumba getrommelt, dass sich die Welt um ihrer Willen vergisst. Aber aus den gewöhnlichen Häusern und Radios erklingen der immer gleiche Reggaeton und die triefendsten Latinopopschnulzen. Wer den Soundtrack des kubanischen Sommers 2016 zu Hause nachhören will, der spiele folgende fünf Songs:

1. Rihanna: »Work«
2. Jacob Forever: »Hasta Que Se Seque el Malecón«
3. Yandel Ft. Pitbull: »Ay Mi Dios«
4. El Principe: »Yo Soy Soltera«
5. El Chacal: »Pa' La Camara«.

Mayra stürmt aus dem Haus. »Wenn ihr wüsstet, wie viele Telefonate ich hierfür führen musste, und wie viele Gefallen ich, wer weiß wann, zurückzahlen muss. Dreißig CUC für eine Ladung Wasser, das verdient mein Arzt in einem Monat. Aus dem Weg ...«

Breitbeinig und breitarmig schiebt sie uns zur Seite und denkt gar nicht dran, sich etwas Vernünftiges anzuziehen. Eine fantastische Katastrophe.

In ihrem Babystrampler beratschlagt sie sich mit den beiden Männern, von denen einer ans Fenstergitter klettert. Milsy lässt von der Terrasse einen Besen hinunter, hakt den Schlauch aus seinen Händen und zieht ihn über die Mauer. Kurz darauf fließt das Wasser. Zwei volle Tanks! Glitzerndes, klares Gold! Milo und ich lehnen an dem Wagen und hören dem Autoradio zu:

»Wie gut es doch ist, nach einem Arbeitstag arm zu sein,
denn niemand wird uns berauben, weil wir nichts haben.
Zusammengepfercht wie in einer Dose Sardinen
Fassen wir an die Hintern, weil das Trinkgeld inklusive ist.«

»Nur Schwarze«, kreischt Mayra, als der Wasserwagen abgezogen ist. Sie bläht die Backen auf und fährt mit dem Zeigefinger ihren Arm hoch und runter. »Aber ihr wollt es ja so, geht ruhig hin, tanzt und trinkt und bringt *negritas* mit nach Hause, *ai, ai, ai,* was soll ich tun, ich bin zwar wie eure Mutter, aber ihr hört nicht auf mich, *ai, dios mio,* hoffentlich schlafe ich tief und fest, ich werde mir Pillen holen aus der Apotheke, zwei Tage lang werde ich schlafen, und du bezahlst sie, Milo, König von Montenegro!«

Das ist also die letzte Predigt, die sie uns mitgibt. So leise geschrien, dass es die Nachbarn nicht mitbekommen, aber noch immer laut genug, dass uns ihr gespieltes Entsetztsein in den Ohren klingelt.

Wir müssen Mayra ausgiebig in den Arm nehmen und sie mit *besitos* besänftigen, bevor wir uns runter zur Fiesta de las Tradiciones machen, dem über das gesamte Wochenende stattfindenden Nachbarschaftsfest Tivolís. Ab Rafaels Haus sind die nächsten Straßenblocks gefüllt mit Ständen, Bühnen und Menschen. Für die Kinder hat man Computer auf die Straße gestellt, auf denen sie Videospiele spielen können, in klapprigem Fahrgerät werden sie in die Höhe geschossen und im Kreis gewirbelt, die Münder voll Zuckeressen und Zuckerwasser. Die Armee präsentiert ihre Hundeeinheit samt leidenden Tropenschäferhunden, an den Straßenecken tänzeln sich alte Männer zu, alle möglichen Organisationen und kommunistischen Projekte zeigen ihre Produkte oder werben für Unterschriften und neue Anhänger, fast jede Kreuzung trägt große Banner zu Ehren des Sozialismus, zu Ehren des kubanischen Weges und natürlich den von der Führung ausgerufenen Staatsslogan, der sich an allen Fabriken, Geschäften und Fensterläden der Insel lesen lässt:

»Por Cuba: Unidad Y Compromiso«.

»Für Kuba: Zusammenhalt und Kompromisse«.

Die Veranstaltung entpuppt sich als ein typisch kubanischer Mix aus zur Schau gestellter Ernsthaftigkeit und gelebter Kirmes. Neben einem Verkaufszelt mit Schaufeln und Co. reiht sich ein

Stand, der nur Rumflaschen und Bier verkauft, Funktionäre wiegen den zehnten Besoffenen in den Armen und der Stand der kommunistischen Partei hat eine noch leere Tanzfläche installiert, einsam und allein hängt ein Bild des alten Fidel vor den eingecremten, duftenden, ölenden, feingelackten Kerlen, die zu Dutzenden darauf warten, dass die erste Frau zum Beat des Reggaeton die Fassung verliert.

Jedes zweite Zeltchen Alkohol oder Essen, Totfrittiertes überall. Riesige köchelnde Fettbottiche mit Tierstücken, Grill an Grill die marinierten Sonderlichkeiten und dies eine Bild, an das man sich vom ersten Tag an in Kuba gewöhnen darf: Die komplette Sau, aufgespießt oder bereits auf dem Tresen in Fett und Frieden ruhend, damit man sie Faser für Faser aushöhle und zwischen zwei labbrige Weißbrothälften presse.

Wir gönnen uns etwas frittierte Schweinehaut als Snack, gefolgt von Hähnchen mit Reis. Von den Großen lernen: Wenn man sich liebt, schiebt man sich gegenseitig das Essen in den Mund, das haben auch die Vorpubertären schon drauf und noch viel mehr. Gekleidet, als seien sie zwanzig Jahre alt und suchten den Mann oder die Frau fürs Leben oder für den einen rauschenden Nachtflug, streuen sie sich, übersexualisiert und die weltzugewandte Selbstverständlichkeit an sich, in Scharen in die Menge und gieren einander mit großen Augen und ergiebigen Herzen, ihren Körpern zitternd ergeben, den Mund voll *pollo fritos* und Rum.

»Karibianer sind wir«, erklärt Rafael, als wir uns eine Flasche Ron Mulata besorgen und bei ihm eine Weile haltmachen. »Oriente, der Osten der Insel, ist die Karibik, wir sind andere Menschen als drüben im Okzident, in Havanna und Matanzas. Hier ist es warm, dort sind die Menschen kälter und sitzen nicht auf der Straße, sie sitzen in ihren Häusern.«

Rafael will wissen, was wir alles gegessen haben. Milo zählt auf, mit funkelnden Augen. Danach reden wir über Meere und Binnenseen, über Kriege und die Religionen der Welt. Rafael sagt, er sei

Christ, genauer gesagt: Adventist. Aber die meisten Kubaner seien Katholiken und gleichzeitig Anhänger der Santería, der afrokubanischen Religion. *»No nos gusta«,* sagt er über die Glaubensformen, die die Sklaven aus Afrika importierten. »Wir mögen sie nicht, diese Religionen sind dunkel, da geht es um den Teufel und andere Sachen, von denen man nie was wissen will. Es gibt regelmäßig Tote bei den Zeremonien.«

Als ob der Teufel nichts mit dem Katholizismus zu tun hätte, denke ich. Hat nicht Heinrich Heine die schönen Worte gewählt, der Katholizismus sei eine Religion, als wäre der liebe Gott gerade gestorben?

»Soweit ich weiß«, sage ich, »gibt es keinen Teufel in der Santería, nur haufenweise dunkle Geister, Götter und Heilige. Aber nicht diese eine Teufelseinheit wie in den großen monotheistischen Religionen, richtig?«

»Nur kleine Teufelchen«, sagt Milo, und Rafael ergänzt: »Sehr, sehr viele kleine Teufelchen. Und alle haben die Hände um deine Kehle, ob du es spürst oder nicht.«

Rafaels Exfrau, die mit hochschwangerem Bauch neben uns sitzt, hätte gerne, dass wir das Thema wechseln. Aber Rafael muss noch klären, was Mao gegen die Religionen hatte, sogar gegen Buddhisten, bevor wir über Hurrikans, Fußball und, den Kreis schließend, frittierte Schweine reden.

Mittlerweile ist es elf Uhr. Wir haben die Flasche geleert und stürzen uns mit einer neuen zurück ins Fest, die Stände längst geschlossen, die Tanzflächen längst voll. Milos Tänzernatur ist unzufrieden; er will Salsa, den Hüftkitzel des Son und das Dickicht der Rumba, aber auf den Straßen herrschen eben der Reggaeton und Latinopopschnulzen. Also was soll's, wir haben hübsch einen sitzen und als die einzigen beiden Weißen der Festlichkeiten keine Probleme, Tanzpartnerinnen und neue Freunde en masse zu finden. Plastikbecher werden gereicht, wir verteilen unseren Zuckerrohrschnaps, bekommen Zigaretten, geben Feuer, eine Umarmung hier, Küsschen dort, alle Menschheit ist zufrieden und wünscht sich, das alles einfach so weiterginge bis nächsten Freitag, wo alles wieder von vorne beginnt und so ad infinitum.

Den nächsten Schluck Bier bekomme ich in einem grob ausgewaschenen Joghurtbecher. Ich stütze mich an eine Mauer, um mir eine Zigarette anzuzünden. Das gelbe Licht über der wogenden Masse, die Musik, die bis in die Knochenspitzen widerhallt, die Körper Leib an Leib, irgendwo der Mond und einige Sterne, aber zu hell scheint die Erde für die Lichtstoffe oben – so gefallen wir uns als Menschen, die wir Mitternächte in den Adern ankern und nicht ablassen wollen vom Gebet unseres Atems. Körperwasser proben die Liebe. Ein Gedanke, den ich genau so aufschreiben muss, wie er mir zu Kopfe steigt oder fällt: Wären in Deutschland die Frauen und Männer ebenfalls so schön wie hier, würde auch mehr gebumst – und alle wären glücklicher!

Wo viel getrunken wird, wird viel gepinkelt, und wo es keine Toiletten gibt, nimmt man alles andere. Die Leute pissen zwischen die Stände, in Hauseingänge. Ein Typ lehnt so nah an der Wand, dass zwischen ihm und dem Stein kein Zentimeter Platz ist. Ein paar Meter weiter lehnt eine Frau an einem Pfahl, hat die Hose runtergezogen und lässt es laufen, während sie sich lachend auf die Schenkel klatscht. Ich suche mir eine Hauswand mit etwas Gestrüpp, immerhin bin ich hier Gast. Auf dem Rückweg – ich habe schon angefangen zu singen – stolpere ich ins kubanische Glücksrad.

Kreisrund sind circa fünfzehn an der Stirnseite offene Holzkisten aufgestellt, auf jeder Kiste steht ein Gewinn: Shampoo, Plastikspielzeug, Ron Mulata etcetera. Ich knie mich zu der Menge und verliere mich vollkommen in dem Spiel, bei dem sich eine weiße, in der Mitte freigelassene Ratte in eine der Kisten verkriecht, den Weg erfühlt durch Instinkt oder Intuition oder sonstigen Rattenzauber. Ich bin so betrunken, dass ich nicht genau herausbekomme, wie genau die Wette zu platzieren ist; manchmal vergesse ich, in welcher Kiste die Ratte hockt und wer genau die

Wetten entgegennimmt. Ich knülle Scheine im Handballen und
streiche sie wieder glatt, es ist auch einfach zu heiß und die Nacht
hat Augen rot wie Melonen.

Jemand tippt mir auf die Schulter.

Es ist Anailis, die Milo an der Hand hält.

»Jetzt besser nicht«, lalle ich, »ich hab's gleich, ich hab's gleich,
ich hol uns die Flasche Mulata, gebt mir und dem Rattenschwanz
noch 'ne Minute!«

»Alter, ich steche hier echt aus dem ganzen Fest. Ich bin so
weiß, ich muss mich morgen mal sonnen«, spricht Milo und reicht
mir seine neue Flasche, mein Untergang, denke ich, unser Untergang, denke ich, aber ein herrlicher immerhin.

»Anailis ist so heiß«, sagt Milo weiter, »aber da geht nichts, verdammt. Los, lass uns mal weiter, deine Ratte ist so weiß wie du und
ich, und du hast bisher nur verloren, schrecklich verloren, wenn
du es genau wissen willst.«

Wir ziehen weiter durch die brechend vollen Straßen. Oben an
der Stelle, wo sich Tivolí plötzlich öffnet und zu einem Ausblick
über das Hafenviertel und die Bucht weitet, betritt ein alter Sänger die Bühne und bespielt uns mit seinem kubanischen Pop, nur
durch seine Niveaulosigkeit von Kitsch zu unterscheiden, aber
großartig wie Katzensprünge bei Nacht.

»Mein Herz, wir sind die Nacht und der Tag
Mein Herz, wir sind Licht und Schatten
Mein Herz, lass mich nie wieder alleine
ich wache auf und ich gehe wieder schlafen
mit deinen Augen als mein einziger Traum.«

Wir tanzen und geben aus, was unsere Hosentaschen hergeben.

Rafael hat uns gewarnt, auf Diebe aufzupassen, aber was dieser
Kerl abzieht, ist so dilettantisch wie mein Versuch am Glücksrad.
Ich bin mir sicher, dass er mich nur irgendwie angrapschen will,
denn er greift mir so umständlich, so dämlich in meine Hosenta-

sche, dass es ein Gelähmter ohne Augenlicht gemerkt hätte. Ich
schlage ihm die Hand weg, packe seinen Kopf mit beiden Händen
und sage in etwa: »Wie kannst du nur so ein dummes Arschloch
sein!? Aber für heute ist es okay, und morgen bist du mein Bruder,
amigo.« Verdutzt nimmt er die Flasche Mulata entgegen, die ich
ihm hinhalte. Milo zieht mich weiter, Anailis ist schon nicht mehr
da und ich weiß nicht, wo es hingehen soll. Nach Hause wollen wir
nicht, aber irgendwann kommt die Zeit, in der sogar die Polizisten
mit den *jinerteras* knutschen und die Hose halb unten haben; so
beschließen wir, die Nacht bei Rafael ausklingen zu lassen, der in
der Tat noch wach ist und sich das Treiben vor seiner Haustür
nicht entgehen lässt.

Ob es Bären in Deutschland gebe, fragt er, Wölfe in Montenegro?

Wir bleiben noch, sind viele, trinken und schwitzen. Bald habe
ich mich neben der Treppe zusammengerollt und bin fast eingeschlafen, bevor ich schlafwandlerisch in Rafaels Zimmer schlurfe
und mich auf seine Pritsche fallen lasse.

Nicht vergessen, mich morgen mit Milo auf der Terrasse zu
sonnen! Das ist mein letzter Gedanke, bevor sich die Kreise des
Kopfes schließen und ich fortfalle in die letzten noch offenen
Arme der Nacht.

Man macht Fotos, die Heiterkeit ist groß. Irgendwann zieht
man mich mit einigen Leuten aus dem Schlaf und zurück auf den
Fußboden. Ich werde überredet, doch lieber in mein eigenes Bett
abzuwandern und hake mich bei Milo ein, der sich bei mir einhakt.
Herrlich, diese besoffenen Ausländer, herrlich wie eine in der Oper
vergessene Jeansjacke, wie sie die nun menschenleere Santa Rosa hi-
nauftorkeln und versuchen, die Hits des Buena Vista Social Clubs zu
singen! Da wir uns so sehr aufs Noch-Weiterkommen-Können konzentrieren und die Beine ihr Werk ohne die schiefen Augen verrich-
ten, verpassen wir die Casa Azul und stehen plötzlich vor der Büste
von José Martí, die sich einige Häuser straßaufwärts befindet.

Ich nehme seinen Kopf in die Hände und streichle ihm die Stirn, lege das Ohr an seinen Mund. Schon überkommt mich das Gefühl, ihm einen Vers sprechen zu müssen, diesem größten aller Kubaner, dem Krieger und Apostel, der einen Krieg anführte für die Freiheit und die Würde seines Volkes, dem Dichter, der die Poesie als stärksten Samen eingepflanzt sehen wollte in den Acker, welcher den Menschen zu wirklichem Menschsein wettert und nährt. Vor allem den Kubanern sollte die Dichtung den Weg in die Unabhängigkeit worten und in ihnen Sinn, Güte und Gemeinschaft hervorbringen wie eine Quelle das Wasser.

»Fuck man«, sagt Milo, der neben mir sitzt und einen Hund streichelt, der stinkt, als sei er bereits bei seiner Geburt gestorben. »Ich will sie heiraten, ja, ich würde sie einfach heiraten, gottverdammt, sie macht mich so an, ich kann es nicht fassen. Ich werde sie noch mal bitten, mit mir auszugehen, und dann setze ich alles auf eine Karte ... Fuck it, die ganzen *jineteras* laufen einem hinterher, aber die einzige Kubanerin, die man will, ist diejenige, bei der nichts geht ...«

Weiter und weiter faselt Milo von Anailis, während ein paar Jungs die Straße hochkommen, die letzten Arme, Beine und Münder, die die Fiesta ausspuckt.

»Hey, habt ihr noch Zigaretten?«

Ich verneine und klatsche in die leeren Hände.

»Was ist mit Rum?«

Ich zeige auf Milo, dann auf mich.

»Nix mehr da. Wir haben einen Hund.«

Ich zeige auf den Hund.

»Hunde haben wir auch, *cojones!*«

Damit ist das letzte Wort der Nacht gesprochen. Die Jungs ziehen weiter, Milo lässt sich zurückplumpsen und liegt, alle viere von sich gestreckt, auf dem Bürgersteig. Der Hund rennt den anderen hinterher. Ich lege mich zu Milo und lese, wie jeden Tag, die Inschrift auf Martís Sockel:

»Ser culto es el único modo de ser libre.«
»Die Kultur ist ein einzigartiger Ausdruck der Freiheit.«

ooo

Niemand hat nach uns gefragt.

Aber anscheinend hat uns alles gewollt.

In einem Universum, in dem nur der Wandel von Dauer ist und wir in unser Vorhandensein steigen wie Schneekristalle, erleben wir jenes Schicksal durch die Tragweite von Jahrmilliarden und wenigen uns zugewandten Stunden. Wir atmen und blutbahnen aufgrund der Formen, die sich das Leben in all seinem Material, seinem Fleisch und seinen Farben gerbt und zeitigt. Das Bewusstsein wendet Atem zu Wein, die Sonnen sind riesig und die Erde überall. Was bleibt? Wir folgen uns an warmer Haut, während das Weltenmeer in den Ohren rauscht und die vollen Himmel sprachlos bleiben und blau.

Angela Krauß: »Es ist etwas Alltägliches und etwas Ungeheuerliches zugleich, daß wir umgeben und durchdrungen sind von dem Anderen, Unbekannten, Unberechenbaren. Das Quäntchen Fassbare in uns und um uns herum und die unfassbare Ausdehnung dessen, was in der Schwebe bleibt – davon handelt alle Kunst, dafür ist sie da, dafür ist sie erfunden: um uns unseres eigenen Rätsels zu versichern.«

Die unfassbare Ausdehnung dessen, was in der Schwebe bleibt und bleiben muss! Was also will der angesprochene Künstler, der vergebliche Dichter in seinen Ereignissen, die so greifbar sind, als fischernetze man nach Rauchzeichen? Was sucht er in den Worten, welche die Wahrheit keltern wie Nebel das Wasser?

Wir schreiben, schreiben ein Leben lang, aber das Gedicht will nichts, es erklärt nichts, es handelt von keiner Gewissheit und weiß sich zu schön für jedweden Aufenthalt. Es fällt zwischen die Silben wie ein Betrunkener in der Calle Santa Rosa, der kein Ankommen, sondern nur noch sein Unaufhörlichsein besitzt, es rieselt zwischen den Zeilen ins Bodenlose, fällt kreisend, verliert sich und kehrt schließlich zu den Worten zurück, um zu zeigen, was sie eben *nicht* waren.

Das Geschriebene geht immer leer aus.

Ganz genau vage – auf der Umlaufbahn der lyrischen Intonation – erlangt die Sprache ein neues Zuhause. Indem das Gedicht so kürlich wie gewissenhaft eine Distanz zum Sagbaren einhält, stellt sie uns in die Mitte der Dinge, platziert uns weder hier noch dort, weder im Ich noch im Du – ein Ort, an dem wir uns mit dem Kunstgriff des Begriffs nicht mehr zu fassen vermögen.

Durch diesen präzisen Ab-Stand offenbart sich das Rätsel der Schöpfung und der Mensch blickt staunend und mit gewaltigem Herzen aus seinem Selbst, um zweifelsfrei vorzufinden, was ihn am Ende aller Zeit erwarten könnte. Keine Verzückung kann so groß sein, als sich so ungefähr wie unumgänglich lebendig zu wissen.

Über die Jahrtausende hinweg ging es den verwunderten Dichtern darum, die Kostbarkeiten, die unverstanden bleiben werden, nicht ungesagt zu lassen. Wort für Wort ist es die Aufgabe der Poesie, den Menschen zum Schweigen zu bringen.

»Wenn es wirklich ist, das weiße
Licht dieser Lampe, wirklich
Die Hand, die schreibt – sind dann
Die Augen wirklich, die das Geschriebene schauen?
Von einem Wort zum andern
Verflüchtigt sich, was ich sage.
Ich weiß, daß ich lebendig bin
Zwischen zwei Klammern«

Octavio Paz: »Gewissheit«

Dem Rauch Formen geben, schrieb José Martí über die Dichtung. In der Poesie offenbart sich für den Übervater der Kubaner die Seele des Menschen, die mehr ist und weiter geht als all seine Ausdauer. Die Kunst wird für ein Volk, gerade eines wie das kubanische, das sich von jahrhundertelanger Fremdherrschaft befreien will, nicht zu überschätzen sein. Martí:

»Die Poesie, die zusammenfügt oder trennt, die stärkt oder ängstigt, die die Seelen stützt oder niederwirft, die den Menschen Glauben und Mut gibt oder nimmt, ist für die Völker notwendiger sogar als die Industrie, denn diese liefert die Mittel zum Fortbestehen, während jene ihnen den Willen und die Kraft zum Leben gibt.«

Wittgenstein setzte die Grenze unserer Welt mit der Grenze unserer Sprache gleich. Für Martí ging es darum, diese Grenze zu verschieben – oder gar einzureißen.

Denn die Welt wird eine andere, wenn man anders spricht.

Anders sprechen heißt anders denken.

Anders denken heißt anders sein.

Anders sein heißt, eine permanente Revolution in Gang zu setzen.

Am 21. Oktober 1869 klopft die Polizei an die Tür des Elternhauses und nimmt den Jungen mit. José Martí ist sechzehn Jahre alt. Aus dem Gefängnis schreibt er seiner Mutter, dass er nichts fürchte. Wie und von wem sollte denn jemand verurteilt werden, den keinerlei Schuld treffe und der lediglich das Verbrechen begangen habe, sich für Gerechtigkeit und Freiheit eingesetzt zu haben? Nach fünf Monaten beginnt die Verhandlung, der Staatsanwalt fordert die Todesstrafe. Die Begründung: Verrat an den Interessen Spaniens. Martís Blut und Lippen wissen sich kaum zu halten, er hält eine patriotische Rede, die den ganzen Saal in Staunen versetzt. Kommen diese Worte, kommt diese flammende, poetische Begeisterung für die Freiheit des Vaterlandes wirklich von einem

Teenager, der bereit ist, seine Feder, mit der er seine Gedichte und Theaterstücke verfasst, gegen das Gewehr einzutauschen, ja der bereit ist, für seine Überzeugungen zu sterben? Der frühreife und universalgebildete schmale Junge nimmt zudem alle Schuld auf sich, um einen Freund und Mitangeklagten zu entlasten. Als er seine Verteidigung beendet, schweigt der Saal. Auch der Richter muss sich erst wieder sammeln, bevor er den Jungen zu sechs Jahren Zwangsarbeit verurteilt. Aus dem Gefängnis schreibt Martí: »Ich bin sechzehn Jahre, und viele Alte sagen mir, ich sehe schon wie ein Alter aus. (...) Dante war nie im Kerker, im kubanischen Kerker.«

Blickt man heute auf die Vergangenheit Lateinamerikas, ist die Verurteilung Martís nichts anderes als die logische Konsequenz der Geschichte.

Nach dem Einfall der Europäer in Südamerika begann sich eine so strenge wie abscheuliche Koordination von Gier, Ausbeutung und Tod über Länder und Jahrhunderte zu ziehen – von Patagonien bis Haiti und von Brasilien bis San Francisco. In Kuba herrschten die Spanier über diese strategisch so wertvoll gelegene Insel, sie brachten das Zuckerrohr und versklavten Hunderttausende Afrikaner, die das süße Rohr pflanzten und ernteten. Waffengewalt herrschte und der Reichtum der Insel wanderte an die Krone in Madrid. Als die Zeit reif war für die Unabhängigkeit Kubas und das Ende der Sklaverei, begann 1868 unter dem Großgrundbesitzer Carlos Manuel de Céspedes der Aufstand im Osten der Insel, der gerade die Jugend im weit entfernten Havanna nicht kalt ließ. Martí schrieb patriotische Gedichte, machte keinen Hehl daraus, zu den Rebellen in Oriente stoßen zu wollen, und wurde schließlich verhaftet, als man einen von ihm unterzeichneten konspirativen Brief fand.

In dieser Zeit des Aufstands konnten es sich Spaniens Richter nicht erlauben, nachgiebig zu sein. Das Ergebnis war die

sechsjährige Zwangsarbeit für den Jungen, dem das Schuften in
den Kalksteinbrüchen mehr als nur körperliche Qual war. Die
schwere Fußkette riss permanent eitrige Wunden in sein Bein,
das nie wieder ganz heilen und ihm ein lebenslanges Humpeln
bescheren sollte. Zudem sah er Szenen, ausgemergelte Körper
und menschliches Leid, die ihn glauben machten, Dante hätte
eben doch den kubanischen Steinbruch, den kubanischen Kerker gekannt.

Gebrochen hat ihn das alles nicht. Im Gegenteil. An seine Zeit
im Gefängnis erinnerte er sich später in seinem Gedicht »Pollice
verso«:

»Gewiß! Auch ich, den Schädel nackt und kahl,
nicht Haar noch Kappe, um die wunden Knöchel
die schwere Kette, kroch ich hin inmitten
des Knäuls von Schlangen, aufgerollt auf ihren
finsteren Lastern, jenen Würmern ähnlich,
die in den Kübeln voll Gestank und Schlamm
mit aufgequollnem Bauch, verklebten Augen
verschlungen ineinander träge wühlen.
(...)
Erinnerungen gibt's, die das Gedächtnis
einäschern. Dieses Dorngestrüpp. Jedoch
das meine ist ein Flammenkorb, in dessen
Schein ich die Zukunft meines Landes sehe.«

Durch eine Hafterleichterung wurde Martí zuerst auf die Isla de
Pinos (heute die Isla de la Juventud) verlegt und schließlich aus
Kuba verbannt, um sein erstes Exil und den Beginn eines nahezu
nomadischen Lebens in Spanien zu finden, wo er Jura, Philosophie
und Literatur studierte. Über England erreichte er Mexiko, sein
»Land der Zuflucht, wo noch jeder Fremdling einen Bruder gefunden hat.«

Nachdem der kubanische Unabhängigkeitskrieg nach zehn
Jahren anhaltender Kämpfe beendet und gescheitert war, kehrte
Martí 1878 unter seinem richtigen Namen (1877 hatte er sich kurze
Zeit mit gefälschten Papieren in Havanna aufgehalten) nach Kuba
zurück. Er arbeitete als Jurist und währte nicht lange. Nach weiteren konspirativen Aktivitäten, unter anderem war er Vizepräsi-
dent des Zentralen Kubanischen Revolutionsklubs, wurde er
abermals aus seiner Heimat verbannt. Es war der Beginn des Jahres 1880: Über Spanien erreichte er New York, das weitestgehend
der Hauptsitz seines Exils bleiben sollte. Von hier aus begann er an
der Spitze des Kubanischen Revolutionskomitees alles zu unternehmen, um einen Krieg anzuführen. Einen Kampf mit Revol-
vern, Worten und Macheten, um der Revolution jenen Boden zu
bereiten, auf dem das kubanische Volk die Früchte seiner Sehnsucht würde ernten können:

»Die Wirklichkeit erkennen und fixieren: der natürlichen
Form die Wirklichkeit der Ideen anpassen, welche die Tatsachen
erzeugen oder auslöschen, sowie die Wirklichkeit der Tatsachen,
die aus den Ideen entstehen; die Würde der Revolution, ihren
Opfermut, und ihre Kultur so zu organisieren, daß die Würde
auch nicht eines einzigen Mannes beeinträchtigt wird, daß das
Opfer keinem einzigen Kubaner als unnütz erscheint und daß
die Revolution nicht unter dem Niveau der Kultur des Landes,
gemeint ist dabei nicht die fremde und unechte Kultur, (...) sondern jene Kultur, die aus dem tiefen Wissen erwächst, daß der
Mensch um die Wiedergewinnung und Aufrechterhaltung seiner
Würde ringt: Das sind die Pflichten und die Absichten der Revolution.«

Martí gehörte zu den größten Geistern des 20. Jahrhunderts
und war, wie alle großen Männer und Frauen, seiner Zeit um Licht-
jahre voraus. Seine Sprachkenntnisse und Übersetzungen waren so zahlreich wie beeindruckend, seine Essays über Whitman
oder Puschkin zeugen von gewaltiger Seelenverwandtschaft mit

den großen Dichtern und Sehern, die sozialen und politischen Analysen sind passgenau und der Blick in die Zukunft visionär. Zusammen mit Rubén Darío gilt er als Begründer des Modernismo.

Neben all seinen verschiedenen Tätigkeiten richtete er jedoch den Blick besonders auf den lateinamerikanischen Kontinent und dessen Nationen, welche eine gemeinsame Sprache, Geschichte, Kultur und Träume zu Brüdern, zu Schwesterstaaten machte; ein Kontinent, der sich noch immer mit dem Erbe eines »despotischen und tückischen« Kolonisators und seinen importierten Ideen herumschlägt, ohne eine eigene Identität entwickelt zu haben. Für Martí war klar: Es war an der Zeit, dass sich die Länder Lateinamerikas nach ihren eigenen Gesetzen, Ansprüchen und Realitäten verwalten mussten. Die Freiheit dieser Länder konnte nur eine Freiheit sein, die aus ihnen selbst hervorgeht.[2]

Für die Kubaner – laut Martí Söhne des Degens Simón Bolívars – galt es nicht nur, eine ungerechte Regierung zu stürzen, sondern vor allen Dingen zu verhindern, dass der nächste große Despot einen Nährboden vorfindet. Martí sah die Hauptgefahr für Kuba (und für ganz Lateinamerika) Jahrzehnte vor dem Rest der Welt. Die Spanier waren ein Problem, das man mit Waffen vertreiben konnte. Aber am Horizont lauerten die USA mit ihrer so schillernden wie leeren Religion des Kapitalismus, die weder der Wirklichkeit Lateinamerikas gerecht wird, noch ihre Glücks-

---

2   José Martí: »Unfähig ist nicht das entstehende Land, das nach angemessenen Formen und nach nützlicher Größe verlangt, unfähig sind diejenigen, die ursprünglich einzigartig und gewaltsam zusammengesetzte Völker mit Gesetzen regieren wollen, die aus vier Jahrhunderten freier Praxis in den Vereinigten Staaten, aus neunzehn Jahrhunderten Monarchie in Frankreich geerbt wurden. Mit einem Dekret von Hamilton bringt man nicht einen Pampahengst zum Stehen. Mit einem Satz Sieyés bringt man nicht das aufgestaute Blut der Indios zum Fließen.«

versprechen einzuhalten imstande ist. Martí hatte lange genug in den ›Eingeweiden‹ der Vereinigten Staaten gelebt und gearbeitet, um das Entscheidende verstanden zu haben:

– dass die USA zwar im Namen einer großen Freiheit und Demokratie predigen, in Wirklichkeit aber mit solider Kriegsmaschinerie für ihre Machtinteressen kämpfen und ihren Nachbarn im Süden niemals eine eigene Art der Freiheit erlauben werden.

– dass der Kapitalismus unmenschlich ist und stets nur wenige Gewinner auf den schiefgeschufteten Schultern von Millionen Verlierern hervorbringt. Dass die Gier nach Geld, Macht und Kapital die Seelen und das Glück der Menschen frisst wie die Sonne den Hagel.

Martí war weder Sozialist noch Kommunist. Sein Leitstern war ein simpler, stets auf die gerechte Zukunft seines Landes gerichteter Humanismus, für den die Zeit so gut wie gekommen schien. Spanien würde Kuba nicht halten können; auf dem gesamten Globus starben die Kolonien. Um also für die nahende Unabhängigkeit nicht nur politische, sondern auch seelische Autonomie zu gewährleisten, musste die Arbeit am Menschen vorgenommen werden, musste der Kubaner selbst revolutioniert werden. Wenn die Bourgeoisie und die Eliten des Landes nicht lernten, die Bauern oder die Schwarzen als ihnen gleiche Menschen wahrzunehmen, würden die Stände erhalten und die Gesellschaft gespalten bleiben. Wenn neben industriellen Fortschritten in der Landwirtschaft keine polytechnische Erziehung stattfände, würde sich kein einziger Kubaner mit stolzer Brust einen Kubaner nennen können. Wenn jeder zwar mehr Geld verdiente, aber nicht glücklich lebte mit seinem Platz unter Gottes hingespannten Sternen, wäre kein Kubaner reicher geworden.

Martí sprach sich für eine zivile – und nicht für eine militärische – Regierung aus, er entwickelte eine grundlegende Bildungs- und Agrarreform und nannte neben dem unvermeidbaren

Unabhängigkeitskrieg immer wieder eine andere und entscheidende Gewaltigkeit, um die Revolution in der Weite des Herzens zu entfachen. Es bedarf »Waffen der Vernunft, die die anderen Waffen besiegen. Schützengräben aus Ideen sind mehr wert
als Schützengräben aus Stein. Es gibt keinen Bug, der eine Wolke von Ideen zerschneidet. Eine kraftvolle Idee, die zur rechten
Zeit vor der Welt entflammt, bringt wie die mystische Fahne des
Jüngsten Gerichts eine Schwadron gepanzerter Reiter zum Stehen.«

Kurz: Die Revolution bedarf der Kultur.
Es bedarf der Literatur und der Dichtkunst.

Novalis schrieb, dass die Poesie als bloßer Genuss aufhöre, Poesie
zu sein. Wer glaubt, dass Gedichte und Literatur im Sinne einer
gelungenen Mahlzeit nur das Ziel haben, uns eine kurzweilige
Stunde zu schenken oder uns mit der ein oder anderen süßen
Empfindung zu füttern, hat das Wesen der Poesie nicht verstanden, die von einer Sekunde auf die nächste eine ganze Welt anders
sein lassen kann, die uns vernichtet, neu erschafft und nach deren
Ereignis nichts ist, wie es einmal war.

Nach Martí hat die Poesie ebenfalls die Aufgabe, derart stark
und wahrhaftig zu sein, dass sie auf alle Lebensbereiche ausstrahlt
und gesellschaftliche Prozesse initiiert und begleitet.Gerade in
Lateinamerika ist die Entwicklung der Literatur die konkrete Geschichte der Völker, der Dichter hat neben der eigenen Wesens-
schau auch immer die Verpflichtung, sozial und politisch tätig zu
sein. »Jeder soziale Zustand findet seinen Ausdruck in der Literatur, so daß anhand ihrer verschiedenen Phasen die Geschichte der
Völker wahrheitsgemäßer erzählt werden kann als durch Chroni-
ken und Annalen.«[3]

3   Leo Trotzki: »Es ist lächerlich, unsinnig und äußerst dumm, so zu tun,
    als könne die Kunst achtlos an den Erschütterungen unserer heutigen

Mithilfe der großen Ordnung einer intakten, von der Dichtkunst geformten und intonierten Seele ordnet sich der Mensch die restlichen Aspekte seines Lebens. Er wird ein besserer Vater, eine bessere Mutter, ein besserer Arbeiter und natürlich: ein entschlossenerer Kämpfer.

Mit dieser gigantischen Vision seines Kontinents organisierte Martí von New York aus in geduldiger Vorbereitung den Krieg. Er besorgte Schiffsladungen voller Waffen, unermüdlich schrieb und argumentierte er und knüpfte politische wie militärische Bande. Vor allen Dingen gelang es ihm, die gescheiterten Helden des ersten Unabhängigkeitskrieges auf seine Seite zu ziehen, allen voran die kampferprobten Generäle Máximo Gómez und Antonio Maceo. Im April 1885 verließ Martí mit einem Boot die Dominikanische Republik mit Kurs auf seine Heimat:

»Ich auf der Brücke. Um halb acht Dunkelheit. Bewegung an Bord. Der Kapitän ist aufgeregt. Das Boot wird herabgelassen. Starker Regen beim Ablegen. Wir finden nur schwer den Kurs. Unterschiedliche und wirre Meinungen im Boot. Weitere Regenschauer. Das Steuerruder geht verloren. Wir legen den Kurs fest. Ich führe das Bugruder (...) Wir schnallen uns die Revolver um. Halten auf die Bucht zu. Der Mond kommt, rot, hinter einer Wolke hervor. Wir gelangen an einen steinigen Strand.«

Die von dem Riemen zurückgelassenen Brandmale störten ihn nicht, einen Monat lang zog er mit Gómez, Maceo und den Rebel

---

Epoche vorübergehen. Diese Geschehnisse werden von Menschen vorbereitet und von ihnen vollzogen; und auf sie fallen sie wieder zurück, sie selbst dabei verändernd. Die Kunst spiegelt direkt und indirekt das Leben der Menschen wider, welche die Ereignisse herbeiführen oder sie erleben. Dies bezieht sich auf die gesamte Kunst, sei es die monumentalste oder die intimste. Wären Natur, Liebe, Freundschaft nicht mit dem sozialen Geist der Epoche verbunden, so hätte die Lyrik schon längst ihre Existenz aufgegeben.«

len durch den Dschungel im Osten der Insel, er schrieb, las, schulterte die Gewehre, den Proviant, alles. Als hätte er geahnt, dass ihm der Tod kurz bevorstand, schrieb er nahezu hellseherisch in sein Feldtagebuch: »Das Kind, Bruder oder Sohn von Märtyrern und Helden, aufgewachsen in ihren Legenden, denkt nur noch daran, wie schön es ist, im Kampf für das Land zu Füßen einer Palme auf einem Pferd zu sterben! Es ist mein Traum und der aller anderen; die Palmen sind wartende Bräute; und so hoch wie die Palmen müssen wir die Gerechtigkeit ansetzen.«

Martí ignorierte die Bitte der Generäle, nicht an den Gefechten mit den spanischen Truppen teilzunehmen; zu wichtig wäre sein Leben für den weiteren und erfolgreichen Verlauf des Krieges. Doch was für ein Anführer wäre der Dichter, mittlerweile Generalmajor, wenn er den anderen den Kampf mit den Kugeln und Schwertern überließe und sich nur dem Geschick seiner Feder zuwendete? Fünf Wochen schlug sein Herz wieder auf seiner geliebten Insel, für die er jederzeit zu sterben bereit war, bevor ihn die Feindeskugeln von seinem Pferd schossen.

Genau zu Füßen der hohen, im Wind rauschenden Palmen.

Pablo Neruda, für den Martí einer der großen Väter Amerikas war, schrieb:

»Am Grund des Brunnens der Geschichte, wie ein Wasser äußerst wohlklingend, und glänzend, glänzen die Augen der toten Dichter. Erde, Volk und Dichtung sind ein und dieselbe Wesenheit, von geheimnisvollen Untergründen verwoben. Wenn die Erde in Blüte, atmet das Volk die Freiheit, singen die Dichter und weisen den Weg. Verdunkelt aber Tyrannei die Erde und züchtigt die Schultern des Volkes, sucht sie vor allem nach der trefflichsten Stimme, und an den Grund des Brunnens der Geschichte fällt das Haupt eines Dichters. Die Tyrannei schlägt das Haupt ab, das singt, die Stimme am Grunde des Brunnens aber kehrt zurück zu den geheimen Quellen der Erde und steigt durch den Mund des Volkes aus dem Dunkel empor.«

Kubas Apostel starb, der Krieg ging weiter.

Unter der Leitung von Gómez, Maceo und Calixto García gewannen die Revolutionäre die entscheidenden Schlachten und hatten die Spanier de facto besiegt, als eintraf, was Martí vorausgesehen hatte. Als den USA klar wurde, dass Spanien die Insel verlieren würde, griffen sie in die letzten Züge des Krieges ein und stahlen den Kubanern einen Sieg, für den diese mehr als dreißig Jahre ihr Leben gelassen hatten. Die US-Amerikaner feierten sich als Befreiungsmacht, die den Kolonisator zurück nach Europa geschickt hatte, und machten aus Kuba ihrerseits eine Neo-Kolonie. Die Insel geriet unter das Protektorat der USA.

Weder durften die siegreichen kubanischen Truppen um Calixto García nach Santiago einreiten, noch war die kubanische Seite bei der Unterzeichnung der Friedensverträge anwesend. Der Vertrag sah vor, dass »besagte Insel, wenn sie durch Spanien evakuiert worden sei, von den Vereinigten Staaten okkupiert werden wird.« Nach der Annexion Hawaiis und der Philippinen war Kuba ein weiterer gelungener Schritt, den Imperialismus der USA auszuweiten. Kubanische Ländereien, die Eisenbahn, Banken und Zuckerfabriken fielen in den Besitz der Amerikaner, die sich durch das Platt Amendment und weitere Einträge in die neue kubanische Verfassung ihre Vormundschaft sicherten: Gegen Pacht (die übrigens bis heute bezahlt wird) unterhalten die Amerikaner Militärstützpunkte wie Guantanamo Bay und hatten lange Zeit das Recht, militärisch auf Kuba zu intervenieren, wenn sie die eigenen Interessen in Gefahr sahen. So war es nicht verwunderlich, dass alle kubanischen Präsidenten von Palma bis Batista bloße Handlanger des militärisch und ökonomisch übermächtigen Nachbarn wurden.

Máximo Gómez, der sich sein Leben lang für die kubanische Freiheit aufopferte, schickte noch vor dem Ende des Krieges eine Warnung an die Welt, die natürlich ungehört blieb:

»Die Lage, in die man dieses Volk versetzt hat, ist geprägt durch materielles Elend und Gram, und weil dem Volk alle Festak-

te zur Souveränität versagt sind, wird sie immer bedrückender.
Wenn diese befremdliche Lage eines Tages enden sollte, werden
die Amerikaner hier möglicherweise nicht einen Funken Sympa-
thie mehr übrig lassen.«

Zwei Monate nach Martís Tod landete ein Galizier auf Kuba, um
in der spanischen Armee zu dienen. Als der Krieg vorbei und verloren war, blieb er auf Kuba, kaufte sich ein Stück Land und zeug-
te dort im Laufe seines Lebens sieben Kinder.
      Der Name seines dritten Sohnes: Fidel Castro.

ooo

Der Hahn, dreißig Mal. Dann Schweini, ein Radio und unten die
Ausschreier, das Holtern und Poltern und Ächzen der Wägelchen.
Lieder, überall Lieder, Musik wie ein erstes Gebet, wie Essen im
Magen und Blut in den Schläfen.
      Über mir: Eine schwere, schwarze Wolkendecke ohne einen
Tropfen Regen.
      Ich ziehe mich aufs Mäuerchen, der Tag verpennt und mit
Schlaf in all seinen Augen. Nur das Hausgegenüber munter und in
Aufruhr. Einer der Sohnemänner – Dutzende gibt's! – hat ein paar
neue weiße Turnschuhe besorgt, die durch die Runde gehen, eine
Runde, die aus all seinen fünf Großmüttern und deren Freunden
und Freundinnen besteht, gefolgt von dem eigentlichen Highlight: einem tragbaren Lautsprecher.
      Die handliche Bluetooth-Box geht durch die schrumpeligen
Hände der Mütterchen, als habe man Gold gefunden, Gold auf
dem Mars, einen Wert von Millionen. Sie wird mit einem Handy
verbunden und die Musik ertönt: ein Tausenddankfest, das drei
volle Tage dauern wird, Tag und Nacht.
      Ich winke hinüber, bekomme zehn blitzblanke Zahnreihen
und notiere mir als erste Sätze des Tages zwei Zeilen ihres Songs:

»Ich habe am Himmel die Sonne gesehen,
eine Sonne mit den Versprechen von morgen.«

Milo ist schon wach. Der Arsch sieht nach der kurzen Nacht aus, als hätte er acht Stunden in Gottes Wolkenschoß gepennt, während Engel ihn mit Rosen- und Jungbrunnenwasser besprühten. Ich fühle mich elend und steuere direkt in den Schaukelstuhl. Meine Hoffnung, dass die anderen das heutige Vorhaben vergessen haben und ich mich hier den ganzen Tag sonst wohin wippen kann, ist dahin, als Milsy aus dem Badezimmer tänzelt.

Ihre Vorfreude wölkt um ihren gesamten Körper und ist mit bloßem Auge zu sehen. Kleine funkelnde Goldtaler, die Größe von Mehlstaub. Milo spricht nur noch über Pferde und steht schon abfahrbereit in der Tür. Nur Mayra macht ein beleidigtes Gesicht. Sie muss heute weder arbeiten noch kommt sie mit auf die Finca, das Landhaus Milsys, das etwa eine halbe Stunde außerhalb der Stadt liegt. Eine muss zurückbleiben und die Stellung halten. Es wird ein Telefontag, wie ihn die Welt noch nicht gesehen hat.

Nach einer Verabschiedung, als verreisten wir anstatt für eine Nacht für etliche Wochen, gehen wir runter zur Calle de Santo Tomás und nehmen zuerst den Bus, den ich der Richtigkeit halber einfach nur Viehtransporter nenne. Denn eigentlich ist es kein Bus, sondern ein privat betriebener Truck, ein *camión,* der hinten eine geschlossene Waggonladung Menschen laden kann, laden ist in der Tat die korrekte Bezeichnung. Irgendwie muss dem völlig überforderten kubanischen Transportsystem ja geholfen werden. Die meisten ›Viehtransporter‹ besitzen nur einen auf Kopfhöhe verlaufenden Schlitz in der Wand, daher der Name und daher die Hitze: Wenn der Wagen steht, zünden automatisch alle Schweißdrüsen.

An der Calle Cuarta steigen wir aus, nehmen einen Jeep raus aus der Stadt und werden bald an einer breiten, ungepflasterten

Straße abgesetzt, irgendwo zwischen Weiden, Palmen, Bäumen und Tieren, die den Wind einfangen und sich sonst keine Gedanken machen.

Wir gehen los. Jeder, der uns entgegenkommt, kennt Milsy und grüßt sie mit mindestens zwei Erzählungen; dann der Eingang zur Fleischfabrik, in der Mayra normalerweise oder immer mal wieder arbeitet, umlagert von im Gras dösenden Männern und einer Schar Arbeiterinnen, die Milo und mich mit »I love you baby« bombardieren.

Milsy läuft hochrot an und zieht uns weiter.

Dampfende Pferdeäpfel, Reißaus nehmende Hühner, links und rechts Bambus und das Zuckerrohr. Mein erstes kubanisches Bauernhaus ist bereits der Nachbar von Milsy und noch vor der Hofeinfahrt werden wir von Jané und Claudia begrüßt, die uns ins Haus führen, wo der Kaffee bereits dampft. Die drei Generationen Frauen – Milsy, Jané und Claudia – wohnen mit Erick im ersten Stock, während Milsys Sohn mit Frau und zwei Kindern das Erdgeschoss bewohnt.

»Alles klar, und die Pferde?«, fragt Milo.

Die kleine Claudia führt uns hinter das Haus. Neben einem kompletten Bauernhofinventar – Schweinen, Truthähnen, Ziegen, Hühnern, Fliegen, Matsch und angeleinten, aggressiven Hunden – ist weit und breit kein einziger Gaul zu sehen.

»Ist das Pferd hinten auf dem Feld?«

»*Ai, mi Milo*«, sagt Milsy, »wir haben kein Pferd hier, aber auf dem Land gibt es normalerweise viele.«

»Normalerweise! Aber hier nicht?«

Milsy zuckt nur die Achseln und pflückt uns eine Guave vom Baum.

»Scheiße, Mann«, sagt Milo zu mir, »ich wollte ein Pferd, sie haben die ganze Zeit gesagt, dass sie Pferde auf der Finca haben! Und jetzt sitzen wir hier den ganzen Tag, meinem letzten in Santiago, in dieser Scheißhütte herum!«

Unnötig zu erwähnen, dass uns das Herumsitzen bald zur Freude wird, auch, weil es hier draußen nicht heiß, sondern angenehm mild ist, die Luft klar und beruhigt zwischen all dem satten Grün. Wir ziehen die Schaukelstühle nach draußen. Erick kommt mit seinem Willy-Jeep vorgefahren und führt uns durch die Felder und Wiesen hinter der Finca. Wie im Schlaraffenland probieren wir von jedem Obstbaum. Erick, gnadenloser als Milo und ich zusammen, isst selbst die Mangos mit Schale und verputzt sogar den Rest unserer Guaven, die wir an jenen Stellen gemieden haben, wo die Vögel oder sonst was sie angenagt haben.

Zurück beim Haus biegt Milsys Sohn mit seinem Viehtransporter in die Einfahrt, einem richtigen Viehtransporter. Sein Job ist es, die Tiere von den Höfen in die Schlachterei zu bringen. José ist einer der schönsten Männer, die ich jemals live gesehen habe, ein gestandener Adonis mit dem Glanz mediterraner Götter in den Augen. Wir begrüßen uns herzlich, da wir ja schon einmal am Telefon das Vergnügen hatten. Natürlich spreche ich ihn drauf an, auf Milsys Traum, in dem wir beide vorkamen, und dass wir letzte Woche gesagt hätten, wir kämen vorbei, und nun tatsächlich hier seien. Ein eingehaltenes Versprechen, keine Selbstverständlichkeit auf Kuba.

José macht große Augen und schiebt verschämt den Kies in der Einfahrt herum: Nein, er könne sich leider nicht erinnern an so ein Telefonat.

Erick kommt mit Milo im Schlepptau, klettert in den Jeep und sagt: »Steigt ein! Ich zeig euch was.«

Wir holpern den Weg hinunter, biegen an der Fleischfabrik links ab und halten vor einem weiteren Hof, ein wiederum von Matsch, Tieren und Arbeitsgerät umgebenes flaches Haus, in dem Milsys zweiter Sohn mit seiner Familie wohnt. Eduardo hatte uns schon einmal in Santiago besucht und freut sich wie ein kleines Kind, uns wiederzusehen und hinter das Haus zu führen, wo circa fünfzehn Pferde auf einer Koppel stehen.

Milo rastet aus.

Man kann die Kubaner nur verehren. Erst kitzeln sie Milo tagelang mit Pferde- und Reitergeschichten, bringen ihn dann zur Finca und enttäuschen ihn, um ihn dann mir nichts dir nichts doch noch zu seinem Vergnügen zu bringen, und das alles ohne Absicht. Einfach, weil man das hier so macht.

Eduardo befestigt seinen Sattel auf einem Schimmel. Während ich all dies mit Milos Kamera dokumentieren muss, trabt der König von Montenegro seine erste Runde über die Wiese. Wenn Mayra das sehen könnte!

Eduardo zeigt ihm einige Handgriffe, bevor er sich selber auf ein Tier schwingt und uns von da oben angrinst wie ein Chippendale aus dem benachbarten Florida. Aufpoppende Venen? Check! Den Staub ehrlicher Arbeit an den Händen? Check! Schweiß? Natürlich!

Das Bild ist mehr als beeindruckend. Natürlich kann ich mich täuschen, aber erstens ist Eduardo ein echter Kerl vor dem Herrn und zweitens, Vater zweier wunderschöner Kinder, stockschwul. Als er kürzlich bei uns in Santiago war, trug er eine knallenge Jeans, eine skurril kopierte Calvin-Klein-Unterhose und ein Tom-Hardy-Shirt, das ihm viel zu klein war und so knapp unter dem Bauchnabel endete, dass sein beharrter, brauner und durchtrainierter Bauch ungestört in die Welt gaffen konnte. Sein dunkles, markantes Sommersprossengesicht hatte Tagescreme drauf.

Aber das war und ist es nicht. Es ist seine Art Lächeln, eine sexuelle Aufforderungskraft in seinen Augen, die unmissverständlich *will* und irgendwie versucht, mit seiner Lust hauszuhalten. Die heutige Show: Halb nackt und mit gehärteten Muskeln treibt er seinem Ross die Vorderbeine in den Himmel und rauscht in einem Sprint davon, als könnte ihn das Ende der Welt nicht aufhalten. Ganz ehrlich: Da will man sich selbst als Hetero fast mit aufs Pferd schwingen und sich durchbumsen lassen.

Mit dem Gedanken, dass das Pferd sich ihm bestimmt schon unzählige Male hat hingeben müssen, erinnere ich mich an die Au-

tobiografie Reinaldo Arenas, der ich diese Vorstellung wohl zu verdanken habe. Über die kubanische Landbevölkerung schreibt er:

»Meine Kindheit war unvergleichlich schön, weil sie sich im
absoluten Elend, aber auch in absoluter Freiheit abspielte; im
Wald, inmitten von Bäumen, Tieren, Gespenstern und Menschen,
denen ich völlig gleichgültig war. (...) Sexuelle Beziehungen hatte
ich damals mit den Tieren. Erst die Hühner, Ziegen und Säue.
Dann, als ich ein bisschen größer war, die Stuten; eine Stute bumsen war gewöhnlich ein Gemeinschaftserlebnis. Der Reihe nach
stiegen wir auf einen Stein, um an das Tier heranzukommen, und
gaben uns dem Vergnügen hin; es war ein heißes Loch und für uns
unendlich.«

Und damit auch klar ist, dass solcherlei Vergnügungen keine
Ausnahmen sind: »Ich weiß nicht, ob der wirkliche Reiz im Ge-
schlechtsakt mit der Stute bestand oder ob die Erregung daher
rührte, daß wir den anderen zuschauten. Jedenfalls machten wir
einer nach dem anderen, alle Jungen von der Schule, etliche meiner Vettern und sogar einige der Burschen, die nackt im Fluss ba-
deten, Liebe mit der Stute.«

Über den Gebrauch des Wortes Liebe in diesem Satz darf man
sich streiten. Literarisch belegt hingegen ist das sexuelle Verlangen, die nackte, nackte Lust, die sich in ganz Kuba schon im frü-
hesten Alter entwickelt, gewaltig bei den Mädchen und noch gewaltiger bei deren Verehrern: Sie nehmen sich neben allen Tieren
auch Obst wie Melonen und Kürbisse zur Brust und Unterleibung.
Arenas selbst benutzte oft einen Baum. In Pedro Juan Gutiérrez'
»Der König von Havanna« macht selbiger vor nichts Mensch-
lichem halt, seine Partnerinnen und Partner sind ebenso dauer-
scharf wie er selbst und geraten ob ihrer sexuellen Gier in ein Problem nach dem anderen.

Liebe zwischen Männern gibt es in Kuba wie Sand an seinem
Meer. Mit der kindlichen Unschuld und körperlichen Zuneigung
zwischen den Männern ist es in einem Alter vorbei, in dem man

sich des fast kriegerischen Machismus gewahr wird, und selbst
dann: Als schwul gilt nur derjenige der beiden Männer, der es
sich besorgen lässt und das Spiel der homosexuellen Verführung
versteht und genießt. In »Paradiso« lässt Lima seinen Fronesis
sagen:

»Die Lebensalter des Menschen brauchen nicht einander ab-
zulösen, das heißt, es gibt Menschen, in denen der Zustand der
Unschuld, dieses In-der-Kindheit-Leben das ganze Leben lang
fortbesteht. Das Kind, das später nicht Jüngling, Erwachsener
und reifer Mensch ist, sondern sich für immer in der Kindheit an-
siedelt, neigt immer zur Sexualität seinesgleichen, das heißt, er
setzt im Geschlecht das Anderssein als den ihm ähnlichen Anderen. Daher beschreibt Dante im *Inferno* die Homosexuellen als
unablässig Gehende, es ist das Gehen des Kindes auf dem Weg der
Entdeckung der Außenwelt, aber gerade derjenigen Außenwelt,
die einen Teil des eigenen Paideumas bildet, jener Gestaltungs-
substanz, die es dem Primitiven, dem Kind und dem Dichter erlaubt, immer Schöpfer zu sein.«[4]

Die Pferde sind zurück auf der Koppel, es ist fast dunkel.
Über die Felder kommen die Stimmen der Frauen.
Sie rufen die Glücklichen nach Hause.
Das Abendessen ist fertig.
Das gute Leben auf der Farm bedeutet auch: Kein fließend Was-
ser, morgen vielleicht ein kaputtes Dach, was unbezahlbar ist und
von Hand geflickt werden muss, überall zertrampelte oder noch
strampelnde, auf dem Rücken dahinsterbende Kakerlaken und
Hunderte, buchstäblich Hunderte Falter, Mücken und sonstiger
Flugwesenkram, die abends das hell erleuchtete Haus einnehmen.

---

4 Reinaldo Arenas, Virgilio Piñera, José Lezama Lima, um nur die Größten
    zu nennen: Ohne die Homosexuellen wäre die Literaturlandschaft Ku-
    bas wahrscheinlich genauso glamourös wie die Honduras'. No offense,
    Honduras.

Man serviert uns das beste Fleisch. So etwas Zartes habe ich auf Kuba noch nicht gegessen. Dazu natürlich Reis, frittierte Kochbananen und die *ensalada* aus Tomaten- und Gurkenscheibchen. Auch hier keine Salsa, kein guter Son oder eine gehörige Rumba. Aus den Boxen die gleichen Schnulzen, die neben der Kirchenmusik auch zu Hause laufen. Mit dem Rum setzen wir uns alle auf die unverputzte Balkonveranda, Milsy hat ihre Enkelin auf dem Schoß und kämmt ihr die Haare, Erick hält seine Frau im Arm und erzählt Geschichten, von denen ich wünschte, die Hälfte verstehen zu können. Kümmern sich die Kubaner im Allgemeinen schon kaum um ein korrektes Wortende, gerade das S wird fast nie ausgesprochen, murmelt Erick ein nur entfernt in Beziehung mit der spanischen Sprache stehendes Country-Kubanisch, ausgezeichnet durch die Unterhöhlung von Vokalen und einem zusammengeklumpten Wortwerk, das vorne und hinten sowie unten und oben bis zur Unverstehbarkeit abgerundet wird.

Das Licht und die Hunde, erklärt Erick, als wiederholt einer der hundert Falter auf mir niedergeht, brauche man gegen die Diebe. Das Licht, die Hunde und die Flinte. Er holt eine uralte, einläufige Shotgun und lässt uns in den dunklen Wald zielen.

»Fünf Schuss«, sagt er.

Das müsse reichen für die Penner.

Als die Frauen schon schlafen, klettern Erick, Milo und ich noch aufs Dach und rauchen unsere Criollos. Der Urwald sorgt für kühle Luft. Das erste Mal in Kuba, dass mir kalt ist. Grillengesang schwebt in der Nacht, besprochen von Mond und dem anhaltenden Dahinrollen des Universums, ganz auf unsere Kosten.

Zum Schluss des Tages lerne ich noch ein neues Wort.

Cocuyo.

Glühwürmchen.

000

Als ob der Hahn direkt an der Bettkante säße.

Als ob man ihn mit erhobenem Ellenbogen stummstupsen könnte.

Ich friere und weiß zunächst nicht, wo ich bin. Zwischen den Augenlidern nur Nebel, darinnen feucht und brüllend der Wald. Nachdem ich einmal durchs Haus gelaufen bin, komme ich endlich an. Auf der Balkonveranda macht sich mein Atem als warme Wolke davon, im Baumkronenzauber spricht man Blatt für Blatt eine große Bejahung.

Langsam klettern alle aus ihren Betten. Die Decke bleibt solange umgeschlungen, bis ich den zweiten Kaffee getrunken habe und alle toten Insekten der letzten Nacht aus dem Haus gekehrt sind. Langsame, verschlafene, herzwarme Verabschiedung. Nachdem wir eine Bananenstaude und einige Tüten Guaven eingeladen haben, fährt uns Erick zurück in die Stadt.

Ivans Tür ist auf.

Nur in eine Jeans gekleidet steht er herum und liest die Granma.

»Wo ist Abuela?«, frage ich.

»Das kann ich dir sagen. Sie ist auf dem Klo und schickt eine Nachricht an Fidel. *Cojones*, sie ist alt, aber sie ist noch immer die beste Nachrichtenüberbringerin von ganz Kuba.«

Während Milo packt, steht Mayra großäugig daneben und schwatzt ihm tausend Geschichten auf. Ich koche Kaffee und setze mich in die Tür. Ist es wahr, dass ich hier jeden Tag stundenlang sitzen könnte, jeden Tag bis ans Ende des Jahres und weiter, ohne je von diesem Anblick genug zu haben?

Eine große Sonne steht in der Santa Rosa, die mit ganz Tivolí in ihren Armen Schwung nimmt, um den Hügel zu nehmen, zur Bucht hinunter zu gleiten und hinweg zu rollen als Grün und Grünesberge. Kreuz und quer darinnen die Menschen, Wangengrübchen und Wägelchen, siegessicher und warm wie Behausung; ein ewiges Bild, als ob es nie etwas anderes gewesen wäre, hingeworfen in all dieser Richtigkeit, die sich jeden Tag und jede Stunde selbst zu verblüffen vermag.

Elvio kommt aus seinem Haus, die Baseballkappe tief ins Gesicht gezogen. Ich setze mich zu ihm, reiche ihm meine Tasse. Wir schweigen eine Weile. Dann muss ich es einfach sagen:

»Elvio, es ist wunderschön hier. Die Straße, und wie alles beginnt. Was für ein Ausblick! Alles in einer so einfachen Ordnung, als sei das Leben vollstens berechtigt.«

Elvio fummelt an seiner Schnapsnase herum:

»Ja, wenn man es nicht gewohnt ist, bekommt es Bedeutung. Aber hier kennt jeder die Schönheit, die Sonne, und wir kennen uns alle, jeden verdammten Tag. Wir wollen etwas anderes. Wir wollen ein anderes Leben, wir wollen gut leben.«

»Und was für ein Leben soll das sein, das gute Leben?«

Er zuckt nur die Achseln und sagt:

»Ich weiß es auch nicht. Aber auf jeden Fall etwas Besseres als das hier.«

Auch wenn ich jetzt noch etwas hätte antworten wollen, er hätte es nicht mehr gehört. Abuela ist zurück in ihrem Schaukelstuhl und hat das Radio bis zum Anschlag aufgedreht.

Schon hat Milsy wieder ihren gewohnten Platz eingenommen und schlägt Eier in die Pfanne. Wie immer lässt sich sogar aus einigen Metern fühlen, wie es ihr geht. Sie vermisst ihre Familie, vermisst die Finca und Claudia auf ihrem Schoß. Sie lässt sich drücken und abknutschen und lacht über meine dämlichen Witze, ohne dass sich ihre Traurigkeit vertreiben ließe. Sie hat sogar vergessen, ihre Kirchenmusik-CD anzumachen, die jeden Morgen dauerschleift und ebenso ein Teil des Lebens in der Casa Azul ist wie geschriene Telefonate und Waschlappen. Endlos hingestöhnte und von Synthesizern unterlegte Gottesschnulzen. Ich schalte die Anlage an und drehe voll auf. Auf dass die rosa Herzen in den Himmel schweben und nie wieder zur Erde zurückkehren müssen.

Rüber zur Trocha, ein *moto* anhalten und dann vorbei an Maulbeerfarben, Grünblätterweich, Palmenkronenbraun;

vorbei an Gebeten, einem einzigen Augenaufschlag folgend;

vorbei an Vietnamreissäcken voller Schutt;

vorbei an einem kleinen Jungen, der kopfüber die Treppenstufen zu seinem Haus herunterliegt und mit zwei Stöckchen Takte in die Luft malt;

vorbei an zwei uralten Bauern, die einen Schubkarren voller Kochbananen in die Stadt ziehen;

vorbei an blumenumrankten Häusern, an bretterverschlagenen Halbbuden, nach dem letzten Hurrikan nicht reparierten Hütten und hundertjährigen Kolonialbauten;

vorbei an Hund, Gockel, Kakerlake und Katze;

vorbei an Pferdekarren voll Mangos, vollgeschissenen Bürgersteigen, Kinderpfeifen;

vorbei an einem Bündel Gedärme und Innereien, das mit einem großen Flatsch den Straßenhunden zum Fraß vorgeworfen wird;

vorbei an dem Lied der zunehmenden Stunden und vorbei an der Hauswand *»Santiago se de por tradición y victoria«:* »Santiago steht für Tradition und Sieg.«

Das Training beginnt später. Sehr viel später. Erstens hat es geregnet und zweitens gab es drüben im Hotel Deportivo kein Frühstück. Mittlerweile ist es zehn. Wir sitzen vor dem Gym in der sich ausbrütenden Luft und versuchen jetzt schon, den Kopf oben zu behalten. Als ob Francisco geahnt hätte, dass sich heute alles verspätet, ist er einer der Letzten.

»Verdammt, du siehst müde aus«, sagt er und lässt seine Tasche zu Boden fallen.

»Verdammt, du siehst alt aus«, erwidere ich.

Sogar García macht mit und sagt, sich zu José Ángel umdrehend: »*Buenas*. Verdammt, du siehst fett aus.«

Ein Handschuh kommt geflogen, einhundert Beleidigungen im Gepäck. Das Vorlautsein bringt mir vier Bahnen auf der Tartanbahn ein. Die offiziellen Begründungen: Ich solle endlich wach werden, abspecken und mich von der Qualität des kubanischen Unkrauts überzeugen.

Was folgt, ist ein ziemlich gutes Training. Alles ist im Fluss, die Automatismen greifen und ich bin mehr als sonst bei der Sache. Selbst Francisco hat nicht viel zu meckern, sitzt stumm auf seiner Holzbank und lässt mich machen. Ab und zu nickt er und gibt mir wortlos zu verstehen: Der Trottel hat also verstanden. Mal sehen, wie lange das anhält.

Wenn García eine Pause von seinen Einheiten macht, nimmt er mich zur Seite und zeigt mir diese so wichtigen Kleinigkeiten, die ich zu verbessern habe. Nachdem alles spät angefangen hat, vergeht das Training wie im Flug. Alle brechen so schnell es geht auf, nur José Ángel, García, Francisco und ich bleiben noch etwas – und bleiben zu lange.

Ein gewaltiges Gewitter ergießt sich über den Campus. Es ist lange her, dass ich solch einen Monsunregen erlebt habe. Wir haben keine Chance, auch nur einen Schritt ins Freie zu machen; drei Meter vom Eingangstor entfernt sitzend peitscht uns die Gischt gegen die Beine.

José Ángel hält es nicht lange aus.

Seine letzten Worte sind: »Ich habe Hunger.« Dann latscht er seelenruhig aus dem Gym, schon nach einem Meter nass von oben bis unten, und trottet in seiner trottenden Bärchenart ab in Richtung Pförtner, alleine mit sich und einer Welt aus Wasser.

»Essen, ja, ja«, sagt Francisco, »aber das Boxen, *cojones,* das Boxen interessiert ihn nicht.« Er lehnt sich nach vorne, stützt die Ellenbogen auf die Knie und stöhnt. »Leider hat er keine Disziplin, nicht die geringste Motivation. Dabei ist er vor acht Jahren Weltjugendmeister geworden, einundachtzig Kilo, damals in Mexiko. Und jetzt ist er fett und macht nichts dagegen, einhundertzwanzig hat er mittlerweile. In Havanna will man, dass man maximal einhundertzehn Kilo wiegt, aber er ist faul, ne faule Sau. Wenn er sich Mühe geben würde, er könnte überall Gold gewinnen. Früher war er frech, angriffslustig und mutig, heute macht ihn das Fett sofort müde und er hat keine Lust zu trainieren. Er trinkt lieber viel Bier, so wie du, und ist dann lahm im Training. Hier, er ist das genaue Gegenteil von García.«

Wir drehen uns zu García herum, der unser Geschwafel erst stumm ertrug, bevor er wieder in den Ring gestiegen ist, um schattenzuboxen.

Der Regen macht keine Anstalten, in der nächsten Stunde auch nur ein wenig nachzulassen. Also erklärt mir Francisco, wie man es Frauen richtig besorgt (trotz Knieschmerzen schafft er es, sich für die theatralische Darbietung aus der Hocke in höchst anschauliche Positionen zu stemmen) und beginnt anschließend, von seinem Leben zu erzählen.

Zwei Mal war er kubanischer Schülermeister. Als er aber die einundfünfzig Kilo erreicht hatte, brach er sich in einem Kampf derart kompliziert die Hand, dass man ihm eine Plastikplatte hätte einsetzen müssen, was er verweigerte. Er vertraute dieser Methode nicht und hatte wahrscheinlich berechtigte Angst, dass der Eingriff seine Hand völlig unbrauchbar machen würde.

Das war das Ende seiner Karriere.

Er war noch nicht mal achtzehn Jahre alt.

»Einhundertfünf Kämpfe hatte ich zuvor geboxt, ohne dass etwas passiert ist. Ich war schlau und gut in der Technik und vor allem ein Feigling. Ein Feigling verteidigt sich besser, man will keinen abbekommen. Meine Technik war sehr gut, also habe ich Sport auf Lehramt studiert, natürlich mit dem Fokus auf Boxen. Ich mochte es. Ich konnte mich entspannen und bekam keine Schläge mehr. Der Teamkampf gegen die USA 1996, da waren von zwölf Boxern die Hälfte meine Schüler. Héctor Vinent war ein

Schüler von mir. Das war, bevor ich so Waschlappen wie dich trainierte.«

Da der Regen einfach nicht aufhört, marschieren auch wir bald durch das Gewitter und tropfen die Empfangshalle des Hotels voll, die eh schon unter Wasser steht. García geht auf sein Zimmer, Francisco und ich noch rüber zur Cafeteria, die neben kubanischen Labberbrötchen mit *jamón y queso* nur Bier als einzige Flüssigkeit anzubieten hat.

»Die erste Cafeteria und der erste Kiosk Kubas, der keinen Rum hat«, bemerke ich, während ich uns zwei Flaschen Bier bestelle. »Na das wäre ja auch noch schöner«, rülpst Francisco. »Immerhin ist das hier ein Sporthotel!«

Zu Hause muss ich aufpassen, den Tank nicht sofort zur Hälfte zu leeren: So schön ist es, wieder Wasser zu haben, selbst von einem Regentag aufgewärmtes Wasser, dass ich kaum aufhören kann, es dosenweise über mich zu schütten. Das sind die täglichen kubanischen Krönungen. Es reicht das Ende eines harten Wassermangels, um sich ein großes bisschen wie ein König zu fühlen.

Da heute Milos letzter Tag ist, gehen wir runter zu Rafael und bringen ihm sein Messer zurück. Mittlerweile hat die ganze Geschichte eine hübsche Wendung bekommen, denn Anailis behauptet nun, sie sei sich gar nicht sicher gewesen, ob der Verfolger überhaupt ein Messer dabei hatte – sie sagt, er habe wahrscheinlich nur masturbieren wollen! Das sei ihr schon öfters passiert. Einmal habe sogar ein Mann hier vorn am Hauseingang gestanden, sie angeglotzt und sich einen runtergeholt.

Milo fällt die Kinnlade runter.

Er hatte die Chance versäumt, einen unbewaffneten Perversen zur Strecke zu bringen und sich auf den Straßen Tivolís einen Namen zu machen.

Sei's drum.

Die letzten Umarmungen für Rafael und Küsse für Anailis. Seine Liebe zu ihr wird unerwidert bleiben. Nachdem wir Bruno, den Hund, Abuela und Ivan und alle übrigen Bewohner der Santa Rosa verabschiedet haben, folgt das *»Adiós«* von Mayra und Milsy, die den Abreisenden mit Erinnerungskarten, überdimensionalen Herzlichkeiten und vor allem mit Ermahnungen überschütten – es würde seiner Fegefeuerseele nicht gut tun, wenn er sich nicht regelmäßig bei ihnen melden würde, ob aus Mexiko oder seinem königlichen Landgut in den Sieben-Wünsche-Bergen Montenegros. Und übrigens, so Mayra, die sich die Ehre des letzten Wortes nicht nehmen lässt: Montenegro sei Spanisch und bedeute Schwarze Berge. Spanisch! Das solle er sich mal durch den Kopf gehen lassen.

Reisen ist immer der Versuch, ohne Erinnerung zu leben.

Ich bringe Milo zu seinem Bus und verabschiede ihn Richtung Havanna. Hey, König von Montenegro, Bettler der Schwarzen Berge, mein Freund: Mögen dich deine Wege immer weiter und weiter führen.

Direkt neben dem Busbahnhof enden auch die Eisenbahnschienen, die schon lange nichts mehr bewegen. Früher erzählten sich die Kubaner den Witz, dass ihr Land nur zwei Einrichtungen kenne, die Eisenbahn und den Sommer. Von diesen beiden ist nur die Hitze geblieben, die flirrend auf den schiefen Schienen hockt.

Es ist nicht weit bis zu Santa Ifigenia, einem der ältesten und gleichzeitig schönsten Friedhöfe Santiagos. Alles hier erinnert mich an die Grabesstätten in New Orleans. Wunderschöne, wettergegerbte Grüfte und Monumente aus Granit und Marmor, nur die Verstorbenen ähneln sich kaum. Neben Revolutionären wie Carlos Manuel de Céspedes oder Frank País, Musikern wie Compay Segundo oder Pepe Sánchez liegen hier lokale Berühmtheiten wie der Rum-Baron Emilio Bacardí oder ein international weniger bekanntes Mitglied des kubanischen Automobilclubs, der es sich jedoch nicht hat nehmen lassen, seinen Grabstein mit einem Auto zu verzieren.

Immerhin: Was man für die Toten noch hat auftreiben können, sind Kärcher-Maschinen aus Deutschland. Santa Ifigenia blickt stolz auf sein gepflegtes Alter, was man von den benachbarten Hütten nicht behaupten kann. Hinter der Friedhofsmauer gibt es kein wild zusammengewürfeltes Häuschen, das nicht dem Verfall gewidmet ist. Aber was soll's? An der Mauer hockt ein tüchtig beleibter Kerl, lacht und singt den Flamenco mit, der aus seinem MP3-Player schallt:

»Ich werde dir vergeben
zum Preis meines Lebens,
zum Preis meiner Tränen,
ich schwöre, ich werde dir vergeben.«

Das Highlight des Friedhofs gehört natürlich einem Heiligen. Das Mausoleum von José Martí ist ein fünfundzwanzig Meter hoher, turmartiger und zu allen sechs Seiten offener Bau; darinnen hockt der Dichter und blickt, ein wenig vornübergebeugt und fast schon zu nachdenklich, auf sein eigenes Grab hinunter. Als kaue er schon viel zu lange an seinem eigenen Satz:

»Wie ein kaltes Gefäß schläft der gefeierte Poet nun in der Erde.«

Natürlich kann sich ein solcher Geist keine ewige Ruhe leisten. Dass wissen vor allen Dingen die Soldaten, die alle halbe Stunde ein Feuer entzünden, um mit der vor der Brust mitgeführten Flamme ihres Dichterfürsten steif und uniformiert die Musikkapellenmeile zu seinem Grab heraufzuhacken, flankiert und fotografiert von Busladungen französischer und deutscher Touristen.

Kurze Zeit später sehe ich einen der jungen Soldaten im Friedhofshäuschen. Er und seine Freundin haben jeweils einen Kopfhörer im Ohr und schauen sich ein Musikvideo auf seinem Handy an. Um einen Blick auf das Display zu erhaschen, gehe ich so nah und so unauffällig wie möglich an ihnen vorbei.

Und gottverdammt, es ist tatsächlich Rihannas Hintern, der über den Bildschirm wackelt.

Nachdem ich ein Pferdekutschentaxi zurück zur Hafenpromenade genommen habe, laufe ich hügelanwärts, schüttele die *jinerteros* und *jinerteras* ab wie Geschwätz und sitze bald bei La China in ihren »Minen des Goldes«. Neben dieser großartigen Bewerbung präsentiert die an die Eingangstür gehängte Speisekarte heute auch Spaghetti mit Käse, geschrieben: »*Spagety con qeso*«.

Ich setzte mich an den einzigen Tisch, der das enge Wohnzimmer bemöbelt. An der Wand vor mir das riesige Foto von La China junior, der mittlerweile achtzehnjährigen Tochter des Hauses, drapiert in ein rosa Plastikkleid, mit rosa Lippenstift und einem rosa Plastikhut. Überall auf Kuba sieht so der fünfzehnte und wichtigste Geburtstag einer Frau aus. Die Familie kratzt alle Ersparnisse zusammen, lässt ein Schwein schlachten, bewirtet eine große Party und leiht Unmengen an Kleidern, um Unmengen solcher Fotos zu schießen. Sie liegen in jedem Haushalt herum und werden dem Gast so gerne gereicht wie *cafecitos* oder weißer Rum: dicke Fotoalben, gefüllt mit einem grotesk photoshopierten Foto nach dem anderen, die Damen kunststoffveredelt durch Kleider und Hüte, die alles in ihrer Macht Stehende tun, um jegliche natürliche Schönheit der Frauen zu verbergen. Schminke, so dick wie Martís gesammelte Gedichte, und Goldglitter, als hätte man mit den Händen von Riesen geschöpft.

Heute steht La China Junior den halben Tag mit ihrer Mutter in der Küche und ist ein normales, hübsches Mädchen – auf dem Foto sieht sie jedoch aus, als hätte man die kubanische Barbie auf einen Acid-Trip nach Fantasia geschickt. Der Rest des Speise- und Wohnzimmers? Ein falscher Holzschrank mit tausenderlei Nippes und Krimskrams, Hi-Fi-Anlage und Fernseher. Schaukelstühle für La China und ihren Mann. Dahinter die Küche und hinter der Küche das von dem Papagei bewachte Stundenzimmer.

La China setzt sich zu mir und beginnt etwas von Kühen zu erzählen, die man in Kuba nicht schlachten darf, weil sie Milch für die Schulkinder geben, da kommen auch schon die ersten Kunden. Eine etwa vierzigjährige *jinertera* setzt sich mit ihrem Freier, einem pummeligen schwarzen Kerl, in die Schaukelstühle.

»Na so was«, sagt die Prostituierte in meine Richtung, »so einen Weißen wie dich würd ich lieber mit nach hinten nehmen, aber was soll man machen, man muss nehmen, was kommt.« Bleibt mir nur, dem zuzustimmen und einen Blick auf den Genommenen zu werfen, der, als habe der Schaukelstuhl von La Chinas Mann eine immer gleiche Wirkung, so stumpf auf den Fernseher starrt, wie es sonst nur der Hausherr kann. Was für eine Kombination! Sie quäkt herum, redet in einer Tour und ist stinkfröhlich, während ihr Freier vollkommen gelangweilt dahockt, sich sein Bucanero reinschüttet und ins Leere starrt.

La China rückt sich ihre dicke Brille zurecht und tätigt, als die beiden im Zimmer verschwunden sind, die Schwarzengeste, gefolgt von der Sexgeste und einem Hinweis, den ich mir gut merken soll: Sechzig Pesos koste das Zimmer für eine Stunde, umgerechnet etwas über zwei CUC. Bei Ausländern nehme sie normalerweise fünf CUC, weil das Vermieten der Stundenzimmer an Touristen nicht erlaubt sei und sie in Teufels Küche, sprich: ins Gefängnis käme, würde man sie dabei erwischen. Aber bei mir, treuer Kunde des Esstisches, mache sie eine Ausnahme: vier CUC, letztes Wort und bester Deal in der Stadt. Immerhin müsse sie das Risiko finanzieren, das müsse ich verstehen. Zack, die Handschellengeste.

»*Blanco cuesta extra*«, sagt sie, weiß koste extra.

Dann gibt der Papagei einen Laut von sich, den ich nicht von einem Papagei, nicht von einem Tier erwartet hätte.

La China dreht die Musik lauter.

Hinten hat die *jinertera* begonnen zu arbeiten.

Als ich nach Hause komme, riecht das ganze Haus nach Guaven. Mayra, die aus ihrem Zimmer schreit, sobald sie mich hört, liegt auf dem Bett und sagt: »Armer Milo ist weg. Hier, trink das.« Wie eine Robbe, die versucht, sich auf einer spiegelglatten Eisfläche auf den Rücken zu drehen. Irgendwann gelangt sie tatsächlich an das Glas auf dem Nachtschränkchen. »*Fruta de bomba,* Papaya. Trink mal schön mein Junge, das gibt dir Kraft, jetzt wo du in der Casa Azul ganz alleine bist.« Ich trinke, setze mich zu ihr und höre eine Stunde lang ihren Geschichten zu. Bald ist auch Milsy bei uns, wird von Mayra aber noch mal in die Küche geschickt, um mir Zuckerrohrsaft zu holen. »Dein Bauch muss wachsen und groß sein«, weiß sie. »Dann ist auch mein Herz groß und glücklich.«

Auf der Terrasse die ersten frühen Sterne. Der Mond eine Kugel aus hellem Staub. Ich setze mich auf den Tank und lese, als Milsy noch einmal auf die Terrasse kommt. Ob ich ihr eine Flasche Parfüm aufmachen könne? Sie reicht mir die verschmierte und verölte Flasche, hübsch hat sie sich gemacht, ihre Lippen geschminkt, ein schönes Kleid angezogen.

»So, so, Parfüm«, sage ich und sie nickt und grinst. Ob sie denn tanzen gehe? »Nein, nein«, wiegelt sie ab und tupft mir und sich selbst das Parfüm an den Hals.

»Zur Kirche, *mi amor,* nur zur Kirche.«

Ich klappe meinen Martí wieder auf, lese zu Ende:

»Doch in der Werkstatt des Universums gibt es kein noch so kleines Ding, das in sich nicht alle Keime der großen Dinge trüge, und der Himmel dreht sich und bewegt sich mit seinen Unwettern, Tagen und Nächten, und der Mensch bewegt sich und schreitet voran mit seinen Leidenschaften, seinem Glauben und seinen Bitternissen; und wenn seine Augen die Sterne am Himmel schon nicht mehr sehen, richtet er sie auf die seiner Seele.«

000

Um fünf Uhr morgens ziehe ich meine Matratze ins Zimmer, da es zu regnen beginnt. Um sechs machen Schweini und der Gockel gemeinsam Theater. Um sieben lärmt die Sonne. Um acht haben sich die Nachbarn, die einen Balkon nebenan wohnen, nach einem heftigem Streit in der letzten Nacht wieder vertragen und mit dieser Andacht beginnt schließlich auch mein Tag: Gemeinsam tänzeln sie über den Balkon, schmusen, das Radio spielt Latinopop.

Ich schalte den Fernseher an.

Auf meinem geliebten Sportkanal Tele Rebelde läuft der Boxkampf Ramírez versus Delgado, aber dafür ist heute keine Zeit. Es ist Sonntag, der Erste Mai und der Internationale Tag der Arbeit: Auf dem einzigen anderen Kanal, den mein Fernseher reinkriegt, werden die Paraden übertragen, die in allen Städten des Landes durch die Straßen ziehen. Menschenmassen in Havanna, Tausende Spruchbänder (darunter einige als LED-Spruchbänder) in Holguín, unablässige Tänze in Santa Clara und eine Karnevalstimmung in Santiago de Cuba.

»¡*El pueblo cubano vencerá!*«

»Das kubanische Volk wird siegen.«

Poster von Fidel, der seinen verstorbenen Freund Hugo Chávez im Arm hält, gephotoshopte Großwerke, singendes Fabrikpersonal, Gewerkschaften, strahlende und trillerpfeifende Umzüge.

Nur Elvio sitzt unten im Wohnzimmer, repariert einen Schaukelstuhl und murrt.

»Probleme, Probleme, Probleme. Es gibt nur Probleme, die man jeden Tag lösen muss, das ist das Leben in Kuba, wenn du es genau wissen willst. Wenn man morgens aufwacht, ist da ein Pro-

blem. Wenn man am nächsten Tag aufwacht, gibt es mehr Probleme. Es ist Sonntag, siehst du, und ich repariere hier den Stuhl,
dann muss ich woanders hin, um andere Sachen zu reparieren.
Und so, bis ich sterbe.«

»Dabei ist heute der Tag der Arbeit«, sage ich, »das ganze Fernsehen ist voller marschierender Leute.«

»Das ist Kuba, verstehst du? Hier gibt es einen Witz, pass auf.«
Er kommt aus der Hocke und stellt sich aufrecht hin, um besser
gestikulieren zu können. »Es war mal ein amerikanischer Spion,
der herausfinden sollte, wie die Kubaner ticken. Und alle Leute,
mit denen er sprach, lästerten über Fidel. Sie lästerten den ganzen
Tag. Aber sobald ein Feiertag kam, hatten dieselben Leute Schil-
der in der Hand und jubelten auf der Straße, den Namen Fidel ru-
fend. Als er zurück in den USA war, musste der Spion das seinen
Vorgesetzten erklären und konnte es nicht, sein Kopf war hinüber
– er war selbst schon verrückt geworden. Verstehst du?«

Ich brauche viel zu lange, um mich schließlich auf den Weg zu machen. Als ich die Plaza de Marte erreiche, ist alles schon vorüber
und der Platz menschenleer. Als ob ich mir die Fernsehbilder nur
eingebildet hätte. Als habe man Archivaufnahmen aus besseren
Zeiten gesendet. Nur einige Zurückgebliebene schlummern im
Schatten, jemand singt, ein anderer malt auf seinem Pappschild-
chen herum.

Trotz der Mittagshitze laufe ich zum Hotel Santiago, einem der
wenigen Hotels, die einen Internetraum mit einigen PCs haben.
Zwei CUC für eine Stunde. Ein Zehntel des kubanischen Monats-
lohns. Zum ersten Mal seit einer Woche gebe ich den Code ein,
den ich auf der Karte der Telefongesellschaft freigerubbelt habe,
und begehe den Fehler, eine Nachrichtenseite aufzuschlagen.

  – »Durch eine Korallenbleiche am Great Barrier Reef bricht
    das Ökosystem zusammen«

– »Erdo an wittert Verschwörung gegen die Türkei«
– »FPÖ wird Bundespräsidentenwahl anfechten«
– »AfD-Kandidat gegen offen ausgelebte Sexualität«
Die Welt also, eine halbe Minute lang, und schon hat man den
Computer wieder ausgemacht. Nein, das Leben ohne Internet,
Handy und Telefon hat einfach zu viele Vorteile. Sommersonnenlicht strauchelt über den Mittag, dazu das Bunt, das Warm. Men-
schengut und Katzen auf den Dächern, ein lautloser Atem. Man
gönnt sich die Abstände, die die Zeit braucht, um zu einem zu
kommen. Ja, ein vorfahrender Wassertankwagen, das spontane
Violinkonzert auf der Straße und Gemüse im Schubkarren, be-
sungen und ausgeschrien von Menschen, die so echt sind wie Ton
und Stein: Das sind die Neuigkeiten, die hier von Bedeutung sind.

Zu Hause sind neue Gäste eingetroffen. Laura und ein wie ein Pinguin aussehender Kerl, der sich allen Ernstes als Pinguin vorstellt,
sind aus Mexiko angereist und Gabriel aus der Schweiz. Alle drei
kommen aus nur einem Grund: Manana. Ein Musikfestival, das
die nächsten Tage in Santiago stattfinden wird und von dem ich
vielleicht nur erfahren habe, weil einige Freunde aus New York
ebenfalls heute in der Stadt ankommen, ebenfalls nur für Manana,
das erste seiner Art.
    Die drei haben Hunger, aber Milsy ist nicht da. Sie hat den
Sonntag genutzt und ist nach dem Frühstück zurück zur Finca
aufgebrochen, und Mayra, tja, wer weiß, ob Mayra in ihrem Leben
schon mal etwas anderes als ihr Blut zum Kochen gebracht hat.
Hochroten Kopfes watschelt sie durchs Haus, als sei sie Fräulein
Pinguin, versorgt die neuen Gäste mit Laken und verwaschenen
Handtüchern und erklärt in alttestamentarischem Pathos die einzige Regel des Hauses: »Alles, gottverdammt und Himmel noch
mal, hört auf mein Kommando. *¿LISTO?*«
    Wir gehen runter zu Tico, oder genauer: zur Cafeteria la exclu-
siva de Tico. Meine liebste Speiseoption Tivolís ist ein Imbiss so

kubanisch wie Wollust oder Ohnmacht, wie Abwarterei. Ein Ofen
für die Kubapizzen, eine Vitrine für die *bocaditos con jamón y queso*
und eine Schiebespeisekarte mit dem, was man hat auftreiben
können. Aus dem Radio mexikanische Romanzen und, wenn man
Glück hat, gibt es *pru:* eine Limonadenspezialität Orientes aus fer-
mentierten Wurzeln und Gewürzen wie Zimt oder chinesischem
Holunder, eine gewaltige Bank im allgemeinen Hungerlohn kuba-
nisch-kulinarischer Geschmacklosigkeit.

Neben einer alten Werbetafel für die einheimischen Popular-
Zigaretten (»*Soy cubano, soy Popular*«) und der obligatorischen
dolchdurchbohrten Santería-Zunge, die Missgunst fernhalten
soll, hat der Inhaber seine Lebensphilosophie an die Wand geschrieben:

»*La envidia es la hierba mala que crece en el camino de los triunfa-
dores.*«
»Der Neid ist das Unkraut, das auf dem Weg der Sieger wächst.«

Es gibt Kubapizzen (*»Pizza super de queso«*) für alle. Als Servietten
die gleichen Pappreste, auf denen die über all ihre Ränder hinweg-
tropfende und fettende Pizza serviert worden ist.

»*Servietta cubana*«, sagt Tico und macht die Fidelgeste, wie ein-
studiert gefolgt von der Todesgeste und einem großen Lachen, das
alle Unausweichlichkeiten dieser Welt schluckt.

»Danke, Fidel«, lacht ein Kunde und wirft seine fettnasse Serviette auf die Straße, und Tico ergänzt. »Verdammt richtig. Eine
richtige Serviette wäre auch zu viel gewesen. Danke für die Lekti-
on in Demut, Fidel!«

Aber die eigentliche Kubalektion, sie kommt erst noch. Auf
der alten Holzbank sitzt ein alter Mann in Armeehose und Armee-
stiefeln. Er trägt ein blaues Hemd und noch ein wenig krauses
Haar, grau meliert über dem eingefalteten Gesicht. Immer wieder
schläft er ein, nur um doch noch im letzten Moment die Augen

abermals aufzuschlagen, Augen aus hellblauen, in die eigene Ferne wandernden Ringen. Sein großer Mund schmatzt einen stummen Schmatzer, er versucht sich umzusehen, aber sieht nichts, stützt sich auf seinen Gehstock, nickt fast ein, schreckt auf: Ach, oh, dass ich noch Leben darf!

Von Tico bekommt er einen Kaffee.

Der Kerl, der die Serviette verunglimpfte, kauft ihm ein Glas kalten *pru*. Wir spendieren eine Kubapizza und zwei Labberbrötchen für später.

In Kuba, das ist so sicher wie Knochen unter der Haut, überlebt niemand allein.

Tivolí im Rausch seiner Sonntagsszenen.

Die Frauen tragen ihre Farbzuckertorten von Haus zu Haus, die Kinder spielen auf der Straße Fußball, Schuhe oder Holzklötze als Tore aufstellend, und überall wird geschrubbt, gewienert, geölt, beölt, verölt und geschraubt: Kein Auto oder Motorrad, das an einem Sonntag keine Ganzkörperpflege erhält. Auf den nächsten Treppenstufen wird Fleisch gehackt, die Dominospieler schieben die Bretter in den Schatten, Wägelchen klappern. Eine Mutter steht vor drei zur Rechenschaft gezogenen Kindern, die auf ihr Fragen zuerst stumm bleiben und dann mit einer wilden Geschichte versuchen, ihren Arsch zu retten. Als sie die Kinder auf die Straße verjagt hat und in die grinsenden Gesichter der internationalen Besucherfraktion schaut, sagt sie: »Hey, merkt euch das über dieses Scheißland: Jeder kann lesen und schreiben, doch niemand wird dir die Wahrheit sagen.«

Natürlich ist auch die angetrunkene Liebe früh unterwegs, turtelnd an der Straßenecke, Arm in Arm am Eingang jeder Stunde und ein »*Ai, Papi*«, ein »*Ai, mi amor*« auf den Lippen wie hungrige Gebete, die sich den Schweiß von Körper zu Körper sprechen. Die Damen Kinästhetiker reiner Musik, die Männer mit den Stimmen warmer Flüsse.

Man vermisse: Klobrillen und Eiswürfel, Bankkonten und Bettwäsche, Postkarten fremder Länder. Kein Wägelchen mit runder Rolle, das Haus lediglich ein Dächlein und die Pizza nur eine Kubapizza.

Entbehrlichkeiten überall, darum:

Nichts ist in Kuba notwendiger als die Lust.

Zu Hause sind Elvio, Ivan und Richard zu Besuch und bilden ein Kaffeekränzchen, das sich einen Witz nach dem anderen zu erzählen weiß. Ich sitze mit übereinandergeschlagenen Beinen auf dem Sofa.

Ivan tritt mir gegen das Bein.

»Schriftsteller hin oder her«, sagt er, »aber lass das in der Öffentlichkeit. So sitzen nur Schwule.«

Laura, Pinguin und Gabriel machen sich auf zur inoffiziellen Eröffnung des Manana-Festivals, eine erste Zusammenkunft von Künstlern und Besuchern, die im Zentrum Santiagos stattfindet. Ich aber fahre noch einen Umweg, um meine Leute abzuholen.

Hotel Las Américas. Seit fast zwei Jahren habe ich meine New Yorker Freunde nicht mehr gesehen und hätte man uns beim letzten Abschied erzählt, unser nächstes Wiedersehen fände hier statt, in der eiskalten Lobby eines Hotels in Santiago de Cuba, jeder einzelne mit einem Glas Piña Colada in der Hand, wir hätten es gerne geglaubt.

Neben Marcia und ihrem Freund Mark, Thor und Chris haben sich ein Dutzend weitere Amerikaner eingefunden. Ein knallbunter Haufen mir noch unbekannter Menschen, die wie wild umherirren oder haareraufend versuchen, das Internet des Hotels mit ihren Internetkarten zum Laufen zu bringen, da ein Großteil der Brooklyn-Hippster-Fraktion als Freiwillige mit an dem Festival arbeitet.

Schwer, alle abfahrbereit zu machen, aber irgendwann springen wir in ein altes Taxi, dass uns in die Casa de la Música bringen soll. Klar weiß der Fahrer, wo es hingeht, nimmt dann aber für eine Weile die entgegengesetzte Richtung.

Ich korrigiere ihn höflich und biete mich zudem an, seine Dose Bucanero zu halten, zumindest während der Fahrt.

»Keine Sorge, ich fahre jeden Tag Taxi.«

»Das glaube ich gerne«, antworte ich, »ich meinerseits stehe zum Beispiel jeden Tag auf und frühstücke. Der Mensch ist ein Gewohnheitstier. Aber ich kann das Bier trotzdem halten, bevor du dich einsaust ... oder die Polizei was dagegen hat.«

»Nein, nein. Ha, die Polizei? Das hier ist Kuba, *Cuba libre,* und solange ich niemanden töte, kann mir niemand was in diesem gottverdammten Land. So oder so ähnlich sagt es mein Führer Fidel!«

Auf der Rückbank haben die anderen den Spaß ihres Lebens und filmen kräftig drauf los. Ihre zweite Taxifahrt in Santiago, und schon schmeißt der Taxifahrer leere Bierdosen aus dem Fenster und flucht auf die Castros. Der an das Radio angeschlossene MP3-Player lässt das Auto schunkeln:

»Que arte que tiene tu sexo para hacerlo como nadie
Que arte de saber que quiero y que necesito
Y para sacarme del abismo y rescatarme

Es por amor
que todavía existen cosas imposibles.«

»Welche Kunst besitzt dein Geschlecht, um es so zu machen wie niemand sonst
Welche Kunst zu wissen, was ich will und brauche
Und um mich aus dem Abgrund zu ziehen und mich zu erretten

Nur wegen der Liebe
existieren noch unmögliche Dinge.«

Als wir am Park Céspedes aussteigen, ein beeindruckendes Trinkgeld geben und uns ins Innere der Casa de la Música durchge-
kämpft haben, haben sich Künstler und Bohemiens aus Gott und
der Welt bereits miteinander bekannt gemacht. Briten, Mexikaner, Amerikaner, Koreaner, Schweizer und Brasilianer schwitzen
inmitten der Einheimischen. Ein willkommenes, ein hübsches Babylon. Seit ich in Kuba bin, habe ich noch nie so einen Mix der
Völker und Sprachen erlebt, überhaupt ist es das erste Mal, das
dieser Schuppen krachend voll ist. Auf den Tischen stapeln sich
die Biere und Mojitos, eine Band spielt nach der anderen, die Lichter sind knapp und die Stimmung unaufhaltbar. Auch die üblichen
jinerteras, die ihre Hintern an den Mannesstücken der neuen Besucher reiben, kommen aus dem Staunen nicht heraus: Fallen denn
dieses Jahr Weihnachten, der Erste Mai und Fidels Geburtstag auf
einen Tag?

Um die Welt willkommen zu heißen, treten heute Abend vor
allem Künstler aus Santiago auf, und so werden umgehend die
richtigen Themen und Probleme kommuniziert.

»*Yo solo quiero conectarme a la Wifi*«, schallt es aus den Lungen
eines Sängers, »*¡Yo solo quiero conectarme a la Wifi, dame la contrase-
ña!*«

»Gebt mir ein Passwort, ich will mich mit dem Internet verbinden!«

Dann die Frage ans Publikum: »Wer will sich mit dem Internet
verbinden?«

Hunderte Hände recken sich in die Luft.

»Wer will sich mit dem Internet verbinden?«

Hundert Hände recken sich in die Luft, Hunderte Menschen
schwören »*Yo quiero, yo quiero.*« Einfach auf Video aufnehmen und
nach Havanna schicken: Hey, gebt dem Volk Internet, hört ihr die
Stimmen, seht ihr die Hände nicht?!

So geht die Nacht durch ihre Stunden. Irgendwann setzt sich
der New-York-Trupp in ein Taxi und macht sich auf nach Hause,

immerhin ist man heute erst angekommen und immerhin geht es morgen erst los. Ich rauche eine letzte Zigarette unter dem weichen Gelb der nächsten Straßenlampe. Santiago bei Nacht, ein Märchenschloss aus Streulicht und Beton, zu dieser Uhrzeit nicht weniger als zager Nebel. Neben mir schwingt sich ein dürrer Kerl mit großer Rastamähne von einem Telefonat zum anderen. Er kommt mir bekannt vor, hier und da hatte ich ihn schon mal gesehen. Bald teilen wir uns eine Zigarette, über der ich erfahre, dass er der Initiator des Festivals ist, der Komponist und Dirigent, und dass er es selbst kaum glauben kann, dass das alles wirklich geschieht.

»Du kannst dir nicht vorstellen, was wir alles stemmen mussten, die ganze Organisation hier in Santiago ohne brauchbares Internet, die Kickstarter-Kampagne und meine Zeit mit den Behörden und dem Kulturamt, Scheiiiiiiiiiße, die haben den armen Rastarapper aus Portuondo gesehen und dachten sich, was will der Arsch hier. Scheiiiiße!«

Er verzieht das Gesicht und schnippt mit den Fingern.

»Ganz ehrlich, bis vor ein paar Tagen wussten wir noch nicht, ob das alles wirklich stattfindet. Was für eine Odyssee, aber unsere Schiffe haben überlebt.«

Wir reden über die verschiedenen Musiker, über die Entstehung der Rumbas und alles Mögliche wie Unmögliche dieser Stadt. Alain hat die letzten Tage anscheinend so viel über Santiago und Manana gesprochen, das es ihm leicht fällt, immer weiterzumachen.

»Das Festival Manana zu nennen, kam mir wie ein Blitz, und es war perfekt. Weißt du, es gab mal einen General aus der Dominikanischen Republik, Máximo Gómez hieß er, er kämpfte hier in Kuba gegen die Spanier, und seine Frau Manana blieb zu Hause zurück ...«

»Máximo Gómez«, unterbreche ich ihn, »der bereits im ersten Unabhängigkeitskrieg kämpfte und später mit José Martí in ei-

nem Bötchen nach Kuba kam, um seine Schlacht zu Ende zu bringen?«

»Genau richtig, Mann. Dieser Herr Gómez. Jedenfalls, er und
seine Frau Manana liebten sich sehr, und all die Briefe, die sie nach
Kuba an ihren Mann schrieb, unterzeichnete sie mit ›*Con pasión,
Manana*‹.« So ging ihr Name in die kubanische Folklore ein, weißt
du, denn die Rumbaspieler und -sänger zu Beginn des 20. Jahrhunderts begannen, mit dem Wort Manana den Moment der künstle-
rischen Inspiration zu beschreiben. Manana, Baby! Manana wurde
der Inbegriff dieses gewissen Flows, zu dem, was die Musiker in
ihrer Seele empfinden, wenn sie sich der Musik und den Rhythmen widmen, weißt du? Und seitdem hat es sich etabliert. Ja,
Mann. Wenn etwas aus der Seele kommt, dann geschieht es mit
der Leidenschaft von Manana.«

»Eine wunderbare Geschichte«, sage ich, was vollkommen un-
tertrieben ist. Dass die Frau des Mannes, der vor einhundertzwanzig Jahren mit Martí und fünf anderen Männern nach Kuba über-
setzte, nun Namensgeberin des ersten Festivals ist, das Santiago
im großen Stil mit dem Rest der Welt verbindet, ist schöner als alle
Geschichten, die man sich ausdenken könnte.

»Jetzt ist die Zeit«, sagt Alain und fuchtelt mit den Armen umher, um seinen Worten den rechten Körperrhythmus mitzugeben,
»Santiago ist die Hauptstadt der kubanischen Musik, es ist eine
sehr traditionelle Musik, wir haben keine elektronische Szene
hier, aber die elektronische Szene der Welt kommt nun hierher zu
uns. Und wir bauen eine Brücke, weißt du, wir lernen voneinander,
fusionieren, verstehst du, wir stoßen ein Fenster auf und bringen
einen Austausch zustande, auf den wir lange gewartet haben.
Mann, die Welt hat keine Ahnung, was Santiago ihr zu bieten hat.
Keine Stadt der Welt hat soviel Manana wie Santiago. Ich habe so
lange davon geträumt, der Welt unsere Musik zu präsentieren,
und verdammt, jetzt wird es wahr.«

Nachdem auch die dritte Hollywood zu Ende geraucht ist, verabschieden wir uns.

Die Straßen leer und leicht, die Luft eine Zärtlichkeit. Kurz vor Rafaels Haus lehnt ein Soldat an einem Laternenpfahl, ein aufgeschlagenes Buch im Schoß. Das muss die Bibel sein, denke ich, denn ich habe noch keinen Kubaner ein anderes Buch als die Bibel lesen gesehen.

Ich sage »Hallo«, knie mich zu ihm und frage nach.

Er klappt das Buch zu und zeigt mir das Cover.

Das Neue Testament.

»Alles, was wir zum Leben brauchen, steht hier drin«, sagt er.

»Das mag stimmen. Fidel hat einmal gesagt, mit den Predigten Jesu könnte man ein einwandfreies sozialistisches Programm ausarbeiten.«

Er grinst und kaut einige Sekunden lang an der passenden Antwort.

»Fidel ist kein Christ, aber Humanist. Er tut sein Bestes für Kuba und die Menschen in der Welt, aber Gottes Sohn ..., so weit wird er es nicht bringen.«

ooo

Noch bevor der erste Regentropfen die Terrasse berührt, ist Mayra zur Stelle. Die Witterung hat sie nicht betrogen. Ihr Fleisch, übermäßiges Organ für atmosphärische Verhältnisse und steigende Luftfeuchtigkeit, hat sie noch im Halbschlaf und übergewichtigen Schrittes die Treppe herauftorkeln lassen. Ich spüre, wie mir mein Körper ihr Heranrücken mittlerweile in ebenjener Weise in den Schlaf spielt, wie ihre Drüsen träumend die Schlechtwetterlage empfangen. Meine geliebte *patrona* und ich: Schon befinden wir uns in einer lebenslangen Symbiose.

Zärtlich tritt sie mir gegen die Schulter.

»Hitlerano, es regnet!«

In der Tat habe ich gerade geträumt, dass das spanische Wort für Zufriedenheit nicht mehr *contenda* ist, sondern *zufrieda*. Aber ich erzähle ihr nichts davon und verweigere auch sonst jegliches Wort, schleppe die Matratze ins Zimmer und kann nicht mehr einschlafen. Der ›Regen‹ hat sich nach einigen wenigen Tropfen verzogen, es ist kurz vor sechs. Ich ziehe mich hoch aufs Dach. Vor mir die braungraue Welle der hingewürfelten Stadt, über die der erste blaue Ton hereinbricht. Langsam dehnt sich das Licht zwischen den Häusern, tupft den Baum grün und klettert hinunter zur Bucht, das Wasser wie zartgraue, glatt gestrichene Erde. Dahinter die Berge, auf deren nebelverhangenen Spitzen nun das erste Morgengold rieselt, um den Augen Mahnwache zu halten: ein Tag.

Gut, dass es immer wieder Tage gibt, denn Tage sind besser als keine Tage und ein Leben ohne Santiago wäre ein trauriges Erwachen.

Gleich, wenn sich Tausende Einwohner Tivolís aus den kargen Betten erheben und die Straßen in Klang nehmen wie noch nicht eroberte Herzen, wird alles ein weiteres Mal vorhanden – und willkommen – sein.

Elvio erscheint auf seinem Dach, kratzt sich den Kopf und nimmt ebenfalls den Morgenblick über die Stadt. Als er mich sieht, klettert er zu mir herüber, die alte Waschmaschine als Trittleiter benutzend und zwei Flaschen Ron Santiago unter die Achselhöhle gepresst. Alleine, dass dieses Manöver gut geht, ist schon ein Segen. Wir könnten uns bekreuzigen und den Tag gut sein lassen, wären da nicht die Sonne, die Ausschreier und eine als Palmen getarnte Himmelfahrt zwischen all dem herrlichen Beton.

»*¡Zapote, zapote, zaapoooote!*«

»Kubanische Wirtschaft: Fidel stiehlt von uns, wir stehlen von Fidel.«

Elvio schreit seinen Algorithmus derart laut, als wollte er seine öffentliche Selbstanzeige über den Dächern der Stadt proklamieren. »Immerhin bin ich Shareholder, verstehst du? Früher gehörte die Rumfabrik, die das Museum unterhält, den Bacardís. Dann schmiss man sie aus dem Land und nun gehört alles dem Staat, der mir zu wenig zum Leben bezahlt. Also muss ich mich um meine Anteile kümmern.«

Elvio übergibt mir das braune Gold. Anstatt der sieben CUC, die mich so eine Flasche im Laden kosten würde, bezahle ich bei ihm stets nur drei. So sind alle glücklich: Fidel hat eine Rumfabrik, Elvio ein Nebeneinkommen und ich günstigen Qualitätsrum.

Nachdem wir, Ehrerbietung muss sein, einen kleinen Schluck genommen und uns mit einem »*Gracias, el jefe*« bedankt haben, erzähle ich Elvio von unserem Trip zur Finca und der anstehenden Reise nach Guantánamo und Baracao. Elvio ist es eine Freude, von seiner Familie zu erzählen, da er aus Guantánamo stammt und der Großteil seiner Familie dort wohnt. Ich müsse mir also keine Sorgen machen, sagt er, überhaupt keine. Er könne für mich eine Unterkunft organisieren, seine Verwandten seien sehr nette Leute und würden mich ohne Probleme für ein paar Tage aufnehmen.

Durch die dichte Wolkendecke bricht gelbes Licht und flutet die Stadt.

Noch einmal danken wir Fidel, dann hüpft Elvio zurück auf sein Dach und pflückt sich die Kleider für seinen Tag von der Wäscheleine.

Nach all den guten Nachrichten beschließe ich, heute endlich meine Visaangelegenheit zu Ende zu bringen, die ich schon beinahe vergessen habe. Tatsächlich stehe ich um zwanzig vor acht an der Bank am Park Céspedes, um mich mit einem kräftigen »*¿Último?*« in den Haufen einzureihen, der bereits die verschlossene Eingangstür umzingelt. Alles läuft wie am Schnürchen. Schon um halb neun stehe ich mit meinen Marken wieder an Tisch Nummer zwei der Visastelle, hübsch mit Schuhen und ohne lange Hose. Der Frau ist das alles völlig egal, sie mustert mich mit keinem Blick. Wie ein Uhrwerk geht sie durch ihr Abhaken, Eintragen, Einkleben und Stempeln – ich hätte auch barfuß, in Badehose oder überhaupt nicht kommen können.

Null Beanstandung.

Ein dickes Grinsen auf ihrem tatkräftig geschminkten Gesicht.

»*Mi amor*« hier, »*Mi amorcito*« da, »*Bueno*«, »*Besitos*«, Küsschen.

Das Ergebnis: ein Monat mehr Kuba.

Kurz nach der toten Stunde.

Pinguin hat in der Tat sechs Flaschen Johnny Walker aus Mexiko mitgebracht. So weit kann die Sorge gehen, in Kuba nicht an die notwendigen Produkte zu gelangen. Es ist bereits die zweite Flasche, die rumgeht, selbst Milsy hält ein kleines Glas in der Hand und versucht, diese ganze Sauferei gut zu finden, was ihr nicht wirklich gelingt. Sie würde es nie zugeben, aber ich bin mir sicher, dass sie in diesem ganzen Chaos innerlich ständig vor sich hin betet.

Mayra hat laut Gabriel nur wenig, jedoch bereits viel zu viel getankt, um auch nur eine Sekunde still zu sitzen. Sie stampft tanzend durch den Raum, die Arme in ständiger Bewegung. Zwischen all ihren hinausgeschrienen Erzählungen versucht sie, die Songs mitzusingen, die aus den Boxen lärmen, und preist, gottlob!, die Mexikaner als Verbrecher und Schlawiner.

Obwohl wir die ganze Zeit aufbrechen wollen, kommen wir nicht los.

Als wir uns endlich verabschieden, ist es schon fast sieben Uhr. Wir könnten rüber zum Kinderkrankenhaus gehen, um schnell und problemlos ein Taxi zu bekommen, aber ich behelfe mir mit der kleinen Lüge, dass es in der Stadt einfacher wäre. Zu schön ist die Sieben-Uhr-Stunde, um sie nicht noch abzuwandern. Fenster und Türen werden weit aufgerissen, die Stadt atmet durch und hängt sich die letzten glühenden Wolken in den Horizont. Wer eine Flasche Rum oder Whisky mit sich trägt, muss überall seinen Freundschaftszoll leisten. Mensch, Tag und Licht verschwenden sich in solch großer Umarmung, dass auf den Dächern der Staub auffliegt und die Dominosteine aus den Händen krachen. Die Häuser nehmen das goldene Licht an, Santiago wird weich und unendlich sanft. Zu diesen Bildern passt die an vielen Stellen zu lesende Aufforderung, man solle sich bitte nicht an die Wände lehnen, da sie sonst einstürzen könnten.

Die Santiagueros fluten die Straßen.

Wer jetzt in seiner *casa* hockt, ist unglücklich und wird es immer bleiben.

Als wir das Teatro Heredia erreichen, benannt nach dem berühmtesten Dichter der Stadt, sind tatsächlich Eddie und Clara die ersten Menschen, die ich sehe. Beide sind damit beschäftigt, die kleinen schwarzen Programmhefte des Festivals auszuteilen. Es erwartet uns Gewaltiges. Neben den Combos aus Santiago, die Rumba, Son und Salsa spielen, erwarten uns die nächsten Tage auch internationale Größen wie A Guy Called Gerald, Quantic, Nickodemus oder Nicolas Jaar.

Kein Wunder also, plötzlich all diese weißen Menschen zwischen den Kubanern zu sehen, die sich im Eingangsbereich tummeln, der die beiden Konzertsäle und die Open-Air-Bühne miteinander verbindet. Staunend stehe ich vor diesem schwarz-weißen Menschengewühl, bis mich Clara und Eddie am Arm packen und mich in das Auditorium schleppen, wo das Folkloreballett aus Santiago die Farben spielen lässt und all die Geschichten um Yemayá, Changó und Ochún auf die Bühne bringt, die immer das Reich der Erde und des Himmels gleichzeitig besingen.

»Yemayá«, erklärt Clara, »ist die Göttin des Meeres. Hör mal, wie sie singt! Sie ist wie das Meer, wie das Meer in Baracoa.«

Und ja, ich schließe die Augen und habe das Meer vor mir, hya-
zinthfarben, anthrazitfarben, kobaltfarben, weit aufgestirnt bis an
das Schlusslicht des Wassers.

Draußen treffen wir auf Mark, Nickodemus und den Mob aus
L.A., treffen auf Alain, Eric und Ling, eine zierliche Frau aus Malaysia, die ebenfalls schon einige Zeit in Santiago ist und sich hier
bestens eingelebt zu haben scheint. Die nächsten Stunden macht
jeder das Gleiche: Man wandert zwischen den Bühnen hin und
her, trinkt so viel wie möglich, tanzt so viel man kann und lauscht
unter dem großen Vorüberticken der Stunden den Geschichten
der neuen und alten Bekanntschaften.

Einer der Angehörigen des Fania-Labels aus L.A. erklärt mir
ausschweifend, welche kubanischen Künstler er die letzten Tage
unter Vertrag genommen hat und wie zur Hölle der ganze Kram
von Rechten und Tantiemen funktioniert, wenn diese Künstler als
Künstler eigentlich kein Geld verdienen dürfen. »Trickserei«, sagt
er und hat damit den wesentlichen Teil der Insel definiert.

Da ist Martin, der im Wohlklang seines dicken schottischen
Akzentes von seinem Aufenthalt in Havanna erzählt, wo er ehren-
amtlich begann, die Kubaner auf die kommende Invasion der digi-
talen Technologie vorzubereiten und Schüler im Umgang mit
Computern zu trainieren.

Da ist Pablo, einer der Céspedes-*jinerteros,* der mir versichert, dass
heute wirklich sein Geburtstag sei, diesmal aber wirklich, ich solle
ihm eine Flasche Rum kaufen und wenn ich denn seine Geburtstags-
gäste nicht in der Luft hängen lassen wolle: dann gerne zwei.

Da ist dieser Deutsche, der auf der Suche nach Kokain der Verzweiflung nahe ist, und eine mittlerweile völlig besoffene Laura,
die röhrend durch die Massen marschiert, als wolle sie die ganze
Welt in die Luft jagen. Ling beschwert sich derweil, dass Eric immer wieder versuche, ihr an den Hintern zu gehen, aber Eric weiß,
dass es ihm als Kubaner von höchster Stelle aus gestattet ist, das
Offensichtliche festzustellen: »Mist, ich mag deinen Hintern, der

ist großartig. Ling Baby, ich mag deinen Hintern. Du hast einen Superhintern, dafür, dass du so klein bist, eine kleine Chinesin aus Malaysia, einen Wahnsinnshintern.«

Das alles unter einer beindruckenden Geräuschkulisse und mit allen von Manana gehaltenen Versprechen. Vor allem auf der Open-Air-Bühne, vor der wir uns die meiste Zeit aufhalten, zeigt sich der Geist des Festivals, der Kubaner und Gäste auf eine Bühne bringt, um eine gemeinsame Sprache zu erzeugen, indem man sich an einen gemeinsamen Rhythmus erinnert. In den Unterlagen der Kulturbehörde kann man es lesen: Manana ist kein Festival, sondern ein Kulturaustausch. Das Ergebnis ist eine Annäherung von afrokubanischer Folklore und progressiver elektronischer Musik, Conga-Trommeln und Synthesizern, Handwerk und Beinarbeit. Kuba hat so viele Jahrhunderte lang Einflüsse aus der ganzen Welt absorbiert, und all diese Stimmen entfalteten das größte Geschenk dieser Stadt. Santiago sang und spielte all die Töne und Erinnerungen in die Welt, die nun in neuer Form in die Stadt zurückkehren und die Völker zusammenführen.

Wenn dies das Ziel war, hat man es erreicht:

Unter freiem Himmel tanzen Menschen aus der ganzen Welt und liegen sich in den Armen.

Um Mitternacht betritt Nicolas Jaar als Hauptact des ersten Tages die Bühne und hat kaum begonnen, da ziehen sich die Wolken zu Regen zusammen, was zuerst allen egal ist. Als der Rest seines Sets dann doch nach innen verlegt wird, setzt diesmal eine andere Gewalt dem Spektakel ein Ende. Als die Stimmung und der Sound gerade den Höhepunkt erreichen, schießt es die Sicherungen raus; nach dem zweiten Mal reicht es Herrn Jaar. Er packt sein Equipment und stampft aus dem Saal. Wenige Tage später wird mir Alain versichern: »Nicolas Jaar is a cool dude, but also a real pussy.«

In die eingetretene Stille brüllt Laura: »Music, music, play some FUCKING MUSIC!«

Wer ein Telefon einstecken hat, filmt die Verrückte, die es spä-
testens nach dieser Einlage geschafft hat, der infamose Star Mana-
nas zu werden. Sogar die härtesten *jinerteros* nehmen Reißaus und
tun so, als ob sie an der Bar am anderen Ende des Raumes was
ziemlich Dringendes zu erledigen hätten. Laura könnte jetzt bis
zu Fidel höchstpersönlich wüten und niemand würde es wagen,
sich ihr in den Weg stellen.

Mittlerweile sind zwei Musiker mit Trommel, Trompete und
jeder Menge bester Absichten auf die Bühne gestiegen, um die
Leere zu füllen und die Leute bei Laune zu halten. Aber eigentlich
sind die Soundprobleme der gute Schlussstrich unter einen großartigen Tag. Mit neuen mexikanischen Freunden – Silvia und ihrer Schwester samt Mann – machen wir uns in drei Taxis auf zur
letzten Bastion der Nacht, dem Café Matamos. Café ist eine gütlich übertriebene Beschreibung des Wellblechkastens, der sich
in einer kleinen Seitenstraße direkt an der Avenida Victoriano de
Garzón befindet, der Straße, die das Zentrum mit dem Osten der
Stadt verbindet. Und doch ist es auch eine Untertreibung, denn
Matamos ist ein Heiligtum der Nacht und der einzige, nennen wir
es einfach: Sandwichstand, der fast durchgehend aufhat und zudem die besten belegten Brötchen der Stadt macht. Egal, wie spät
es ist und wie leer und tot Santiago, bei Matamos finden sie sich
ein, die letzten Partygäste auf dem Nachhauseweg und die *moto*-
Fahrer, die ihre Schicht beendet haben und sich in den Schlaf fut-
tern wollen.

Die zwei älteren Betreiberinnen des Matamos-Kastens toasten
das lange, weiche Baguettebrot, beschmieren es mit Soße innen und
Butter außen, dann flatscht das Omelette oder der Schinken oder
Käse über Käse zwischen die Hälften, die nach Fertigstellung noch
mal mit Öl und Butter gesegnet werden. Das bisschen Pappe, auf
dem die Göttlichkeit-an-sich serviert wird, sind hastig ausgefüllte
Impfkarten eines Tierarztes und noch bevor man das erste Sand-
wich aufgegessen hat, bestellt man ein zweites.

Eine lange Nacht, ein voller Magen, beste Begleitung. Obwohl sich innerhalb unserer Gruppe die sich nach Berührung und Behausung sehnenden Menschen bereits in die passenden Pärchen aufgeteilt haben, fahren wir wieder zurück zum Teatro Heredia. Dort angekommen, weiß niemand, warum wir wieder hier sind und wer den Taxifahrern erzählt hat, sie sollen uns hierher bringen. Jeder sagt noch irgendwo goodbye oder geht seiner Wege, und auch Silvia und ich fahren Richtung Casa Azul. Ob es für meine *patronas* okay sei, dass sie mitkomme, fragt sie, und ich antworte nur, meine *patronas*, gerade die schwerere Hälfte der beiden, seien die verrücktesten Frauen Santiagos und sie würden mich morgen früh als erstes mit einem Lorbeerkranz krönen, wenn sie eine weiße Frau auf der Terrasse erblickten.

»Warum? Sind sie Rassisten?«

»Natürlich«, antworte ich, »die meisten Kubaner sind Rassisten, so wie in jedem Land die meisten Menschen Rassisten sind beziehungsweise nicht ohne Ressentiments leben können. *Bueno.* Aber es ist kein hasserfüllter Rassismus, sondern es sind lediglich warm eingepackte und gut konservierte Vorurteile. Meine *patronas* und Nachbarn sind lieber unter ihresgleichen und rümpfen hier und da die Nase, aber ein Drittel ihrer Freunde sind Schwarze. Ich glaube, der kubanische Rassismus ist der zarteste der Welt, so harmlos wie Hamster oder warmer Regen.«

Silvia nickt, ohne überzeugt zu sein. Von unserer Taxifrau, die sich sonst als *jinertera* in den üblichen Bars herumtreibt, bekommen wir noch eine Besichtigungstour und Geschichten zu den Sehenswürdigkeiten, an denen sie schwatzend vorbeirauscht.

»Hier, *hola,* das ist Moncada, hier hat Fidel die alten Einschusslöcher wieder freilegen lassen. Und hier, *que pinga,* das ist der Justizpalast, wir Kubaner mögen ihn nicht. Zu viel Justiz.«

Wir halten an der Ampel und ich strecke den Kopf aus dem Fenster in die warme Nacht. Vor dem Justizpalast lese ich die berühmten Worte, die gesprochen wurden, als Santiago vor nicht

allzu langer Zeit befreit wurde und so lange Hauptstadt Kubas
war, bis der siegreiche Anführer der Guerillas weiterzog nach Havanna.

»¡*Gracias, Santiago!*«, steht dort.

Unterzeichnet ist das Zitat von: Fidel.

○○○

Es war früh am Morgen des 26. Juli 1953, als der heutige Staatschef
Raúl Castro den Justizpalast angriff. Keinen Kilometer entfernt
leitete sein Bruder Fidel den gleichzeitigen Sturm auf Moncada,
die zweitgrößte Militärkaserne des Landes. Schon vor dem Angriff taumelte die Nacht. Den ganzen Tag hatte der Karneval in
der Stadt getobt, der Rausch war inständig und der aus Schellen
und Rumba-Trommeln gewobene Schlaf kurz. Der Zeitpunkt des
Angriffs konnte nicht besser gewählt und das Ziel nicht klarer
sein: Es galt, die Kaserne einzunehmen und in Santiago eine Revolution zu entfachen, die sich auf ganz Oriente ausbreiten und
schließlich zum Sturz des verhassten Diktators Batista, zur Befreiung Kubas führen sollte.

Der Lauf der Weltgeschichte wäre ein anderer (und für die Revolutionäre womöglich kein erfolgreicher), wenn es vor den Toren
der Kaserne nicht diese eine Wachpatrouille gegeben hätte, von
der keiner etwas wusste. So mutig und präzise der Angriff von Fidel geplant war, so minutiös man sich auf diesen Kampf vorbereitet hatte, so unglücklich verlief letztendlich das Gefecht, welches
erst innerhalb der Kaserne beginnen sollte. Der Überraschungs-
angriff war dahin, das Gefecht brach schon auf der Straße los und
scheuchte die zahlenmäßig hoch überlegenen Soldaten rechtzeitig an die Waffen. Fidel war sich schmerzhaft bewusst, dass der
Kampf um die Kaserne verloren war, noch bevor er richtig begonnen hatte:

»Die Schießerei breitete sich aus. Die Alarmsirenen tobten los und verbreiteten einen unaufhörlichen höllischen Lärm, der mit den Schüssen verschmolz.«

Nach einem chaotischen Rückzug flohen Fidel, Raúl und andere Überlebende in die Berge der Sierra Maestra, um sich neu zu sortieren. Es dauerte nicht lange, bis man sie aufspürte und als Gefangene zurück in jene Stadt brachte, die sie hatten befreien wollen.

Im Gefängnis fand der gelernte Anwalt Fidel Castro in sechsundsiebzig Tagen Einzelhaft genügend Zeit, eine Verteidigungsschrift zu verfassen, die weltweite Berühmtheit erlangen sollte. Dem Richter wurde er in keinem Gerichtssaal, sondern in einem schnell hergerichteten Krankenhaussaal vorgeführt. Die Öffentlichkeit, für die Fidel und seine Männer längst zu Helden geworden waren, sollte dem Verfahren nicht beiwohnen und nichts mehr aus dem Munde dieses Mannes hören, der José Martí als den geistigen Vater der Bewegung des 26. Juli ausrief und sich unerbittlich in seinen Idealen zeigte. Auch wenn Fidel argumentieren sollte, dass die Kubanische Revolution bereits mit dem ersten, von Carlos Manuel de Céspedes angeführten Unabhängigkeitskrieg begonnen hatte, war für ihn der Volksdichter der gewaltige Fixpunkt der kubanischen Geschichte. Nicht umsonst hatte Fidel den Angriff auf Moncada in jenem Jahr ausgeführt, in dem Martí hundert Jahre alt geworden wäre; nicht umsonst wurde Martís Vaterland oder Tod, *patria o muerte,* zu Fidels dauerhafter Losung; nicht umsonst hatte man dem Gefangenen verboten, in Haft die Schriften des Mannes zu lesen, der in Kuba wie ein Heiliger verehrt wird; und nicht umsonst sagte Fidel, dass Martís Philosophie der Unabhängigkeit und außergewöhnlichen humanistischen Gedanken seine Männer des 26. Juli inspiriert hatten, in den Kampf der Ideen zu ziehen.

Fidels Furchtlosigkeit und Gerechtigkeitssinn flossen in die Verteidigungsrede, in der er vor dem Richter den Status quo des Landes gnadenlos offenbarte. Alles, was Martí hatte verhindern

wollen, war eingetroffen: Im Zuge der US-amerikanischen Agen-
da, den pazifischen Raum und Lateinamerika »im Namen der Freiheit mit Elend zu überziehen« (Martí), regierten Washington und
die Wall Street über die Geschicke Kubas, über Zuckerrohrfelder,
die Finanzwelt, gar über die Eisenbahn und unterhielten ihre La-
kaien, die abwechselnd das Präsidentenamt innehatten und ihr eigenes Volk beraubten. Der bislang grausamste unter ihnen: Ful-
gencio Batista. Während dieser, mittlerweile vollkommen von
Macht und Gier vergiftet, gegen sein eigenes Volk schießen und
morden ließ, gehörte den Bauern das Land nicht, das sie bestell-
ten, hatten die Kranken keinen Arzt, der sie heilte, kannten die
Kinder kaum Lehrer, die sie unterrichteten.

Kuba war reich, die Kubaner waren arm.[5]

Über die ein Jahrhundert lange kubanische Revolution, die er
zu Ende bringen wollte, sagte Fidel in seiner Rede:

»Das Problem des Bodens, das Problem der Industrialisierung,
das Wohnungsproblem, das Problem der Arbeitslosigkeit, das
Problem der Volksgesundheit: das sind die sechs konkreten Punk-
te, auf deren Lösung sich entschlossen alle unsere Anstrengungen
gerichtet hätten, zugleich mit der Eroberung der öffentlichen
Freiheit und der Demokratie.«

Im Folgenden wurde er in allen Punkten konkret, entfaltete
die genauen Ziele der Revolution und war in seinem Redefluss,
den er nach dem Klang und der Intensität seiner Worte perfekt zu
orchestrieren wusste, nicht zu stoppen. »Seine Leidenschaft für
das gesprochene Wort ist fast magisch«, bemerkte Gabriel Már-
quez. »Er beginnt stets mit fast unhörbarer Stimme, mit unbe-

---

5 Es entspricht dem Stil amerikanischer Gangsterfilme und beleuchtet in
   großartiger Weise die Mafiastrukturen, welche die damalige kubanische
   Elite mit den USA im Land etablierte, dass Batista nach seinem Sturz
   mit wenigen Vertrauten das Land verließ. Das Einzige, was er mitnahm,
   waren Koffer, in denen sich Hunderte Millionen Dollar in bar befanden.

stimmter Richtung, aber er nutzt jeden Funken, jeden Geistes-
blitz, um Boden zu gewinnen, Schritt für Schritt, bis er sich
plötzlich mit einem großen Paukenschlag seiner Zuhörer bemäch-
tigt. Es ist die Inspiration, ein unwiderstehliches und blendendes
Begnadetsein.«

Zwei Minuten räumte man ihm zu seiner Verteidigung ein. Fidel aber sprach und sprach, ohne vom Richter gestoppt zu werden. Die Anwesenden staunten über das Charisma und die Wort-
kunst des Mannes, der sich mit kaum hundert Kämpfern gegen
eine ganze Armee gestellt hatte. Für sechsundzwanzig Jahre wollte man ihn ins Gefängnis werfen, doch er hatte kein Einsehen.
Ohne Zurückhaltung benannte Fidel die Illegalität und Verbrechen der Batista-Diktatur und warb für die Weiterführung der Revolution, des einzig gerechten Resultats der kubanischen Unab-
hängigkeitsgeschichte.

»*Condenadme*«, schloss Fidel seine historische Rede, »*no importa, la historia me absolverá.*«

»Verurteilt mich, es ist unwichtig.

Die Geschichte wird mich freisprechen.«

Die Verurteilung folgte: fünfzehn Jahre Haft für Fidel, dreizehn
für Raúl.

Doch es sollte nur zwei Jahre dauern, da waren die Revolutionäre wieder auf freiem Fuß – und auf dem Weg nach Mexiko.

Ihre Entlassung geschah keineswegs aus Nächstenliebe. Batistas
Beliebtheit sank so dramatisch, dass er sich dem Druck des Volkes
beugte und eine Generalamnestie für alle politischen Gefangenen
unterzeichnete, die auch Fidel und seine Männer mit einschloss.
Die freigelassenen, aber aus ihrer Heimat verbannten Revolutionäre schifften sich traditionell, wie schon der Santiaguero Heredia, Martí und andere, nach Mexiko ein und bereiteten dort ihre
Rückkehr unter Waffen vor. Neu unter ihnen: der Argentinier Er-

nesto ›Che‹ Guevara. Lange bevor die Revolution auf der Karibikinsel, auf die Guevara noch nie einen Fuß gesetzt hatte, erfolgreich war, musste man ihm versprechen, ihn im Falle eines Sieges
weiterziehen zu lassen. Guevara sah Kuba, ähnlich wie Fidel, als
ersten Schritt einer lateinamerikanischen, ja globalen Revolution.

Er glaubte so sehr an sie, dass er im Dschungel von Bolivien
den Tod finden sollte.

In Mexiko arbeitete Fidel ununterbrochen an seiner Rückkehr; er
warb neue Männer an, organisierte Geld, Waffen und ein Boot: die
Granma.

Zweiundachtzig Mann fuhren schließlich auf dem überlade-
nen Kutter Richtung kubanische Küste und wären beinahe nie angekommen. Die Granma geriet in heftige Stürme, kam von der
Route ab, brauchte zwei Tage länger als vorgesehen. Ihr ging der
Treibstoff aus und man strandete, von der kubanischen Küstenwa-
che längst entdeckt, weit entfernt von dem Landeplatz, an dem
die Verbündeten mit Verstärkung, Proviant und Waffen schon lange nicht mehr warteten. Die seekranke, ausgemergelte Truppe war
auf sich allein gestellt. Che: »Stolpernd gelangten wir auf festen
Boden. Wir waren ohne Orientierung und bildeten ein Heer von
Schatten, von Gespenstern.«

Kaum hatte man nach einer Woche auf See wieder Boden un-
ter den Füßen, kam es zu den ersten Gefechten; der Großteil der
Rebellentruppe kam ums Leben, ein kleiner Rest rettete sich ins
Gebirge. Von seinen Kameraden getrennt, von den Strapazen der
Überfahrt bis ins letzte noch verbliebene Glied geschwächt, ohne
Nachschub oder Verstärkung und an allen Ecken und Enden von
Batistas Armee umgeben, sah es nun endgültig so aus, als wäre es
mit der Revolution zu Ende.

Es ist ein nicht zu unterschätzendes Wunder, dass Fidel zu diesem
Zeitpunkt überhaupt noch am Leben war. Man kann kaum erah-

nen, wie viele Revolutionen auf der ganzen Welt, wie viele Männer und Frauen über die Jahrtausende hinweg ähnliche Kriege führten, wie viele Männer und Frauen, deren Namen wir nicht kennen, in Hunderten Dschungeln starben und in Tausenden Schlachten fielen.

Hier jedoch scheint es, als sollte dieser Mann partout nicht sterben; als hätte eine namenlose Kraft immer wieder aufs Neue interveniert, sobald sich der Lauf der Pistolen und Gewehre auf ihn richtete. Noch vor der wie durch ein Wunder gelungenen Landung der Granma liest sich seine Geschichte wie ein Märchen:

Als Student überlebte er seinen politischen und offen ausgetragenen Kampf mit der Mafia, den er unter permanenter Lebensgefahr an der Universität zu führen pflegte. Nach dem Überleben des Angriffs auf die Moncada-Kaserne war es ein einziger Mann, der nach der Gefangennahme der Rebellen verhinderte, dass die Soldaten Batistas ihn an Ort und Stelle umbrachten. Als er in Mexiko zwei Monate mit Che im Gefängnis saß, geriet er in die überlebenswichtigen Hände der Bundespolizei (anstatt der Geheimpolizei) und eines ihm wohlgesonnenen Ermittlungsleiters, der einerseits dafür sorgte, dass man ihn nicht an Batista auslieferte, und andererseits seine Männer zurückhielt, als Fidel mit der Granma Mexiko verließ. Buchstäblich Hunderte Attentatsversuche der CIA, die ihm nichts anhaben konnten, seien hier nur am Rande erwähnt.

Aber nun, nach missglückter Landung und allein in den Bergen festsitzend, umzingelt von einer fünfunddreißigtausend Mann starken Armee? Aber nun, am tauben Ende einer gewaltigen Erschöpfung?

Von einem Bauern, der sich der Bewegung des 26. Juli angeschlossen hatte, wurde Fidel zu dem Haus gebracht, in dem sich die wenigen anderen Überlebenden mittlerweile eingefunden hatten: Zwölf Männer und sieben Gewehre waren geblieben, um eine von den USA gut ausgerüstete Armee zu bezwingen, aber Herrgott, man kämpfte für Freiheit und Gerechtigkeit, zudem saß man hier in den Bergen Orientes, im Zentrum eines gewaltigen Mythos, wo schon Martí, Gómez, Maceo oder Céspedes gekämpft hatten. Letztgenannter befand sich einst in einer ähnlichen Situation und wahrscheinlich kannte jeder der halbtoten Rebellen jene zwei Sätze von Carlos Manuel de Céspedes, die Fidel ihnen ins Gedächtnis rief: »Wir haben noch immer zwölf Männer. Die reichen aus, um die Unabhängigkeit Kubas zu erlangen.«

Dass die Revolution tatsächlich, angefangen mit dieser Handvoll Männer, nach nur knapp zwei Jahren den Diktator aus dem Lande vertreiben konnte, verdankt sie vor allem drei Bedingungen:

Erstens der Persönlichkeit Fidel Castros, dessen Charisma, Intelligenz und scharfe Analysen den Grundstein für einen erfolgreichen Guerillakampf legten.

Zweitens: den Medien. Vollbärtige, gut aussehende und heldenhafte Männer kämpfen im Dschungel gegen eine übermächtige Armee, um aus einer Insel eine bessere Welt zu machen! Unter den Kubanern und im Ausland wurden die *barbaderos*, die Bärtigen, als Helden wahrgenommen. Fidel verstand es, die Medien für seine Revolution arbeiten zu lassen und wusste um die kriegsentscheidende Symbolkraft des Radios und der Bilder. Viele der Fotografen, die die Revolution begleiteten, stammten aus der Modebranche und setzten Castro und seine Männer derart gekonnt in Szene, dass sie zu Popstars avancierten. Die halbe Welt verliebte sich in die romantischen Rebellen, die fernab der großen weltpolitischen Bühnen an Malaria erkrankten und Löcher für ihre Toilettengänge buddelten. Jeder junge Kubaner wollte in diese Berge, wollte einer dieser Zigarren rauchenden Männer, eine dieser Zigarren rauchenden Frauen werden und sich dem großen kubanischen Abenteuer anschließen.

Sie waren der dritte, der alles entscheidende Faktor: Die kubanische Bevölkerung stand vollkommen an der Seite Castros, während Batista sogar von seinen Soldaten genauso verachtet wurde wie vom Volk. Dass fast niemand reinen Herzens für ihn kämpfen und sterben wollte, wirkte sich entscheidend auf die Moral der Streitkräfte aus.

Immer mehr Menschen schlossen sich den Rebellen an, die durch die Bauernmiliz in den Bergen bald so gut vernetzt, versorgt und organisiert waren, dass man ohne gewaltige Schlachten die entscheidenden Siege einheimste. Reinaldo Arenas, der sich als Jugendlicher den Rebellen anschloss, erinnert sich: »An einem Gefecht habe ich nie teilgenommen; in der ganzen Zeit, die ich bei den Rebellen war, habe ich nicht mal von weitem eins gesehen; die Gefechte waren mehr Mythos als Wirklichkeit. Es war eher ein Krieg der Worte.«

Auch eine letzte Großoffensive, die Rebellen zu vernichten, scheiterte. Che Guevara und Camilo Cienfuegos hatten sich mit einem Trupp Kämpfer schon bis Havanna durchgeschlagen, wo Batista seinen Geldkoffer packte und aus dem Land floh. Fidel Castro hielt mit dreitausend seiner Männer Einzug in Santiago, der Hochburg des städtischen Widerstands und »das sicherste Bollwerk der Revolution« (Castro). Es war der erste Januar 1959. Vor den Einwohnern der Stadt stand der Befreier Kubas und bedankte sich bei den Santiagueros mit den zwei Worten, die heute vor dem Justizpalast zu lesen sind: »¡*Gracias, Santiago! Fidel*«.

Sehr zum Leidwesen der US-Amerikaner, die sich als Verwalter des kubanischen Reichtums sahen, begannen die Revolutionäre sofort mit den Maßnahmen, die sie versprochen hatten. Nach der ersten symbolischen Handlung, Martí, dem Vater der Revolution, an seinem Grab in Santa Ifigenia die Ehre zu erweisen, setzten die Reformen ein: Die Löhne der Arbeiter und die sozialen Dienstleistungen wurden erhöht, Mieten gesenkt und mit einer umfassenden Bildungsreform begonnen, die Schulen und Universitäten kostenfrei machte und den Analphabetismus in

Rekordzeit eliminierte. Das Leben der Landbevölkerung verbesserte sich durch die Erneuerung des Gesundheitswesens und vor allen Dingen durch eine Land- und Agrarreform, die neben einer neuen Bildungspolitik das Herzstück von Martís Revolution war.

Landreform! – das war zwar Ausdruck eines humanistischen Reformwillens, der eine »radikal eigenständige Innen- und Außenpolitik« (Roman Rhode) und »national-antiimperialistische Revolution« (Michael Zeuske) zur Folge hatte, hörte sich jedoch derart verdächtig nach Kommunismus an, dass es der Annäherung an die Sowjetunion gar nicht bedurft hätte, um die Amerikaner zu alarmieren. Dabei verfolgte Fidel, der zuvor guten Willens in die USA gereist war, keinen antiamerikanischen oder gar antikapitalistischen Kurs, sondern begann lediglich, die Abhängigkeit von dem übermächtigen Nachbarn zu verringern. Als sich aber amerikanische Ölfirmen weigerten, auf kubanischem Boden russisches Öl zu verarbeiten, begann ein beispielloser Machtkampf zwischen der größten Militärmacht, welche die Geschichte je hervorgebracht hat, und einer von Zuckerrohrfeldern abhängigen Antilleninsel.

Fidel enteignete Shell, Texaco und Esso.

Daraufhin kündigten die USA den für Kuba so wichtigen Zuckerimport in die Vereinigten Staaten auf.

Daraufhin verstaatlichte Fidel amerikanische Telefongesellschaften, Nickelminen, Elektrizitätswerke, die Eisenbahn und Zuckermühlen.

Daraufhin beschloss der Senat in Washington, die Auslandshilfe an jeden Staat, der Geschäfte mit Kuba machte und Waffen oder Güter auf die Insel brachte, einzustellen.

Daraufhin antwortete Fidel mit der Konfiszierung des Besitzes der Zuckergesellschaften sowie der Verstaatlichung aller Banken mit mehr als fünfundzwanzig Beschäftigten – alle amerikanischen Geldhäuser waren von dieser Maßnahme betroffen.

Daraufhin verhängten die USA eine Wirtschaftsblockade in Form eines Handelsembargos.

Daraufhin übernahm der kubanische Staat auch noch die letzten amerikanischen Firmen, die auf Kuba aufzutreiben waren.

Den glorreichen Schlusspunkt setzten beide Staaten, indem sie ihre diplomatischen Beziehungen einstellten. Eine Eiszeit war angebrochen, die sogar den Kalten Krieg überdauern sollte.

Mit Blick auf die unvollendeten Unabhängigkeitskriege, die allesamt wieder nur die Fremdbeherrschung durch Spanier (1868) oder US-Amerikaner (1895 und 1933) zur Folge hatten, hatte Fidel nicht zu viel versprochen, als er den Santiagueros nach dem Sieg am 1. Januar 1959 zurief, dass sie sich sicher sein könnten.

Diesmal, sagte er, sei es eine wirkliche Revolution.

ooo

Ich wache auf und ziehe mich aufs Mäuerchen.

Wie kaum vorhanden das Licht auf den Dächern Tivolís. Zaghaft liegt das augenweite Haus-an-Haus unter einem Himmelszelt aus Nebel und küsst den aufsteigenden Tag. Unten legen sich die Stimmen der Ausschreier übereinander, es klingt, als fasste sich die Stadt zu einem großen Lied zusammen, einem Versprechen, einem *canto* über Essen, Leben, Lust. Santiagos Wahrsagermund, während im Hausgegenüber die alten Vietnamreissäcke, mit Schutt befüllt, vom ersten Stock auf die Straße geschubst werden. »*Hay cuuubo. Hay porrones aluminioooo.*«

Silvia schlafwandelt aus dem Zimmer und läuft direkt in Mayras Arme, die ihre Freude nicht zu zügeln weiß. »Eine Weiße, eine Spanierin!«, tönt sie und Silvia berichtigt: Nein, nein, sie sei aus Mexiko-Stadt.

»Eine Spanierin«, schreit Mayra zu Milsy hinunter und betatschelt Silvias Backen. »Bleib ruhig hier, komm nächste Nacht wie-

der, wir haben dich gerne bei uns, du bist unser Ehrengast und
kümmerst dich um unseren Dichter, der alles macht außer schreiben. *Ai,* das wird ihm gut tun. Nicht wahr, Denni, du siehst fröhlich aus, glücklich, wie ein Vogel, ein müder und faltiger Vogel,
aber glücklich, nicht wahr?«

Ich schnappe mir Silvia. Im Wohnzimmer liegt Milsys Bibel
noch immer aufgeschlagen und ich lese erneut die unterstriche-
nen zwei Zeilen von letzter Nacht.

»Como perro que vuelve a su vómito
Así es el necio que repite su necedad.«

»Wie ein Hund, der zu seinem Erbrochenen zurückkehrt,
so ist ein Tor, der seine Dummheit wiederholt.«

Schaukelstuhl, fünf Minuten nur, dann beginnt es draußen zu röh-
ren. Sofort – das Geräusch schon längst mit dem Geruchssinn ge-
koppelt – kann ich es riechen. Wie um den Text zu schützen,
schlage ich die Bibel zu und rufe: *»¡Fumigación!«* Ich wecke Gabriel, der auf dem Sofa pennt, und Pinguin und Laura in ihrem Zimmer; zwei leere Geister von Menschen, die das Aufstehen verweigern. Immerhin können sie sprechen. Ich lasse ihre Schimpfwörter
über mich hinwegregnen, als sei ich der Pazifik höchstpersönlich.
Das Haus ein Tollhaus. Mayra versucht, sich eine Bluse anzuziehen, aber bei Gott, sie bekommt sie nicht über die Brüste.

Silvia sagt: »Was zur Hölle ist hier eigentlich los?«

»Vernichtung«, sage ich und ziehe sie nach draußen. Die Armee ist schon fast bei Presidentes Haus, die ganze Straße ist voll
und in hellem, weil gemächlichem Aufruhr. *Rapido, pero con calma,*
wie es so oft auf den Straßen Santiagos heißt: das Eilen mit karibischer Weile. Das alles unter der Musik vom Hausgegenüber. Schon
lange war die Lautsprecherbox öffentliches Inventar und wurde
nicht mehr von der Straße geschafft. Die Großmütterchen nicken

mit dem Kopf und tappen mit den Zehen zum Beat des Tages, der aus tausend Richtungen herangeflogen kommt.

Ivan steht seelenruhig in seiner Tür.

»*Dentro la fumigación todo. Contra la fumigación nada*«, persifliere ich das weltberühmte Credo Fidels, dass wer nicht für die Revolution ist, automatisch gegen sie ist.

»Ahhh«, macht Ivan, »jetzt hast du alles verstanden, was man über Kuba wissen muss. Aber hallo, wer ist deine Freundin? *Cojones,* diese deutschen Touristen auf Kuba ...«

»Wo ist Abuela?«, frage ich. »Müssen wir sie nicht rausholen?«

»Har, har, das glaube ich nicht«, grinst Ivan. Wir haben die Erlaubnis, mit der *fumigación* auszusetzen.«

»Klar«, antworte ich, »und Mayra ist Rettungsschwimmerin in Miami Beach.«

Ich glaube ihm kein Wort.

Abuela sitzt seelenruhig am Radio und winkt.

»Bist du bereit?«, fragt Ivan.

Und sie antwortet: »Natürlich.«

Also spielen sie ihr Spiel. Abuela stellt sich völlig taub und verdattert. Auch tut sie, also könnte sie sich nicht mehr bewegen. Halbtot baumelt sie im Schaukelstuhl und schlafft jeden Muskel. Fehlt nur noch, dass sie sich Sabber das Kinn runterlaufen lässt.

»Unmöglich, sie vom Fleck zu bekommen«, jammert Ivan und wedelt mit einem Wisch. Natürlich haben die Soldaten sofort ein Einsehen. Eine so alte Frau auf die Straße zu zwingen, wäre unmenschlich. Und wenn es ein Land gibt, das sich der Menschlichkeit verpflichtet hat, dann Kuba.

Silvia sagt: »Oh mein Gott, diese alte Frau ist unglaublich.«

»Ich mag die Schauspielerei«, flüstert Abuela. »Seit ich nicht mehr tanzen kann, muss ich ja irgendwas tun.«

Als sich die Versammlung langsam auflöst und die Soldaten weitergezogen sind und die ›Spanierin‹ nochmal von allen Seiten begutachtet und kommentiert worden ist, nimmt mich Ivan abschließend zur Seite: »Dennis, hör mal, bei all den Schönheiten, die es hier gibt, bringst du eine Ausländerin mit nach Hause, unglaublich. Ich hoffe, du bist nicht nach Kuba gekommen, um uns zu beleidigen! Aber immerhin, wir sind erleichtert. *Cojones,* wir dachten schon, du bist schwul!«

Ich versichere ihm, dass er das schön gesagt und mich ganz tief innen berührt habe. Dann bringe ich Silvia rüber zum Kinderkrankenhaus, um ihr ein *moto* zu stoppen und sie bis heute Abend zu verabschieden. Zurück in der Santa Rosa beteuert mir Elvio, dass er mir bald wegen Guantánamo Bescheid sage, heute Abend noch Bescheid sagen werde oder vielleicht auch morgen. Richard hat sein Wägelchen, das nur auf uralten Kugellagern poltert, mit alten Glasflaschen beladen und rollt den Hügel hinunter, den Presidente mit zwei frischen Schweinehälften hochgelatscht kommt.

»Wie stellst du das an, Presidente«, rufe ich, Ivan imitierend, »es ist noch nicht mal neun Uhr! Wo auch immer du das her hast, gib uns was ab. Alleine zu essen macht die Menschen unglücklich, sehr unglücklich.«

Gabriel wollte eigentlich mit zum Boxen. Aber keine Chance, ihn erneut von seiner nach Benzin stinkenden Couch zu bekommen. Er hat sich ein Shirt vors Gesicht gepresst und versucht, irgendwie wieder einzuschlafen. Es wäre auch eine Enttäuschung gewesen, denn obwohl mir Francisco vorgestern ein Dutzend Mal versicherte, dass man am Morgen noch trainiere und am Mittag nach Guantánamo abfahre, sitzen alle schon auf ihren gepackten Taschen. Vor dem Hotel wartet ein unglaublich abgewrackter Bus.

»Heute noch Training?!«, hallt es mir entgegen, *pinga,* ich sei wohl verrückt geworden! Eine halbe Stunde sitzen wir herum und reden die ewige Zeit tot. Francisco tut so, als hätte er den Gedanken an Training nicht mal zu träumen, geschweige denn zu verlautbaren gewagt, nimmer, niemals, zu keinem Zeitpunkt, unmöglich.

Als es zu heiß wird, um im größten Frieden herumzuhocken, macht sich die Mannschaft auf nach Guantánamo.

Ich wünsche viel Glück.

Und würde am Wochenende dann nachkommen.

Im Ven angekommen gibt es keinen Kaffee. Ja, Kaffee ist aus, hier und in der ganzen Stadt. Beinah hätte ich gefragt, ob man sich als Café keinen Vorrat angelegt habe, bevor ich diese selten dämliche Frage gerade noch verhindern kann. Mit Ling und ihrem Freund Kodi, die mittlerweile aufgetaucht sind, trinken wir eben das Einzige, was der Vormittag zu bieten hat: Bier und die höher steigende Sonne.

Die Kellner lehnen an den Wänden und seufzen.

Wir werfen uns leere Sprechblasen hin und her und geraten, ob wir es wollen oder nicht, von einer Stunde in die nächste.

Ich kaufe Süßigkeiten für Milsy und Mayra, Schokolade für Abuela, Kippen für Rafael, *chicoticos* für Anailis, ein Buch für Elvio. Zurück in Tivolí werde ich gezwungen, zwei Mal fast zu Boden zu gehen. Wer weiß, warum sich der Geist des Mittags gegen mich verschworen hat, aber zuerst schlage ich mir den Kopf an einem halbfertigen Balkon an, der eindeutig zu niedrig gebaut wurde, nur um wenige Sekunden später in Hundescheiße auszurutschen – ein Wegschmieren, dem ich mit dem über den Asphalt schleifenden Zeh meines linken Fußes kunstvoll Einhalt gebiete.

Kostenlos: von Kindern ausgelacht zu werden.

Aussichtslos: Watte, Pflaster, Mullverbände.

»Sowieso alles unnötig«, meint Milsy, die meine Wunde und den eingerissenen Zehennagel betrachtet und sagt, da helfe nur Seife. Seife! Ich wusste, wie sinnlos es sein würde, mit ihr rumzustreiten und den tensiden Heilbringer zu diffamieren, also lasse ich den Kraftaufwand folgenloser Einwände schön sein und übergebe meinen Fuß in ihre pflegenden Hände. Milsy wäscht Waschseife in die Wunde, kratzt sie wieder heraus, pult den Dreck unter dem Zehennagel hervor, schüttet Wasser drüber, reibt eine erneute Ladung Seife in das blutende Fleisch, wäscht sie wieder heraus und sagt, perfekt, da brauche man kein Verband oder so, ich solle das später einfach noch mal machen:

»Aber nicht die Handseife nehmen.«

Damit ich auch ja die Handseife von der Waschseife unterscheide, legt sie den schmierigen Brocken auf mein Buch, das aufgeklappt auf dem Wassertank liegt – die Biografie Fidel Castros.

Langer, heftiger, vom Sonnenrad stürzender und noch immer mit tauber Regenluft aufgeladener Tag.

Niedrige Wolken, so schwer wie dunkel.

Die Luft, denke ich, ist ein Versager.

Bei Rafael angekommen ist die Wunde dreckig und verstaubt. Warum ich so was nicht verbinde, fragt Rafael. Zwecklos, das erklären zu wollen, also machen wir uns sofort auf, den neuen alten Fernseher zu besorgen, den Rafael schon seit Wochen kaufen will. Ein paar Häuser die Santa Rosa hinunter wartet bereits der Nachbar und nimmt sich eine halbe Stunde Zeit, Rafael alles zu erklären, während Anailis und ich von den Kindern des Hauses unterhalten werden. Der Fernseher bekommt kein gutes Bild rein, was zu endlosen Diskussionen und Preisverhandlungen führt. Bald hängt die Antenne aus dem Fenster im ersten Stock, das Bild nunmehr fast perfekt und Rafael überzeugt. Wir kaufen das Ding und schaffen es nach Hause.

Eine Stunde auf dem Ausguck vor Rafaels Türe, eine Stunde lang das Angebot des Lebens an die Kubaner: solange herumzusitzen, bis man das Spiel der Zeit mit dem Raum zu hören vermag, bis sich die Gegenwart weitet in das Fassen der Seele – oder man sich einfach nur langweilt und säuft.

Nicht lange, dann kommt Stephen die Santa Rosa heruntergelatscht, ein Kanadier, den ich gestern Nacht kurz kennenlernte und der, möge ich mich täuschen, nur ziemlich kurz oder gar nicht gepennt hat. Er sei auf der Suche nach der Casa de Las Tradiciones, einer berüchtigten Tanzbar, von der er gehört habe und die hier irgendwo sein müsse. »Schon richtig«, bestätigen wir, »die ist hier um die Ecke, hat aber noch ne ganze Weile zu.« Trinkvermögen und Tanzwille der Kubaner hin oder her, die Casa de Las Tradiciones öffne erst so gegen acht.

»Oh«, macht er und setzt sich zu uns, um Rafael Tausende Fragen nach Fidel Castro, der Revolution und Raúl zu stellen.

»Raúl ist ein bisschen besser, weil er nicht so strikt ist. Fidel war so:«, Rafael legt die Hände aneinander. »Er war strikt und uneinsichtig. Das Einzige, was er gemacht hat, war, die Amerikaner anzuschreien, Wah, wah, wah, den ganzen Tag lang. Raúl ist mehr so:«, langsam nimmt er die Hände auseinander. »Er macht mehr auf: Schritt für Schritt wird es langsam etwas besser. Ganz langsam. Aber Fidel hat mehr Herz, er ist eine Persönlichkeit. Nun, so oder so, wir Kubaner haben uns an alles gewöhnt. Ich sage immer: *Cuba es buena por un lado y mal por otros.*« Einerseits ist Kuba gut, andererseits schlecht.

Stephen nickt, ich nicke, Anailis fummelt ununterbrochen an ihrem Handy rum und macht ab und zu ein Foto von uns. Ich stehe auf, um mich zu verabschieden, als eine kurzhaarige, früh ergraute Frau die Treppen heraufkommt und mich mitsamt meinem *»Buenas«* aus dem Weg stößt. Wortlos und mit bösartiger Miene verschwindet sie in der Kammer hinter der Haustür, der einzige Raum der ganzen Wohnung, den man abschließen kann, ja, der überhaupt eine Tür hat.

Anailis dreht Kreise an ihrer Schläfe und verdreht die Augen. »Sie war einmal normal, aber dann hat es zack gemacht, dong, boing, Licht aus!«

Ich schaue in Rafaels resignierte Augen. Um jegliches Missver-

ständnis noch in der Keimwerdung zu ersticken, sagt er, während
er den Rollstuhl wendet und Richtung Wasser rollt, seinen Satz
auf Englisch.

»She is the enemy of my life.«

Sie ist der Alptraum meines Lebens.

Stephen kommt noch ein kurzes Stück mit, unfähig, seine Igno-
ranz im Zaum zu halten. »Ein wirklich supernetter Kerl, dieser
Rafael, trotz seiner ganzen Scheiße. Was für eine Krankheit hat er,
dass er nicht mehr laufen kann? Was ist das mit seinen geschwollenen Fingern und Zehen? Verdammt, es tut einem im Herzen weh
zu sehen, wie so jemand in so einer armseligen Hütte haust, in so
einem verdammten Loch. Und was war das für eine Frau! Unglaublich, dass Menschen so leben müssen.«

Armselige Hütte, verdammtes Loch? Schockiert bleibe ich
stehen. Was erlaubt sich dieser armselige, verdammte Idiot? Erst
kapiert er, dass es Rafael gut geht, dass er gerade einem klugen und
liebevollen Menschen begegnet ist, der ihn wie einen Bruder in
seinem Haus willkommen geheißen hat, und hat gleichzeitig Mit-
leid mit ihm, weil ebenjenes Haus ohne jeglichen Schnickschnack
auskommt? Klar ist Rafaels Bude im Arsch. Natürlich gibt es
außer der aus Holzbrettern zusammengeschusterten Haustür keine weitere, natürlich ist es nur ein nackter, leerer Betonraum mit
einem winzigen weiteren Betonraum als Schlafzimmer, schiefes
Wellblech darüber, das man bis zum nächsten Sturm mit Steinen
beschwert hat, hinten eine alte Regentonne und ein Klo ohne
Wasser und ohne Spülung und ohne Klobrille und ohne Wellblech
drüber. Selbst der einzige Tisch ist halb eingebrochen, die darauf
ausgebreitete Bibel zerfleddert und nur das Schachbrett und ein
Schaukelstuhl sind intakt. Es gibt keinerlei Besitz, sieht man einmal von dem neuen alten Fernseher ab und dem riesigen Poster
des Schwertfisches – eine Szene, die aus »Der alte Mann und das
Meer« stammen könnte und der gesamten Wohnung Romantik

und Wärme verleiht, die sich für kein Geld der Welt kaufen lässt. Und ja, anscheinend haust eine Irre dort, die ich vorher noch nie gesehen habe.

Arm und traurig! Mein halbes Leben hatte ich derartige Sätze gehört, vor allem in Bezug auf die ach so armen Inder. Und immer wieder habe ich antworten müssen, das geistige und spirituelle Armut schwerer wiegt als materielle, das Unzufriedensein bedrohlicher ist als finanzielle Not und die Seele nicht daran interessiert ist, welche Dinge das Menschenfleisch nicht mit ins Grab nimmt.

Ob in Köln, Alexandria, Baltimore oder Santiago: Das Glück des Menschen ist einfacher, als es die Werbeindustrie und die Fließbandproduktionen wahrhaben wollen. Kuba beweist es jeden Tag: Es braucht nicht viel, und das Entscheidende ist kostenlos. Eine intakte Familie, gesunde emotionale Bindungen zu seinen Mitmenschen, Essen in Gesellschaft, in warmen Nächten eine von der Unendlichkeit singende Sternendecke und das gereifte Bewusstsein, diese ins Herz herunterholen zu können.

Arm-dran-sein ist ebenfalls eine einfache Sache, und ich mache sogar eine dramaturgische Pause, bevor ich es diesem Hanswurst erkläre:

Arm ist, wer keinen Saft im Herzen hat.

Arm ist, wer sich mehr sorgt als begeistert.

Arm ist jemand, der von keinem anderen Menschen berührt und geliebt wird, nicht lieben und berühren kann.

Armut ist ein Leben ohne Wärme und Sommer.

Armut, Señor, das ist ganz einfach: unzufrieden darüber zu sein, dass man lebendig ist.[6]

---

6   Wie wusste schon der große Lightnin' Hopkins (1912–82): »It's a sin to be rich, you know that it's a low-down shame to be poor.« Selbstverständlich ist die Armut genauso wenig Formel für das Glück wie Reichtum. In Santiago findet man nicht automatisch mehr Zufriedenheit als in Potsdam. Armut ist kein Geschenk, aber sie ist auch keine Geißel. Santiago beweist es: Man kann materiell arm sein und ein wundervolles

Zu Hause klettere ich aufs Dach und versuche, inspiriert durch Rafaels störfreies Bild, meine Antenne besser auszurichten, die an ein Brett genagelt unter einem Ziegelstein klemmt.

Mayra ist im Zimmer und soll rufen, wenn es besser wird. Ihre Johnny-Walker-Fahne rieche ich bis hier oben.

»*Ai, dios mio*, du wirst alles kaputt machen«, schreit sie in einer Tour und hört nicht auf zu reden.

»Das Bild war perfekt, besser geht es eben nicht, wir sind hier nicht in Deutschland, das musst du kapieren, mein Junge, keine Autobahn, keine modernen Triebwerke, kein Hitler hier, nur Fidel und Rum. Du wirst es nur noch schlimmer machen, sieh es dir an, sieh es dir an!«

»Mayra, mein Gott, ist es besser?«

»Nein, und es kann auch nicht ...«

»Jetzt?«

»Nein, nein, nein, ich sage dir doch, dass ...«

»Jetzt?«

»... vielleicht ein bisschen, vielleicht. ›*Quizás, quizás, quizás*‹.«

Schonungslos stimmt sie den Klassiker der Los Panchos an, breitet die Arme aus und ballerinat über die Terrasse:

»*Y así pasan los días,*
y yo hay desesperando,
y tú, tú, tú contestando;
quizás, quizás, quizás.«

Leben führen. Aber alles zu besitzen und gut zu leben: das gelingt selten. Zumal denjenigen, die geistig arm sind, kaum geholfen werden kann. Schönheit, Zuversicht, Güte, Gerechtigkeitssinn und vor allem Demut – keiner von den Faktoren, die uns zu wahren Menschen machen und unsere eigentlichste Position auf dieser Erde bestimmen, kann durch eine Ware geliefert werden.

»Und so vergehen die Tage
in meiner Verzweiflung,
doch du, du antwortest nur:
vielleicht, vielleicht, vielleicht.«

Ich klemme die Antenne zurück unter den Stein.

Unten ist das Bild genauso gut oder schlecht wie vorher.

Ich dusche und mache mich allein – Gabriel, Pinguin und Laura sind schon längst dort – auf den Weg zurück ins Teatro Heredia, wo der zweite Tag von Manana genauso verläuft wie der erste, außer dass irgendwann alles leer getrunken ist, alles Wasser, alle Tu-Kola, alles Bier und sogar der Rum. Freiwillige schwärmen aus, um irgendwo in der Stadt Trinkbares aufzutreiben, egal was, und am dritten Tag herrschen Verabschiedungszeremonien, wie ich sie noch nie gesehen habe. Die drei Tage haben die Besucher des Festivals derart zusammengeschweißt, dass das Abschiednehmen endlos wird. Die Amis fliegen zurück, die Briten, der Schwede, Havanner und Mexikaner. Nachdem ich mit Silvia noch einmal bei La China essen war, bringe ich sie raus zu dem winzigen Flughafen Santiagos.

Auch Mayra und Milsy sind traurig. »Milo weg, Spanierin weg, dieser Pinguin oder wie der heißt und die anderen auch«, sagt Mayra und macht Milsy klar, sie solle dem so Alleingelassenen ein ordentliches Mahl zubereiten, da helfe jetzt nichts, man müsse sich eben den Bauch vollschlagen, so gut es gehe.

Es hilft: Glücklich verkrieche ich mich einen Tag lang im Zimmer. Ich habe das Gefühl, eine Woche Schlaf nachholen zu müssen, und die Klimaanlage und Tele Rebelde sind alles, nach was es mich verlangt.

Ab und an kocht Milsy Kaffee oder macht Saft.

Ab und an bringt Mayra einige Malangaknollen oder Kartoffeln zu mir nach oben, und als das Telefon für mich klingelt, ruft sie mich hinunter. Man werde mir ja wohl nicht ALLES hinterhertragen müssen, keift sie und verzieht das in noch unerreichte Wangenfleischfurchen gerollte Gesicht. Sie streckt den Arm aus und macht die Schwarzengeste.

»Der soll erst mal richtig reden lernen«, sagt sie und gibt mir Alain. »Der soll sich für das nächste Mal, möge Gott dies allerdings verhindern, merken, dass er hier bei Damen anruft, keinen *jinerteras,* DAMEN. Kapiert?«

Santa Bárbara, Portuondo. An der Adresse angekommen, die Alain mir am Telefon durchgegeben hat, werde ich zunächst stutzig. Zwei alte Männer sitzen vor dem Haus, kauen an dünnen Ästen, haben zwei Plastikbecher Rum vor sich stehen und wissen von nichts. Von oben aber ruft mich Eddie. Die Party findet auf dem Dach statt.

Auch hier: Halb Aufgebautes überall, vergessene Winkel und zur Rückseite hin zwei Gerümpelkammern und ein Zimmer mit angelehnter Tür. Hier soll sich der Kühlschrank befinden. Ich klopfe und drücke die Tür auf. Vor mir liegt ein etwa fünfzigjähriger Typ auf dem Bett. Die Arme hinter dem Kopf verschränkt, und neben der Unterhose nur ein eingesautes Unterhemd am Körper klebend, liegt er da wie tot und glotzt auf den winzigen Fernseher.

Über ihm baumelt das einzige Licht, eine nackte Glühbirne.

Und weiß der Geier warum, aber sie baumelt in der Tat leicht hin und her.

Keine Regung seinerseits.

»*Buenas, hermano.* Hier soll es einen Kühlschrank geben.«

Er dreht den Kopf, sagt: »Richtig«, und zeigt auf den Kühlschrank, dessen krumme, schwarz gewetzte und von allem Weltenmaterial beleidigte Tür auch noch kaputt ist. Mit dem Fuß schiebe ich den als Türstopper dienenden Stein zur Seite. Als ich den Ron Santiago und die Schachtel Hollywood auf den Boden lege, um einige Biere in dem dreckigen Ding zu verstauen, macht der Kerl seinen Superman-Move. Ein paar Sekunden haben gereicht, dass er sich den Rum und die Kippen unter den Nagel gerissen hat, rauchend und mit dekantierter Flasche schon wieder seelenruhig in der Horizontalen verankert ist.

Immerhin ist er so freundlich, mir meine Bierflasche mit den Zähnen aufzumachen und auch den Rum zurückzugeben, nachdem er sich die Ordentlichkeit einverleibt hat, welche die Welt ihm schuldete.

»Wer ist das da hinten?«, frage ich Alain.

»*Oye,* das ist mein Onkel. Immer wenn er Lust hat, wohnt er hier. Er ist cool. Er passt auf den Kühlschrank auf.«

Alain stellt mich den übrigen Partygästen vor. Das enge, gemauerte Dach – beim genaueren Hinsehen ein nicht fertiggestellter erster Stock – beherbergt etwa fünfundzwanzig Menschen, einen Grill mit Hähnchenschenkeln, einen Einkaufskorb voll weißem Rum und einen Kampfhahn, der direkt über der Treppe sitzt und die ganze Nacht unsere Köpfe überblicken wird wie der Aufpasser, der er nun mal ist. Wenn man die Treppe hinuntergeht, berührt man mit dem Kopf ganz leicht seine Federn und kitzelt einen Warnschrei aus ihm heraus.

Aus den Boxen: weder der Reggaeton noch Son, weder Salsa noch Pop. Reggae und Hip-Hop bestimmen die Playlist. Alain schiebt das halbe Dutzend Rastamänner zur Seite, um mir ein Video von seiner Hip-Hop Combo TNT Rezistencia zu zeigen. Die ganze Gesellschaft kennt den Text und rappt ihn mit, Alain ist auf den Plan gebracht.

»Das ist, was wir hier machen«, beginnt er, »der Hip-Hop ist das Thema unseres Lebens und der Straße, auf der wir aufwachsen. Scheiß auf den Reggaeton, Mann, wir machen keine leere Musik. Reggaeton ist in Kuba eine kommerzielle Musik geworden, du kannst damit Geld machen und hast das Pling-Pling und die Pussys an dir kleben und all das. Aber wir erzählen von dem wirklichen Leben, dem Leben in Santiago, in Portuondo. Wir sagen die Wahrheit, Mann, die Leute hier haben Waffen und das Leben ist hart, es ist ein täglicher Kampf für unser Essen und Arbeit, ums Überleben. Auch wenn es der Regierung nicht passt, dass wir sagen, was wir sagen, Mann, wir müssen es trotzdem tun. Man hat mich so oft verhaftet, einfach so, weil wir Hip-Hop machen und für die Art, wie wir unsere Haare tragen, Scheiiiiiße! Die Polizei ist voller Repression wie in jeder Diktatur. Für sie ist unsere Musik gefährlich.«

Ich erzähle Alain, was ich kürzlich bei seinem Landsmann Arenas gelesen habe. Dass jede Diktatur von Natur aus antiästhetisch und grotesk sei. Dass sich diejenigen, die sich der Kunst und der Schönheit verschrieben, den Diktatoren stets als reaktionär und eskapistisch erscheinen würden.

»Ja, Mann, so ist es. Aber wir müssen erzählen, was hier passiert. So einfach ist das. Wir werden zur Solidarität erzogen. Was also, wenn ich durch meine Kunst mit meinen Menschen in Kuba solidarisch bin? Wer will mich dann in die Knie zwingen?!«

Im Hinterhof nebenan startet jemand ein Motorrad. Dunkler Rauch quillt zwischen den Häusern hervor und legt sich über das Dach. Man dreht die Musik lauter.

Alain sagt: »Weißt du, ich bin nur ein Poet. Ich habe mein Leben lang geschrieben, und der Hip-Hop ist die Art, wie ich die Poesie am besten transportieren kann. Es ist einfach passiert, weil ich mehr mit Musikern rumhing als mit Dichtern. Aber er hier, er ist ein waschechter Dichter, sogar der beste Santiagos.«

Er packt einen seiner Freunde am Arm, der sich gerade mit einer zierlichen, in ein weißes Blümchenkleid geschönten Frau mit dicken, schwarzen Locken unterhält, und stellt uns alle vor. Somit ist es geschehen. Wer weiß, wie viele Sterne in diesem Moment richtig stehen und welche Verhältnisse gestern schon in diese Gegenwart geschrieben wurden, aber verdammt, ich bin am richtigen Ort zur richtigen Zeit. Ich kann es noch nicht ahnen, wie wir nun dastehen, Fremde zunächst, die sich zum ersten Mal in die Augen schauen und die ersten Worte tauschen. Aber diese drei Menschen werden meinen gesamten Aufenthalt in Santiago, werden mein gesamtes Leben verändern.

Ja, ich konnte es noch nicht wissen, obwohl alles bereitet ist:

Sie werden mich ans Licht bringen – und in die Dunkelheit führen.

Auf den ersten Blick hatte ich Demián für einen Ausländer gehalten, genauer gesagt für einen Franzosen. Nase, Stirn, das scharfe, intelligente Gesicht. Ein gut aussehender Kerl mit einem hauchfeinen Lispeln. Sofort erklärt er mir, dass sein Vater ein großer Hermann-Hesse-Fan sei und ihn zu dessen Ehren so getauft habe: Demián.

»Du musst meinen Vater treffen«, sagt er. »Er ist besessen von deutscher Literatur, er war sogar am Grab von Novalis. Er hat mir mein ganzes Leben lang Rilke vorgelesen, auf Deutsch, was ich nicht verstehe. Aber er wollte, dass ich den Klang höre. Dass ich in den spanischen und englischen Übersetzungen diesen Originalklang im Ohr habe, welcher der Schlüssel ist zu all seinen Gedichten.«

Yanelis, die Lockenfrau, sagt: »Prima, ihr habt euch also gefunden, wie süß. Ich hole mir mal was zu trinken.« Bevor sie geht, kneift sie mir in den Arm und schleudert ihre Locken so passgenau an mir vorbei, dass mir der ganze Duft ihrer Haare und ihres Nackens ins Gesicht schlägt.

Während sich um uns herum die Party entfaltet, stecken Demián und ich in unserem eigenem Universum, reden zwei Stunden lang über die Verwandtschaft von Rilke und Martí (»Stell dir Rilke vor, der nicht die ganze Zeit erkältet ist, sondern auf einem Pferd in den Krieg zieht, dann hast du Martí!« – Demián), über Martís Zeit im Gefängnis, über Depression, kubanische Zigaretten und den Tod. Als wir auf Octavio Paz zu sprechen kommen, für uns beide der Dichter unseres Lebens, fährt uns gleichzeitig eine Gänsehaut über Arme und Nacken. Demián, der ohne Punkt und Komma reden kann, schweigt kurz und bekommt glasige Augen.

Ich zitiere Paz' Gedicht »Aquí«, das erste gewaltige Gedicht in meinem Leben und das einzige, das ich auf Spanisch auswendig weiß.

>*Mis pasos en esta calle*
Resuenan
       en otra calle
donde
       oigo mis pasos
pasar en esta calle
donde

Sólo es real la niebla.«

»Meine Schritte in dieser Straße
Hallen wider
       In einer anderen Straße
Wo
       Ich meine Schritte
Durch diese Straßen gehen höre
Wo

Nur der Nebel wirklich ist«

Als wir zwei Stunden später aus unserer Blase heraustreten und uns umschauen, ist das ganze Dach eingeschnürt von Reggae und Dancehall, schwere Schweißfahnen der Körpersalze strömen in die Nacht, der Rum ist fast leer und die Versprechen sind ins Unermessliche gewachsen.

Yanelis ist zum Glück noch da. Und Alain steht vor den Boxen und freestylt seit etlichen Minuten eine Geschichte, so kubanisch wie *pollo frito con refresco*. Sein Protagonist geht in einen Schuhladen, weil er neue Schuhe braucht, aber alle sind zu teuer und hässlich. Die Verkäuferin erklärt, dass sie hier nur arbeite und ihr der Laden nicht gehöre, und lädt ihren Kunden ein, am Wochenende zu ihr zu kommen. Und natürlich kommt der nächste Samstag! Mit dem gerade ausgezahlten Monatslohn mietet der Mann für sich und seine geliebte Schuhverkäuferin ein Zimmer am Meer und man verprasst den Monatslohn für Bier und Käselabberbrötchen, weil es sonst nichts anderes gibt. Am Nachmittag schon kommt die Vermieterin und will die beiden rauswerfen, weil man nur für einen halben Tag hat zahlen können, und man spricht:

»Tante, reg dich nicht auf!
Dieses Mädchen ist meine Freundin
und wir müssen schon seit einiger Zeit
ein ernstes Gespräch führen.«

Letzte Bastion Matamos. Als sich die Party so langsam aufzulösen beginnt, laufen wir hoch zur Avenida Victoriano de Garzón und lassen uns doppelt Fett auf die Sandwichs streichen.

Dann verabschieden sich Alain und Demián. Sie müssen zurück zu ihren Familien und zumindest Demián morgen früh zur Arbeit. Ich bringe Yanelis noch nach Hause, ein warmer, zehnminütiger Weg durch das schlafende Portuondo, so still, dass man die Lichter schweben hört. Yanelis ist ein Wunder. Nach einer ganzen, von dicker Luft aufgeblähten Nacht riecht sie, als sei sie gerade aus Jasminwasser aufgetaucht. Als wir vor ihrem Haus stehen, legt sie mir den Zeigefinger auf die Brust und sagt:

»Ich habe zwei Kinder, einen kleinen Jungen und ein Mädchen. Und mein Mann sitzt im Gefängnis. Du kannst mich gerne anrufen, wenn du aus Guantánamo zurück bist, aber ich weiß nicht, ob wir uns treffen können.«

Dann streckt sie mir ihren Zeigefinger vors Gesicht, ohne dass ich mich wörtlich oder gestlich zu ihren Worten geäußert hätte:

»Hey, ich meine das ernst!«

Sie gibt sich alle Mühe, ein ernsthaftes Gesicht zu machen, es funktioniert nicht. Woran erkennt man einen guten Menschen? – Wenn die Augen nicht in der Lage sind, einer Lüge zu folgen. Es war so klar, wie morgen früh der Hahn erwacht, Schweini bald geschlachtet wird und Changó in den schweren Wolkendecken seine Donnerschläge zündet.

Ja, ich würde sie anrufen.

Und ja, wir würden uns wiedersehen.

○○○

Ich wache auf mit einer dick geschwollenen Wade. Keine Bisswunden, keine Erinnerung an einen Stoß oder ähnliches. Ein intaktes Bein reicht, um auf das Treppengeländer zu klettern und Schweini ein Brötchen in den Trog zu werfen. Nachdem er einige Zeit daran rumriecht, lässt er es liegen. Der Hahn kräht und die Sonne ist da, ich ziehe mich aufs Mäuerchen. Ach Santiago, ach Tivolí, ach herrliche Calle Santa Rosa: Wer hier aufwächst, wird hier auch erwachsen, wer hier lebt, wird immer hier leben.

Endlose Kurzweil in der Casa Azul, gefolgt von einem handfesten Mittag. Auf dem dicken Blau sitzen einige Cumuluswolken, so still und klar, als könnte man mit dem Mund nach ihnen pflücken. Das Licht mit Bestimmtheit, das Palmengrün so exakt wie Beerenhaut. Nur im leeren Wassertank riecht es nach Regen.

Santa Rosa:

Ein Junge nähert sich einem Mädchen. Beide kennen sich, beide sind keine zehn Jahre alt. Von hinten legt er die linke Hand an ihre noch nicht vorhandene Brust und lässt die rechte von ihrem Bauch in die Unterhose gleiten. Sie stöhnt auf, wirft den Kopf über seine Schulter und presst ihren Kinderarsch an seinen Schwanz.

Hopsend verschwinden die beiden im Haus.

Verfallbewältigungsmaßnahmen:

Lust, Rum, Weißzahnlachen, zunehmende Monde, abnehmende Monde, keine Kleidung tragen müssen: Wenn es zu heiß ist, sind die Menschen klug genug, sich das T-Shirt bis zur Brust aufzurollen und auf einen Hauch Wind zu warten. »Wie ein Santiaguero«, grölt Presidente, als ich, dergestalt hergerichtet, die Santa Rosa heraufkomme und einen Teller Flan in der Hand balanciere. Von Milsy bekomme ich eine Predigt, die sich gewaschen hat: Ob ich verrückt geworden sei, Flan zu kaufen!? Ob ich denn nicht wisse, dass sie den besten Flan Santiagos backe!?

Nach dem Abendessen sitzt Presidente in seiner Eingangstür und hat die Musik so weit aufgedreht, dass man ihn wahrscheinlich unten bei Rafael noch hört. Müde hebt er zur Begrüßung die Hand.

Fast bin ich im Haus verschwunden, da erinnere ich mich an die halb volle Flasche Ron Santiago in meinem Zimmer.

»Einen Schluck fünfjährigen Santiago, Presidente?«, frage ich und fuchtel mit der Flasche vor seiner Nase herum. Es kann einen Menschen nur mit fruchtbarem Weltensinn füllen, auf solch einfache Art das Glück unter den Mitmenschen zu verteilen. Mit einem Wort habe ich Miesepetertum in Verzückung verwandelt, Wasser zu Rum. Presidente macht große Augen und reibt sich die Hände. Plötzlich ist da dieses Lächeln, gespannt zwischen Millionen funkelnder Sterne.

Danke, Ron Santiago de Cuba, danke.

Das erste Glas trinken wir noch alleine, während der schmale Typ vom Hausgegenüber an seinem Wägelchen herumklopft und sich selbst Grimassen schneidet. Dann stößt Presidentes Frau zu uns, die ganz liebenswerte Rosa, gefolgt von Richard, Ivan und Elvio, der, mit Blick auf unsere fast leere Flasche, noch mal kurz nach Hause geht und mit einer vollen zurückkommt. Unser rasch

hergerichtetes Nachtlager bleiben auf dem Bürgersteig bereitge-
stellte Stühle und endloser Wille zum Durst. Mein vor einer halben Stunde fest gefasstes Vorhaben, heute noch zu packen und
früh ins Bett zu gehen, verabschiede ich in die warme Nacht, als
hätte es so eine Schnapsidee niemals gegeben.

»Guantánamo«, beginnt Elvio, »da sind nur Extremisten. In
Guantánamo lieben sie Fidel, hier mag ihn niemand.«

Die Erwähnung meines Reiseziels ruft bei Elvio keine Anstalten hervor, noch mal seine Familie zu erwähnen; auch ich habe die
Sache mit dem Besuch schon längst begraben. Wir wussten beide,
dass nichts passieren würde und brauchten demnach auch kein
Wort mehr darüber zu verlieren; er keine Ausflüchte erfinden, ich
nicht mehr nachfragen. Wir mussten nur auf das Leben anstoßen
und die Sache eine abgehakte Sache sein lassen.

Elvio, von Fidel sprechend und sich den imaginären Guerilla-
bart zupfend, macht weiter im Programm.

»Fidel ist ein Diktator. Was Fidel will, muss Kuba tun. Er
nimmt keine Ratschläge an, auch nicht von Experten: Er macht
tausend Fehler, kein Problem, denn er gibt immer jemandem anderen die Schuld. Die meisten jungen Leute in Kuba arbeiten
nicht, stell dir das vor! Es lohnt sich einfach nicht, sie werden
durch nichts motiviert. Jeder macht seine eigenen Geschäfte nebenbei, spielt Lotterie, und der Schwarzmarkt ist so wichtig wie
der eigentliche Markt. Ohne den Schwarzmarkt wären wir verloren. Er hier von gegenüber verkauft Limonade, die er selbst herstellt, Ivan vertickt alles möglich und die meisten, so wie ich oder
Mayra, stehlen auf der Arbeit. Das ist nicht gut, denn keiner will
stehlen, aber ohne geht es nicht. Deswegen will jeder irgendwo in
der Produktion arbeiten und keiner im Büro oder in irgendeiner
Verwaltung. Was willst du denn da auch mitnehmen, Bleistifte
und Zettelchen?«

Er zerknüllt ein imaginäres Stück Papier und wirft es über die
Schulter.

»Nein, selbst Leute mit hoher Qualifikation, Akademiker oder Lehrer oder so, arbeiten lieber in irgendeiner Fabrik, und alle bestellen ihre Arbeitsanzüge drei Nummern größer, verstehst du, damit sie sich viel einstecken können. Dünn kommen sie morgens zur Arbeit und fett gehen sie nach Hause. Es ist traurig, aber das macht das System mit uns. Wir sind keine Diebe, aber wir müssen leben können. Deswegen, weißt du, wenn ich Kommunismus höre, laufe ich ganz schnell in die andere Richtung.«

»Kommunismus, *cojones,* ist der lange Weg zum Kapitalismus«, veredelt Ivan die Worte seines Bruders, bevor dieser mit den Schultern zuckt und das Glas zum Toast auf seine zweifelsfrei kommende Zukunft in die Luft hebt.

»Irgendwann siehst du ein Polizeiauto die Straße hochkommen, das ist dann für mich, dann kommen sie mich holen.« Zack, die Handschellengeste. Obwohl Elvio lacht, meint er es auch ein bisschen ernst. Einige Male schon hat er mir gegenüber durchsickern lassen, dass ihm der Rumklau Sorgen bereitet. Auch er würde gerne sein Haus an Touristen vermieten, etwas außerhalb wohnen und wieder als Fotograf arbeiten. Aber das Geld aufzutreiben für eine gute Kamera und das ganze Equipment? – absolut unmöglich.

»Kuba ist ein seltsames Land«, sagt Ivan, »sehr, sehr seltsam, selbst wir Kubaner verstehen nicht, was hier eigentlich los ist.«

Ich schenke ihm nach und frage ihn, was genau er damit meine.

»Wir sind verrückt, *cojones,* das ist los! Von Fidel bis hier zu Presidente, alle verrückt! Vielleicht sind es die Umstände, die uns verrückt machen, keine Ahnung. Sieh mal, ich bin gelernter Ingenieur, und schau, was ich mache ...«

Ivan zeigt mit einer unkonkreten Geste in die heiße Nacht, die uns fünf auf unseren alten Stühlen beherbergt, uns fünf mit endlos viel Zeit und der Freiheit, morgen genauso weitermachen zu können. Die Nacht aus Musik und über den Hügeln hängendem Mond.

»Früher habe ich hier am Flughafen in Santiago meinen Job ausgeübt, weißt du, wie viel ich damit verdient habe? Ich habe quasi umsonst gearbeitet, aus Menschen- und Heimatlandliebe, haha. Mit all den anderen Sachen verdiene ich mehr Geld. Eine Zeit lang bin ich immer in die USA geflogen, denn Elvio und ich besitzen noch einen spanischen Pass. Da hab ich Klamotten gekauft und sie hier wieder verkauft. Mit diesen Jobs verdiene ich um ein Vielfaches mehr. Dafür hasse ich Fidel und das System, du kannst nichts erreichen, kannst von der Arbeit deine Familie nicht ernähren und bekommst Lebensmittelmarken wie ein Bettler, verdammt, musst anstehen für Reis und eine Handvoll Zucker. Keiner kommt voran! Ich werde gezwungen, chancenlos zu bleiben, obwohl ich hoch qualifiziert bin. Andererseits wissen wir alle um unsere Vorteile, das ist, glaube ich, was uns verrückt macht. Wenn ich meinen Job verliere, muss ich nie Angst haben, meine Wohnung zu verlieren. Wenn ich krank bin, muss ich nie Angst haben, mir keinen Arzt leisten zu können. Meine Kinder können kostenlos so lange lernen und sich bilden, bis sie Lehrer oder eben Ingenieure sind. Ich kann niemals sozial abrutschen und mein Leben verlieren wie jemand, der in Miami oder Deutschland plötzlich arbeitslos wird und dann alles verliert. Trotzdem, mit meiner Arbeit als Ingenieur wäre ich in Deutschland ein König, *der* König, verdammt! *Cojones,* wir brauchen noch eine Flasche ...«

Ivan hat recht. Glück also, dass ein Bekannter der Jungs die Straße herabgeschlendert kommt und von Ivan beauftragt wird, Rum zu besorgen. Sobald er mit unserem Geld weg ist, steht ein junger Kerl vor uns, vielleicht um die zwanzig, und macht der Tochter Presidentes Avancen.

»Junge, vergiss es, du bist zu schwarz«, murrt Presidente und wähnt die Angelegenheit erledigt. Das spiele keine Rolle, sagt der Verführer, ohne im Geringsten verunsichert zu sein, denn: immerhin sei er Medizinstudent!

Presidente stöhnt: »Weiß ich, weiß ich, aber du bekommst sie nicht, jeder weiß, dass Schwarze arm sind.«

»Blödsinn, komm schon, ich bin Student, und athletisch.«

Mittlerweile steht die dickliche Tochter im Hauseingang, verschränkt gelangweilt die Arme vor der Brust und sagt kein Wort.

»Na das wollen wir sehen!«, brüllt Richard.

Der Kerl zieht sich das Shirt hoch, was zu tosenden Feixereien führt.

»Da hab ich schon Athletischeres gesehen«, gesteht Richard, »wenn auch nicht in der Familie, in die du unbedingt einheiraten willst. Bitte, mein Junge, schau dir den Vater deiner Liebsten an und überleg dir gut, ob das was für dich ist.«

Der Verehrer grinst, stöpselt sich die Kopfhörer zurück ins Ohr, verabschiedet sich von der Tochter durch ein Augenzwinkern und geht seiner Wege. Die Tochter verschwindet wieder im Haus und ward nicht mehr gesehen.

»Presidente«, frage ich, »was hast du eigentlich als Präsident des CDR damals den ganzen Tag gemacht?«

»Na Geschäfte!«, schreit Ivan und der kollektive Lachanfall währt eine volle Minute. Kaum einer kann sich wieder beruhigen. Richard zupft Presidente an der üppigen Bauch-, Rücken- und Oberarmbehaarung, »*Mira, como un animal*«, wie ein Tier, sagt er, und als Presidente aufsteht und watschelnd in seinem Haus verschwindet, schlussfolgert Richard: »Der Beweis! Er ist eben nur fürs Sitzen geschaffen, nicht fürs Laufen.«

Warum er im Haus verschwunden ist? Um die Musik nochmal ein bisschen lauter zu drehen, immerhin ist ein neuer Tag angebrochen. Seit einer Stunde schon läuft Alexander Abreu und in »Me dicen Cuba« singt er nun:

»Ich komme von dort, wo die Sonne die Erde erwärmt
und wo das Herz noch ehrlich schlägt.
Ich komme von dort, wo der Klang die Stunden vergehen lässt.
Ich verführe die Rumba, indem ich ihr diesen Bolero singe.

Ich bringe dir meine Religion und meine Hoffnung
gemischt mit meiner Trommel und meiner Melodie,
und möchte einfach nur, dass du weißt, was ich fühle,
wenn sich deine Seele mit meinem ganzen Kubanersein
(›Cubania‹) füllt.

Ich bin ein Kubaner von ganzem Herzen
und verteidige meine Wurzeln mit meinem Leben.
Ich bin Kubaner und wo auch immer ich bin,
singe ich für mein geliebtes Kuba.«

Gegenüber schabt der Nachbar sein Messer am Bordstein. Er solle um diese Uhrzeit keinen solchen Lärm mehr machen, schreit
Richard gegen unsere Musik an, und lieber zu uns kommen. Zum
Wohle aller! Der Schleifer aber schüttelt nur stumm den Kopf. Als
der letzte Tropfen Rum die Flasche verlässt, kommt auch der Kerl
zurück, der, wie wir nun erfahren müssen, ergebnislos zum Rum-
holen geschickt worden ist.

Die Enttäuschung steht uns fußballfeldgroß in die Augen geschrieben, um ihn aber tänzelt die Scham. Um halb zwölf nachts
nicht mehr die einzige Ware auftreiben zu können, die es überall
und jederzeit gibt, kommt einer nicht zu knappen Schmach gleich;
so schnell, wie er aus dem trockenen Dunkel der Nacht wieder
aufgetaucht ist, verschwindet er wieder und zieht einen Schweif
rauchender Beleidigungen hinter sich her.

Ivan und ich beschließen, in der Stadt nach Rum oder Bier Aus-
schau zu halten. Auf dem Weg setzt Ivan seine Erzählung fort:
»Mein Land, weißt du, ich verstehe es wirklich nicht, ich habe sogar einen englischen Nachnamen, Chain, haha. Keine Ahnung,
wieso, aber *cojones*, es wäre doch gelacht, wenn wir keinen Rum
mehr finden. Ohne Flasche gehen wir nicht ins Bett, und morgen
früh werden wir uns fühlen, als müssten wir nach Guantánamo,
aber nach Guantanamo Bay!«

Letzte Bastion El Rápido, das kubanische McDonald's, mit seinen *jamón-y-queso*-Brötchen, den Kubapizzen und dem Kirmesfahrgerät: ein für wenige Pesos wackelnder Plastikdelfin, in dem tatsächlich ein Kind sitzt. Eine Schlange von zehn Leuten, und alle sind hier, um zu saufen. Wir entscheiden uns für eine Kiste Bier, die Presidente in seiner Tiefkühltruhe verstaut. Als ich wenig später auf die Toilette muss, sehe ich dieses Ding, dass wie ein Raumschiff im ›Wohnzimmer‹ des Hauses steht. Was für eine Bude! Das Haus kennt keinen geraden Nagel und kaum einen Stein auf dem anderen, überall Baumaterialien und Steinhaufen, Zementsäcke und ein Raum nach dem anderen nur die Enttäuschung eines Raumes, die Toilette kaum zu besteigen vor lauter Verstreutem, Schutteimern, Ziegelsteinen und Brettern – aber eine Tiefkühltruhe, in der zwei ausgewachsene Schweine Platz hätten!

Die nächsten zwei Stunden vergehen unter großem Gelächter und man dankt Gott und Fidel für diese Stunden. Die Jungs reden übers Schlachten, Frauen und den besten Gitarrenmacher der Stadt, welcher ein echter Kubaner, ein echter *cabrón* ist. Alles in der Welt ist Grund genug, sich darüber zu amüsieren.

Ivan hält es schon längst nicht mehr in seinem Stuhl: Auf der Straße tanzt er seine Salsa, seinen ganz eigenen Stil, gleichzeitig roboterhaft und doch so rhythmisch, dass die Glieder im Takt der Musik fließen. *Cojones,* ich habe noch nie jemanden derart tanzen sehen!

»So was würde in Deutschland nicht gehen, oder?«, sagt Elvio, wohlwissend, dass Polizei und Nachbarschaft die mit unserem Herumsitzen verbundenen Dezibel nie und nimmer geduldet hätten. Wir erinnern uns an die zwei Partynächte im Hausgegenüber, als man die neue Box gekauft hatte und es unmöglich war, vor vier Uhr morgens Schlaf zu finden.

»Wir haben zwar kein Geld und keine Ruhe, aber die Freiheit, uns lächerlich zu machen und zu benehmen, wie wir wollen«, sagt Richard und schüttet den letzten Rest Bier auf die Straße.

Als es Zeit für den Aufbruch ist, sagt er, der schon gütlich begonnen hat, an mir herumzuboxen, er wolle mit mir Sparring machen, sobald ich von meinem Trip zurück sei. Und Presidente fügt
hinzu: »Und wir gehen Rumba tanzen, und zwar um zehn Uhr
morgens, du wirst sehen, du wirst sehen.«

Ich verspreche es, natürlich, natürlich, und stecke den Schlüssel in die Haustür.

Ich brauche einige Sekunden, um die Tür zu öffnen.

Das Letzte, was ich sehe, ist Richard, der fröhlich vor sich hin
pfeifend ans Haus seines Nachbarn pinkelt.

Guantánamo

Nahe, fast eindeutige Geräusche. Ich schlage die Augen auf und klemme mich unfreiwillig zwischen Schlaf und Wachen, wo ich ein nacktes schwarzes Baby neben mir liegen sehe, besser: das verzerrte Bild von einem nackten schwarzen Baby. Es dauert noch eine Weile, bis es sich als das andere Kissen herausstellt. Zur letzten Überprüfung bausche ich das Kissen, drehe es vor und zurück. Es ist und bleibt ein Kissen.

Die Geräusche rücken näher, das Stampfen.

»*Turista loco*«, schreit Mayra ins Zimmer, »bis um drei Uhr morgens!« Reflexmäßig schreie ich irgendetwas zurück und schaue auf die Uhr. *¡Que pinga!* Es ist viertel vor sechs.

»Mayra ..., was zur Hölle machst du hier?«

»*Mi hijo,* wenn du die ganze Nacht auf der Straße rumsitzt und Lärm machst, ist das nicht meine Schuld.«

Ich drehe mich um und schiebe mir das Laken übers Gesicht. Ich muss unbedingt vergessen, dass dies alles gerade geschieht, aber Mayra beginnt tatsächlich, auf der Terrasse Klamotten zu waschen. Während sie mit ihren Handgreiflichkeiten den größtmöglichen Lärm verursacht, redet sie gleichzeitig mit sich selbst, mit mir, dem Herrgott und mit Milsy unten in der Küche.

Sie wäscht, geht es mir durch den Kopf, gottverdammt, sie wäscht und redet!

Nach zehn Minuten gebe ich auf.

»Mayra, du willst doch unbedingt eine Bewertung für deine Casa Azul im Internet, richtig? Ich schreibe gerne eine, sogar ausführlich und *directamente de mi corazón*. Direkt vom Herzen weg. Ich werde schreiben, dass die *patrona* des Hauses ein echtes Waschweib ist, das an einem Samstagmorgen noch vor Sonnenaufgang nicht anders könne, als ihrem Waschweiberinstinkt zu frönen und direkt vor dem Zimmer der Gäste herumzupoltern wie ein Bär und zu gackern wie eine räudige Henne. Ich werde ein Bild von einem Bär und einer Henne dazusetzen, und ein Herzchen, ein zerbrochenes, weißes Touristenherzchen. Einen toten Hitlerano. Kann man eine solch holde Morgenstunde nicht mit etwas Herz und Besinnlichkeit angehen, mit dem Vorbild Martís vor Brust und Stirn?«

Trüben Auges blicke ich über die nachtdunkle Terrasse und freue mich auf die Antwort. Leider bin ich nicht so gegenwärtig, an mein Diktiergerät zu denken. Es wäre eine fantastische Aufnahme geworden.

»*Ai, ai, ai*, da schau dir den Besoffenen an, ein Leben nur mit Rum und Mexikanerinnen und Rumschreien auf der Straße die ganze Nacht, dabei behauptet er, ein Buch schreiben zu wollen, aber seit Wochen hat er keinen Stift angefasst, har, seit Wochen wohnt er unter der Obhut von zwei Frauen, die ihn lieben und pflegen und bekochen, wohnt mit zwei guten Frauen in diesem Haus und glaubt nun, *chuko chuko*, ja glaubt nun, er sei DER PRINZ VON TERRAZA AZUL.«

Zu ihren letzten, geschrienen Worten streckt die in den Babystrampler Gekleidete den Zeigefinger in die Höhe, damit auch Gott mitbekommt, was sein in Fleischesgaben manifestiertes Ebenbild hier gerade dem Ungläubigen predigt. Mayras Augen schwellen an, ihr gesamtes Gesicht spitzt sich zu, sie wird rot wie hundert untergehende Sonnen und tunkt schnaufend, die Nasenlöcher zu Tunneln geweitet, die Wäsche in den Eimer.

»*El Principe, El Principe,* der feine Herr Prinz! ... Milsy und ich haben alles versucht, aber wir haben versagt. ¡*Borracho!* Ist das der Lohn für so viel Liebe?«

Lohn hin oder her. Nach dieser Performance bin ich auf jeden Fall wach und auch gar nicht mehr so unglücklich darüber, viel zu früh geweckt worden zu sein. Zudem habe ich einen neuen Namen, denn Mayra wird mich nie wieder Denni nennen.

Sondern nur noch El Principe.

Den Prinzen von Terraza Azul.

Zum Abschied Geschenke und Geschenke, als würde ich unsäglich mehr als nur eine Woche fort sein. Milsy packt mir noch Guaven ein und Mayra bekommt den dicksten Kuss. Es ist kurz vor acht, als ich das Haus verlasse und im gleißenden Licht der Calle Santa Rosa stehe, das mir trotz Sonnenbrille einige heftige Löcher ins Hirn reißt. Ich gehe die paar Schritte runter zur Kreuzung, um auf das erste *moto* zu warten, als mich plötzlich Elvio zurückruft, seine Baseballkappe tief ins verschlafene Gesicht gezogen und fast nicht bereit, zur vermaledeiten Arbeit zu gehen.

Er kramt eine verkaterte Stimme aus der Lunge und drückt mir einen Zettel in die Hand:

»Hier, das ist die Adresse von meiner Tante Nordi, geh zu ihr, sie weiß Bescheid, dass du kommst, und wird sich um dich kümmern. Und denk dran: nur Extremisten und Verrückte in Guantánamo!«

Nach einer weiteren herzlichen Verabschiedung fahre ich also rauf zur Calle Cuatra, wo die Busse und alten Jeeps abfahren, und nehme die Verhandlungen auf. Fünf CUC will der Kollege haben, einhundertfünfundzwanzig Pesos fürs Eingequetschtsein auf der Rückbank des Jeeps. Ich ziehe alle Register. Von der *soy-un-residente*-Nummer bis zu der beiläufigen Erwähnung, dass ich mit Presidente ›El Animal‹, dem ehemaligen CDR-Präsident aus dem Tivolí, quasi bis in alle erdenkliche Ewigkeit brüderlich verbunden sei. Außerdem wisse ich, dass die Fahrt für Kubaner zwanzig Pesos koste, und ich sei bereit, als Weißling vierzig zu zahlen, *bueno*.

Unglaubliches Gelächter, also nimmt man mich für die vierzig Pesos mit.

Sobald man den Kubanern irgendeinen Mist zu erzählen weiß, der sie kurzweilig unterhält, hat man ihre Herzen gewonnen.

Mit acht Mann sitzen wir hinten auf den schmalen, sich gegenüberliegenden Bänken, vorne haben drei Frauen auf dem Beifahrersitz Platz genommen. Jetzt gilt es, noch einzusammeln, was eingesammelt werden kann. Sobald wir den Stadtkern verlassen haben, fahren wir diese kleinen, hübschen Umwege zu Freunden des Fahrers. Was noch unbedingt mit muss nach Guantánamo: zwei kleine Schippen, eine ziemlich schwere Holzkiste, ein neuer Kochtopf und das Rad eines Fahrrads.

Schließlich die *autopista* und gelangweilte Gesichter. Nur wenn ich mich weit vorbeuge und den Kopf nach links strecke, erhasche ich einen verrüttelten Blick durch die Windschutzscheibe. Vor uns die immer gleiche Landstraße Kubas, diese meist vollkommen leere, brüchige Teerschneise durchs Nirgendwo, hier und da ein Pferdekarren, ein Bauer auf einem Pferd, ein Bus, und all dies Wenige flankiert von endlosen trockenen Feldern, oder, wie hier im bergigen Osten, mit bis an den Straßenrand wachsendem Immergrün, aus dem sich die Palmen wie gerechte Krönungen strecken.

Der Reggaeton aus den Boxen, die Unlust der Passagiere, Small Talk zu betreiben. Ich frage den Fahrer, was in der rätselhaften

Holzkiste sei, er aber lacht nur und schweigt: Mit permanentem Vollgas brettert er Richtung Osten, als flöhe er aus Santiago. Und da man in keinem anderen Land so freie Fahrt hat wie in Kuba, erreichen wir nach kaum einer Stunde die Busstation Guantánamos.

Beim Eintreffen in der Stadt wird man von Comandante Cienfuegos begrüßt, der von einem Poster am Stadteingang strahlt und den Weg in das Nest weist.

Überall Pferdedroschken, kleines Grün und die alten Holzhäuser aus vergangenen, immerhin standhaften Jahrhunderten. Der *moto*-Fahrer hält und gibt Bescheid, dass wir hier richtig sind, indem er den Zettel mit der Adresse zusammenknüllt und auf die Straße schmeißt. Gegenüber drängeln sich Groß und Klein im Schatten eines Kiosks und schlürfen *refrescos*. Auf der Veranda von Elvios Tante stehen zwei junge Kerle mit blutigen Schürzen, teilen sich eine Zigarette und rufen meinen Namen. Sie stellen sich als Macito und Yulier vor und bringen mich ins Haus, wo Nordi hinten in der Küche sitzt und derart lässig eine Kippe im Mundwinkel hängen hat, dass ich mich frage, ob man wirklich erst fünfundachtzig Jahre alt werden muss, um so klischeehaft cool sein zu können. Nordi ist neben Abuela die süßeste Omi der Welt, knuddelt mich von oben bis unten ab und setzt mir den ersten *cafecito* auf.

Wie ein staunendes Kind laufe ich durchs ganze Haus. Das Ding ist ein Museum. Alles in diesem geräumigen Holzbau, der an einen klassischen Westernschuppen erinnert, scheint älter zu sein als Nordi: das Klavier, die kaum noch farbigen Papierposter, das gerahmte Porträt Ches oder die Bücher, deren von Generation zu Generation weitergegebene Staubkrone verrät, dass früher mehr gelesen wurde.

Die Schaukelstühle im Wohnzimmer, wie um es sich für eine Zeitreise gemütlich zu machen. Selbst der kleine Ventilator in der Küche sieht aus, als habe er fünfzig Jahre auf dem Buckel; das Einzige, das aus dem Rahmen der Nostalgie fällt, ist eine Mikrowelle, mit Abstand das zeitgenössischste Interieur und nicht unerheblicher Fremdkörper in diesem einzigartig schönen Haus.

»Das Ding funktioniert nicht«, sagt Nordi, nachdem ich die Mikrowelle eine Weile angestarrt habe. Blind schafft sie es, sich eine Criollo nach der anderen anzustecken und den Jungs zuzuschauen, die hinten im Garten in einer riesigen Blutlache die letzten Reste des Hausschweins auseinandernehmen. Neben Macito und Yulier ist Pedro der dritte im Bunde und derjenige, der sich für seine Hilfe die vier Unterschenkel samt Pfoten mitnehmen darf, jene Schmuckstücke also, die er selbst haarfein enthäutet und gesäubert hat. Glücklich steht er neben der Bananenstaude, die Pfoten unter die Achsel geklemmt. Die guten Teile des Schweines kommen in einen weißen Plastiksack, die Gedärme ebenfalls. Man schleift sie durch das Haus – Nordi immer hinterher, um das Blut aufzuwischen – und lädt sie auf ein Wägelchen, mit dem es nun durch die Stadt geht.

Die drei sind die überbordende Freude selbst – immerhin haben sie gerade ein Schwein geschlachtet! »*Cerdo, cerdo, cerdo*«, schreit Yulier aus und Macito singt: »Wir haben auch Fisch, Fisch, Floridafisch.« Lachend und feixend und mit den Stiefeln voller Blut bollern wir in Festtagsstimmung durch das kleine und so unglaublich gemütliche Städtchen. Macito kennt jeden Menschen, scherzt mit den Jungs und flirtet mit den Mädchen. Zehn Minuten unaufhörliches kubanisches Glück: Man kommt an einhundert Menschen vorbei, einhundertdrei lachen und grüßen.

Als wir bei Macito zu Hause angekommen sind, wird mir die weitere Vorgehensweise erklärt:

1. Wir trinken einen auf den erfolgreichen Tag.
2. Wir packen einen Tisch vor die Haustür und verkaufen das Schwein.
3. Wir werden niemals unglücklich sein.

4. Wir warten, bis der Nachbar zu Hause ist, denn er hat ein Zimmer, in dem ich schlafen kann.

Weißer Rum, ein, zwei Gläser, drei. Die Jungs haken die beste Schweinehälfte ans Fenstergitter und breiten darunter den Rest aus. Schon schauen die Nachbarn vorbei, um fachmännische Unterhaltungen über die Qualität des Schweines und Lebensphilosophien in den Tag zu streuen, der immer heißer und heißer wird. Als eine Frau mit einem kleinen Mädchen an der Hand eintrifft, wird mir die Familien- und Wohnkonstellation erklärt. Marilín ist die Chefin des Hauses, die kleine Alejandra die Prinzessin und kleine Schwester Macitos, der mit seiner Frau zusammen im oberen ›Stockwerk‹ wohnt und sich den Namen seiner Schwester über den ganzen Unterarm tätowiert hat. Yulier ist Macitos Cousin, Pedro ein Freund der Familie oder womöglich doch ein weiterer Cousin.

Marilín macht sich daran, unser Mittagessen zu kochen, während wir ein Spiel des FC Barcelona auf Tele Rebelde gucken und Klumpen für Klumpen das Schwein verkaufen. Ich glaube, Elvio hatte es schon erwähnt, aber ich erzähle trotzdem noch mal, dass ich hier bin, um mein Team zu besuchen und mir die Boxmeisterschaften anzusehen, die, ähem, nur noch heute und morgen stattfinden. »Vor allen Dingen heute«, wiederhole ich, und natürlich, mir wird versichert, dass das alles kein Problem sei, überhaupt kein Problem, wir hätten noch genügend Zeit und die Jungs selbst wollten ja auch zum Boxen gehen, man habe das schon lange geplant und das Stadion sei nicht weit von hier.

Die Aussage, dass das alles kein Problem sei, müsste mich eigentlich stutzig machen und schnurstracks auf den Weg zum Turnier schicken; stattdessen sende ich ein kleines Gebet zum Himmel, spiele mit Alejandra und bezeuge noch eine Stunde lang diesen schon so vertrauten kalten Geruch von totem Schwein, der um Dinge und Nasen flattert. Ich habe mich an ihn gewöhnt wie an den Anblick der toten Schädel, Innereien und der gebratenen ganzen Schweine in den Kiosken und auf den Bierfesten. Kuba ist kein zimperliches Land. Es muss eben geschlachtet werden, was geht, denn immerhin muss man essen, was man bekommt.

Nach dem Mittagessen – Bohnen, Reis, Schwein und Gurkenscheibchen – bringt mich Marilín rüber zu Javier, der anscheinend ein Zimmer für mich hat. Mittlerweile bin ich hundemüde. Die vergangene Nacht, die paar Stunden Schlaf und die Mittagshitze machen sich nun bemerkbar, aber Javier erklärt mir, dass das Zimmer noch nicht sauber sei, ich könne aber in ihrem Bett schlafen, das sei kein Problem.

Ich erkläre wahrheitsgemäß, ich könne überall schlafen, auf der alten Couch oder auf dem Boden oder in irgendeinem Palmenschatten; aber der dürre, beinahe zwei Meter lange Javier besteht darauf: für den Gast das Ehebett oder nichts!

Unter dem Jesusbild, neben einem Tischchen voll billiger Parfüms und Plastikrosen und gegenüber von einem uralten Computer, der auf einer brüchigen Styroporbox abgestellt ist, falle ich in einen weltentiefen Schlaf.

Als ich aufwache, liegt Javier vor der Tür auf dem nackten Boden und schnarcht. Seine Frau macht noch immer sauber. Als ich nach einer weiteren Stunde bei Marilín und Alejandra wiederkomme, kann er mir endlich das Zimmer zeigen. Aber einen Schlüssel für Haus und Zimmer, erklärt er mir, könne er mir leider nicht geben, immerhin betreibe er ein Stundenhotel. »Die Leute kommen hierher, um *chicki chicki* zu machen (legt reibend beide Zeigefinger zur Sexgeste aneinander), alles Leute, denen ich nicht den Schlüssel zu meinem Haus geben will, verstehst du? Nein, nicht den Schlüssel, nicht mit mir!«

In der Tat stinkt das kleine, fensterlose Zimmer nach Puff und ist genauso geschmackvoll eingerichtet. Eine grün gestrichene Kammer, verhässlichert mit seidenblauen Vorhängen, die dort hängen, wo es keiner Vorhänge bedarf. Vor die Klimaanlage hat Javier einen Gitterschutz gebaut, damit die Kunden nicht daran rumdrehen. Sie ist genauso automatisch eingestellt wie die Lautsprecherboxen.

Ich versuche herauszufinden, wo genau der Geruch herkommt, finde aber weder den Wunderbaum Marke Autobahnbordell noch unters Bett gepfefferte Kondome. Womöglich liegen sie ja alle an der Stirnseite des Zimmers im Wandschrank, über dem ein breiter Spiegel so angebracht ist, auf dass sich die Liebenden auch an ihrem Selbstbildnis laben können.

Ich schmeiße meinen Rucksack in die Ecke und bin sofort wieder nebenan, um Macito und Yulier endlich abzuholen. Auch die kleine Alejandra will sich das Boxen ansehen und kommt abwechselnd auf unsere Schultern – so geht es durch die Nachbarschaft und ihre Menschen, die uns das nur erdenklich Beste mit auf den Weg geben, es geht über Eisenbahnschienen, auf denen ein ziemlich durchgerocktes Pferd samt Kutsche herumstolpert, es geht einen Abhang voller Geröll hinunter und an ein paar halbwegs zusammengeschusterten Hütten vorbei, bis wir das satte Ufergrün eines Flusses erreichen.

»Hier müssen wir durch«, sagt Macito und nimmt Alejandra vom Kopf auf die Hüfte. Wir ziehen uns die *jangletas* aus und waten knietief durchs Wasser, um die Betonpfähle zu erreichen, die immer wieder an den tiefen Stellen ausgelegt sind. Fahrradfahrer, Esel, Pferde, Schulkinder, alle nehmen diesen erfrischenden Weg, der nur wirklich gefährlich wird, wenn man auf den glitschigen Steinen des Flusses wegrutscht.

Von Guantánamo ist auf der anderen Seite nichts mehr übrig.

Magere Pferde sind an alte Zäune gebunden, es geht auf Feldwegen zwischen Feldern im Zickzack, bis wir wieder Asphalt unter den Füßen haben, am Baseballstadion vorbei sind und einen großen Parkplatz erreichen, auf dem uns Hunderte Menschen entgegenkommen. Ich ahne das Schlimmste und werde nicht enttäuscht. Als wir die Sporthalle erreichen, liegen García, José Ángel und Co. schon müde und gelangweilt auf der Tribüne, während eine Dame mit dem Besen um sie herumfegt. Francisco freut sich, dass ich in der Tat aufgetaucht bin, und schimpft mich einen Idioten, weil ich viel zu spät dran bin. Gerade sei der letzte Kampf vorbei, wir hätten ihn gewonnen, den Gesamtvergleich mit Guantánamo aber verloren. »Durch Schwindel«, wie er immer wieder schreit, »durch Bestechung«.

»Aber das erzähl ich dir morgen, *alemán crudo. Mierda,* dieses verdammte Guantánamo ist genauso heiß wie Santiago.«

Sagt er und macht sich davon.

Das war es also.

Die Zuschauerränge sind leer, der Ring verlassen, die Mannschaft muss ab zum Bus, der sie in ihre Unterkunft bringt. Macito, Yulier und Alejandra sitzen lachend mit ein paar Freunden herum, aber ich kann unmöglich zu ihnen, bevor ich mich nicht irgendwie beruhigt habe! Sieben Stunden habe ich in diesem Scheißkaff mit Nichtstun vergeudet, anstatt einfach direkt hierherzufahren! Warum zur Hölle habe ich mich einlullen lassen, warum bin ich so ein Trottel und warum sind Macito und Javier so verdammt dämlich, nicht zu wissen, wann das hier anfängt oder endet?

Auf dem Rückweg verweigere ich jedes Wort und hätte gute Lust, die beiden Frohgelockten den Fluss hinunterzuschicken. Unendlich verschwitzt, dreckig und so abgefuckt wie lange nicht mehr, verabschiede ich mich stumm und setze mich aufs Dach, um bloß meine Ruhe zu haben.

Hier findet mich Javier.

»Du bist wegen Boxen hier, richtig, Boxen, ja?«

Ohne ihn anzusehen und so knapp es geht, bestätige ich ihm, dass ich nur deswegen gekommen sei und wir genau das gerade verpasst hätten.

»Ja, wegen Boxen, sehr gut. Ja, ja, ja, die Boxer von Guantánamo sind die besten Boxer ganz Kubas, die besten Boxer ganz

Kubas, die besten Boxer ganz Kubas, es sind die besten von hier, von hier, von Guantánamo, von hier ...«

»...!«

»Guantánamo hat die besten Boxer, Kubaner können boxen, Guantánamo gewinnt immer im Boxen, ja, ja, Kuba hat ...«

Er wiederholt das Ganze unaufhörlich und je weniger ich auf all den Mist eingehe, den er vor sich hin rattert, desto mehr rattert er seinen Mist. Ich kann es nicht fassen. Es stellt sich also heraus, dass Javier ein richtiger Trottel ist.

Ihm scheint nun alles egal zu sein. Er erklärt mir, dass Schwein nicht gut sei, nicht gut für den Magen. »*Cerdo,* uff«, macht er und hält sich den Magen und verzieht das Gesicht. »Nicht gut für die Leber, Kubaner essen zu viel Schwein, nicht gut, nicht gut, nicht gut, nein, nicht gut, ...«

»...?«

»Hähnchen ist okay, Fisch ist okay, aber Fisch ist schwer zu bekommen, dabei liegt Kuba (er zeichnet irgendwas in die Luft, das anscheinend der Umriss Kubas sein soll, ich aber als die ungünstige Verkettung der gesamten Weltbestände in seinem Kopf registriere) am Meer, Kuba, Meer, alles Meer, umgeben von Meer.«

Ich kann es nicht glauben, aber er sagt das bald zehn Mal, bis ich den Kopf in den Händen halte, laut stöhne, die Augen schließe und bete, dass die Stange der Wäscheleine bricht und auf seinem Kopf niedergeht.

»Transport ist in Kuba sehr schlecht, Busse sehr schlecht, Autos sehr schlecht, und Zug, ach Zug, sehr, sehr schlecht, von hier fünfundzwanzig Stunden nach Havanna, tuck-tuck, sehr, sehr schlecht, *muy mal, muy mal,* von hier bis nach Havanna sind es ...«

Ohne ein Wort stehe ich auf und steige die Treppe hinunter. Es ist die letzte Kraft, die mir geblieben ist. Eine Sekunde länger mit ihm, er hätte mich ausgesaugt und ich wäre zusammengesackt wie der letzte leere Seelensack der Welt. Nichts wie weg von ihm, seinem Puffzimmer und diesem Scheißhaus, von mir aus auch unge-

duscht und stinkend wie sonst was. Sollen sie mir in dieser Scheiß-
stadt alle aus dem Weg gehen. Sollen sie mich meiden, wie ich sie
alle meiden werde.

Guantánamo: Ich gehe und gehe und gehe, ohne den Kopf zu
heben und mich um irgendwas zu kümmern; gehe, bis es mir langsam besser geht und sich die Stadt unter meinem leichter gewor-
denen Herzen wieder ihrer eigenen Leichtigkeit anheimgibt. Immerhin ist hier alles hoffnungsvoll langsam und wird nichts von
der Welt erwartet, die irgendwo anders stattfindet oder eben auch
nicht, wer weiß das schon. Ich trinke zwei herrlich kalte Bucanero
an einer staubigen Eckbar und fülle mich langsam wieder mit Leben. Nach ein paar weiteren Blocks schleicht mir das ein oder andere »*Buenas*« über die Lippen und das Gehirn kapiert: Ich bin im
richtigen Städtchen.

Das Schöne an Guantánamo ist, dass es nichts über Guantánamo zu sagen gibt, außer, dass es ganz und gar Kuba ist mit seinen
von Topfpflanzen gefüllten Verandas, seinen zähneweißen Unterhaltungen, den zu Schmuckkästchen geweihten Bretterbuden,
den tausendgewöhnlichen Betonbauten und Bars, Kiosken und
Ausschreiern, die aus ihren löchrigen Schubkarren verkaufen; das
sanfte Kuba der Labberbrötchen und *refrescos,* auf denen der Staub
schlummert. Kostbarkeiten überall: Planwagen, verrostete Fahr-
radklingeln, auf den Straßen spielende Kinder und auf den Dächern schlummernde Katzen. Eine einzige *casa particular* kann ich
ausmachen und begegne während meines gesamten Aufenthalts
keinem anderen Touristen, was gleichzeitig bedeutet, dass es auch
keine *jinerteros* gibt und kaum Prostituierte. Guantánamo ist so
wunderbar langweilig, ruhig und gelassen, dass ich denke, eine
sanftere Welt flüstere mir zu.

Als ich nach Hause zurückkehre, sind auch Javier und das Zimmer
wieder ein Segen. Ich kann mir all sein Gebrabbel anhören, ohne
ihn unentwegt aufwärtshaken zu wollen. Aus der Dusche kommt

ein solch kräftiger Strahl Wasser, dass ich vor Verwunderung laut aufschreie, und der Abend bläst mit sanften Lungen die gröbste Hitze aus der Stadt. Warm und zufrieden liege ich auf dem Dach, über mir ist der Mond fast voll und legt seine hellen Ringe in die wenigen Wolken.

Morgen wird alles gut, denke ich mit meinem letzten Gedanken auf dem nicht ungemütlichen Bett, und gerade, als ich soweit bin, diesen Tag in meinen Träumen zu verdauen, knacken die Lautsprecher.

Die Kuschelrockballaden beginnen.

ooo

Um acht Uhr morgens beginnen die Nachbarn, auf ihrem Dachhof einen neuen Schweinestall zu zimmern. Aber da bin ich schon längst wach und schaue ihnen zu, mit einer Tasse Kaffee in der Hand und Fernando an meiner Seite, Javiers Sohn, der sich mithilfe einer benutzungsuntauglichen Hantelbank auf dem Dach sein kleines Gym eingerichtet hat. Die Sonne steigt über die Wolken, Pferdehufe klackern auf der Straße; nichts eilt.

Guantánamo, ein schöner, über Stunden hingestreckter Beginn.

Tortillabrötchen im Kreise der Familie. Javier erzählt, er wolle keine Eier mehr essen, Kubaner könnten Eier nicht mehr sehen, immer gebe es nur Eier, den ganzen Tag, und nachts würden die Eier zu Hühnern und machten kikeriki. Er macht so oft kikeriki, bis ihm seine Frau befiehlt, zum Teufel noch mal mit dem Mist aufzuhören, da nennt er das Tortillabrötchen noch das McDonald's von Kuba und macht sich aus dem Staub.

Um zehn Uhr habe ich Eisenbahnschienen, Fluss und Bauernhöfe überquert und bezahle einen Peso Eintritt für die Sporthalle. Francisco, Jusmani und Santiago sitzen bereits auf der Trainerbank neben dem Ring, auf dessen weichen Brettern eine Hundert-

schaft Fliegen Platz genommen hat. Jeder Kämpfer darf sich als
Sieger fühlen, wenn er es überhaupt zwischen die Seile geschafft
hat: Das Treppchen sieht aus, als wäre es so alt und wacklig wie das
Schiffchen, mit dem es Fidel und Raúl nach Kuba schafften und
das dem heutigen Gegner den Namen gegeben hat: Granma.

Zur Einstimmung läuft auch hier der Reggaeton, die Stirnseite
der Halle liest sich: »Sechzig Jahre Kampf der Ideen«. Mit Blick auf
Francisco füge ich für ihn hinzu: »Sechzig Jahre Kampf der Knorpel,
Sehnen und Nerven«. Ein Grinsen und die Androhung von Schlägen,
immerhin hat sich der Gute rausgeputzt. Mit einer roten Mütze, roten Hosen und einem reinweißen Shirt sieht er aus wie das Maskott-
chen des Teams. Nervös wippt er mit dem Bein auf und ab und wartet
auf Alivel, der als erster von acht in den Ring steigen wird.

Als es endlich losgeht – Santiago in Blau, Granma in Rot – ist
es schnell entschiedene Sache, was Alivel hier veranstaltet. Souve-
rän hält er den Gegner auf Distanz, zwingt ihm sein Tempo auf
und landet zudem Haken und Hiebe als schmerzhafte Konter in
die Kombinationen seines Gegners. Sein Kopf ist ständig in Bewegung. Die ersten zwei Runden gehen klar an ihn, in der dritten hingegen dreht der Gegner plötzlich auf: Er weiß, wenn er hier noch
gewinnen will, muss er Alivel ausknocken. Aber nach einem heftigen Ansturm, der dem Publikum den Puls in die Höhe und das Gebrüll unter die Decke treibt, ist auch das überstanden.

Im zweiten Kampf, Handschuh an Handschuh und Kopf an
Kopf ausgeführt, sind die besseren Aufwärtshaken die Strategie,
die Jusiel zu einem klaren Punktsieg führt. Auch der dritte Sieg
geht nach technischem K.o. in der zweiten Runde an Santiago,
dann steigt Junior in den Ring, und jetzt geht es los!

Schon in der ersten Runde hält es niemanden mehr auf den Sitzen. »¡ESA, ESA!«, schallt es von unseren Rängen und bei besonders hübschen Schlägen wird die kubanische Kinnkusshand ausgepackt. Unter zügellosem Klatschen und Gebrüll entwickelt sich
vor unseren Augen ein Dogfight, selbst José Ángel steht und

schreit und schattenboxt, selbst er, der alle anderen Kämpfe re-
gungslos verfolgt hat und kaum die Augen hat aufhalten können.
Die Beschimpfungen des Gegners sind spektakulär und das Chaos
ist perfekt. Francisco, Santiago und Jusmani brüllen von der Trainerbank auf Junior ein, von der Tribüne keift jeder von uns seine
Befehle: Dutzende übereinander gebrüllte Anweisungen, die vor
allen Dingen derjenige nicht verstehen kann, an den sie gerichtet
sind. »Hör mit dem Scheiß auf«, brülle ich, da Junior immer wieder
zu den Trainern und zu uns guckt und sich tatsächlich ablenken
lässt von fünfzehn Männern, die ihn permanent anschreien.

Zu Beginn der zweiten Runde, als Junior an seinem Gegner
klebt und einen Körpertreffer nach den anderen setzt, *ESA, ESA,*
stimmen wir Junior-Sprechchöre an und schwenken unsere Shirts,
ESA, die wir schon lange ausgezogen haben. Jetzt ist es ein Fest.
So viel Lärm habe ich schon lange nicht mehr gehört, die beiden
dreschen bis zur letzten Sekunde aufeinander ein, *ESA,* und müssen vom Ringrichter getrennt werden, *¡Que puta!,* Beleidigungen,
¡Cabrón!, ¡ESA!, ¡JUNIOR!

Eine heikle Entscheidung: Junior verliert den Kampf, den er
auch genauso gut hätte gewinnen können.

Nach einem weiteren Kampf ist García an der Reihe. Auch er
trägt eine rote Mütze, als er in die Halle tänzelt. Francisco nimmt
sie ihm ab und schafft es in der Tat die Stufen hoch in die Ring-
ecke, um García bis zur letzten Sekunde Anweisungen zu geben.

Irgendwie sahen die Kämpfer aus Granma bis hierhin alle
gleich aus, sie wurden lediglich mit den steigenden Gewichtsklas-
sen ein bisschen größer und breiter, das war's. Garcías Gegner
aber ist ein echtes Kaliber, trägt im Unterschied zu seinen Team-
kameraden den Schädel rasiert und will sich beweisen gegen den
besten Mann aus Santiago de Cuba – Scheiße, es ist bis hier oben
zu spüren.

García aber ist nicht nur ein Showman, sondern auch ein verdammter Chirurg. Präzise hält er seine Distanz und federt um den

Gegner, als wäre dieser ein Baumstumpf! Mit der Rechten ist er so schnell am Kinn und noch schneller wieder weg, dass alle Konterschwinger ins Leere gehen; García spielt mit seinem Gegner, will brillieren, seine Beinarbeit ist meisterhaft. Zehn Jahre unter den Fittichen eines humpelnden und arthritisgeplagten Francisco haben aus ihm einen Schmetterling gemacht, und auch dies erinnert ein wenig an den großen Muhammed Ali: Würde er versuchen, weniger gut auszusehen und einfach nur kämpfen, dann wäre er unbesiegbar.

»*¡ESA!*«

García startet auch stark in die zweite Runde, Francisco deutet an, er solle vermehrt Jabs zur Sicherung der Distanz einsetzen und das Ringgeschehen noch besser kontrollieren. García aber hat es immer noch drauf abgesehen, seinem Gegner auszuweichen und große Haken in den Lücken zu landen, die sich ihm zwangsläufig ergeben. »*¡ESA!*« Diesmal ist es die gegenüberliegende Tribüne, sind es die Zuschauer aus Guantánamo, die ihren Erzrivalen verlieren sehen wollen und die Boxer aus Granma unterstützen.

In der Tat macht der Mann in Rot etwas Boden gut, trägt aber zum Ende der zweiten Runde schon ein hübsch geschwollenes Auge. García ruft sich bereits als Sieger aus und bedankt sich provozierend vor der Tribüne des Gegners, was vielleicht das folgende Unheil einleitet. Eine Runde später reckt der Ringrichter die Faust des Gegners in die Höhe!

Mierda, wie konnte das passieren?!

Der durchgeschwitzte Jaspuel neben mir springt auf, klettert runter auf den Platz und läuft vor den Zuschauern auf und ab, den Zeigefinger zur Halsabschneidegeste permanent zwischen den Schultern hin und her sensend. »*Mentira*« (Lüge) und »Scheißbetrüger« schreiend verlässt er die Halle und ward nicht mehr gesehen.

In der Aufregung, die auf unserer Tribüne herrscht, geht es fast unter, dass sich José Ángel bereit macht und als Letzter aus unseren Reihen die paar Stufen in den Ring hinauflahmt. Selbst in

Kampfmontur sieht er derart bärig aus, dass man ihn lieber ku-
scheln als schlagen möchte, und in der Tat wird ihn der Aufstieg
mehr Energie kosten als der Kampf. Schon nach zwei winzigen
rechten Auslegern, die kaum in die Nähe des gegnerischen Kinns
kommen, täuscht der Gegner Benommenheit vor und lässt sich
auszählen – José Ángel breitet die Arme aus und grinst in unsere
Richtung, reckt die Faust zu dieser Komödie in die Höhe und
klettert aus dem Ring, ohne sich weiter über diese absurde Szene
zu wundern.

Wie hatte Francisco einmal zu mir gesagt: Außer den Kämpfern des Nationalteams hat jeder in seiner Gewichtsklasse Angst
vor José Ángel, niemand will gegen ihn antreten. Ja, er ist faul und
fett. Ja, er trinkt zu viel Bier und ist so motiviert wie die Bedienun-
gen in den staatlichen Restaurants. Aber *cojones*, wenn er dich einmal trifft, gehst du schlafen!

Was für ein Tag, was für Kämpfe, was für ein Aufruhr! Francisco
ruft mich zum Ring, um mich einigen Leuten als seinen neuen
Sohn vorzustellen und mir zu verstehen zu geben, dass wir jetzt
unbedingt Bier brauchen.

Als ich ihn frage, ob er mit dem Auftritt seiner übrigen Söhne
zufrieden sei, bejaht er und deklariert gleichzeitig, dass die Sache
mit García eine Schande sei. Aber das habe man vorher schon gewusst, der Ringrichter sei aus Guantánamo und hier sei viel öf-
fentlicher Druck ausgeübt worden, deswegen hätten wir nur den
zweiten Platz belegt. Sogar von der Partei habe es Geschenke gegeben, das Ganze sei eine Schande.

Egal. Durch die heißeste Zeit des Tages stapfen wir querfeld-
ein zur Cafeteria des Baseballstadions, die so groß ist, dass man
ein Konzert Rihannas darin veranstalten könnte. Hier wachen
drei Angestellte über einige Ein-Liter-Flaschen kubanischer
Orangenlimonade, mehrere Stangen Criollos und Unmengen an
Mayabe, dem schlechtesten Bier der östlichen und westlichen He-

misphäre. In der kahlen Cafeteria strahlt der vollbestückte Kühlschrank mit den Bierdosen wie eine Fata Morgana ins dunkle
Reich der Produktlosigkeit. Nichts, aber dann das! Verächtlich
schimpft Francisco auf das Bräu und zerrt mich aus der Cafeteria,
womit er endgültig seinen Platz in meinem Herzen gesichert hat:
»Der Mist schmeckt wie Wasser, schlimmer als Wasser. Bevor ich
das trinke, trinke ich lieber überhaupt kein Bier!«

Chapeau, Trainer, Chapeau!

Wir schlendern zur Halle zurück. Im Schatten eines Baumes
bleiben wir kurz stehen, Francisco wischt sich mit einem Schweißtuch die Stirn trocken. Zwischen den vereinzelten, ausgetrockne-
ten Grashalmen kann man die Hitze sich bewegen sehen. Die Luft
ist zu größeren Luftbrocken zusammengeschmolzen und redu-
ziert den letzten Rest Sauerstoff.

Francisco steckt sein Schweißtuch zurück in die Hosentasche
und boxt mir freundlich gegen die Schulter.

»*El sol de nuestra patria no quema*«, zitiert er Landesvater Martí.

»Die Sonne unseres Vaterlandes verbrennt uns nicht.«

Ich bin gewillt, es zu glauben.

»Berlin«, beginnt Javier, »Dresden, Leipzig, Halle, Honecker, uih,
uih, Honecker, HONECKER!«

Ich nicke. Keine Frage, er ist ein richtiger Depp, aber ich habe
ihn lieb gewonnen und bin bereit, mich von oben bis unten mit
seinem Irrsinn volllabern zu lassen. Wir sitzen auf dem Balkon,
unter uns eine Unangestrengtheit nach der anderen, Menschen
mit leeren Taschen und reichen Blicken, die Hunde zufrieden mit
ein paar alten, trockenen Brötchen und den Schatten der Sträucher. Die Nachbarn kommen vorbei und der Sonntag entfaltet
sich gefügig in seine Stunden, ohne die Welt und ihre Menschen
zu beschweren.

Ich schütte Javier ein und spreche einen Toast aus, um mit dem
Rest der Flasche Havanna Club rüberzugehen zu Marilín und Ma-

cito, denen ich längst alles vergeben habe. Sie haben versprochen, sich um die Abendplanung zu kümmern und wir machen uns tatsächlich auf zu einer »Feier«, wie es Macito ausdrückt. Ich verstehe darunter das Rumsitzen mit einer Flasche Rum an der Plaza Martí, dem Zentrum Guantánamos, doch wir landen vorerst in La Ruina, einer säulenbestandenen, wunderschönen Bar mit fünf Meter hohen Decken und blumenumrankten Gitterfenstern, so ziemlich der außergewöhnlichste Ort der Stadt, insofern man das nach zwei Tagen behaupten kann. Peu à peu kommt die Truppe des Abends zusammen. Macito mit seiner Frau Helen samt Mutter Dayma, Yulier ohne seine beiden Frauen (die eine habe er geheiratet, die andere sei seine Geliebte, so habe man seinem Gutdünken nach die Sache fein und »ohne Probleme« getrennt[1]), ein permanent durchgrinsender Kerl namens Amador und Brianna, an die ich mich sofort erinnere. Wir hatten sie gestern getroffen, als wir das Schwein durch die Stadt rollten. Bereits dort hatte Macito mir in die Rippen gestoßen und auf die Schönheit ihrer Beine, des Hinterns, des Rückens und der Brüste und des Halses und der Augen hingewiesen, ohne, gentlemanlike, ihre Füße, Nierenbecken und Ohren ins Spiel zu bringen. Und, fügt er nun zufrieden hinzu, sie lerne gerade Deutsch, weil sie irgendwann irgendwo was in der Tourismusbranche arbeiten wolle.

Brianna sitzt neben mir und tut so, als höre sie Dayma zu. Ich kann ihren Hals riechen, das Handgelenk und warme Tupfer Mohn; ihre großen, schwarzen Augen schütten mir hier und da, in wunderbar kleinen und genau eingefassten Dosierungen, ihre Aufmerksamkeit aus.

---

1 Es wusste schon der alte Herr Heine:
   »Das macht den Menschen glücklich,
   das macht den Menschen matt,
   wenn er drei sehr schöne Geliebte
   und nur zwei Beine hat.«

»Du schuldest mir was«, sagt Macito, dem unsere Annäherung nicht entgangen war. Aber was konnte ich ihm schon zurückgeben? Hier gab es ja nur Freundschaften, grundsätzliches Glücklichsein und Umarmungen, darüber hinaus nur Bier und Rum und *bocaditos* und Kubapizzen – und die würde ich sowieso alle bezahlen.

Gestern dachte ich noch, die Jungs seien in außergewöhnlicher Stimmung, weil man das Schwein abgemurkst und verhökert hatte. Mittlerweile habe ich kapiert, dass sie immer so drauf sind, dass sie sich von dem Dauergrinsen und Gutaufgelegtsein schlichtweg durch nichts abbringen lassen. Um uns schwebt ein Meer aus Lachen und Scherzen, im Fernsehen singen Pitbull, Rihanna und Jacob Forever, das Bier geht nicht aus und Macitos Schwiegermutter entpuppt sich als das Highlight des Abends, da ihr Mann vor fast genau einem Jahr verstorben ist.

Heute wolle sie den Schalter umlegen, sagt Dayma.

Ab heute habe sie lange genug getrauert.

Ab heute wolle sie wieder leben, leben, leben.

In der Runde kommt es zu einer lautstarken Diskussion, wie nun vorzugehen sei. Macitos Frau Helen wünscht sich, dass ihre Mutter alleine bleibt und keinen neuen Mann sucht. Alle übrigen sind sich einig, dass sie nach einem Jahr das Recht und mitunter auch die Pflicht hat, sich wieder dem Leben anzuschließen – allen voran diejenige, um die es hier geht:

»Ich will keine Kompromisse mehr machen, damit ist jetzt Schluss. *La vida cambia.* Das Leben verändert sich. Und nun, nun will ich wieder etwas Süßes, oooh ja!«

Sie lacht so laut und stark, dass sie beinahe die Flaschen vom Tisch wirft. *»La vida cambia«,* wiederholen wir im Chor, nur Helen rollt die Augen und ist noch nicht überzeugt. Schau dir deine Mutter an, würde ich ihr am liebsten sagen, während selbige das nächste Bier ext und ein Redeschwall hervorbricht, der sich durch die ganze Bar zieht und selbst von allen Castros aller Erdenzeiten nicht zu unterbinden wäre. Schau, diese Frau willst du zähmen? Dieser Frau willst du kein neues Glück gönnen?

Während sich Frau Mama zwischen den Tischen zum Tanzen aufgeschwungen hat, wird mir schlagartig klar, dass Kuba ein Land der toten oder geflohenen Ehemänner ist. Von Mayra über Milsy bis zu Marilín oder eben Dayma: Entweder haben die Männer alle ziemlich früh ins Gras gebissen oder Reißaus genommen. Ich muss an Japan denken, wo Männer, die ihrer Familie Schande ersparen wollen, weil sie arbeitslos oder sonst was geworden sind, in die verseuchte Zone um Fukushima auswandern und dort ein neues Leben abseits der Gesellschaft fristen, bis sie alleine sterben.

Ohne ihm meine vorangegangenen Gedanken mitzuteilen, frage ich Javier, wo denn die Fluchtzone Kubas sei.

»Ah, nicht weit von hier, da vorne bei den Amis in Guantanamo Bay, aber sie haben dich entweder verhaftet oder erschossen, bevor du dort ankommst.«

Zauberhafte Handschellengeste, die direkt in die Pistolenschussgeste übergeht.

»In Kuba«, sagt er, »ist der einzige Ausweg der Tod.«

Allgemeines Gelächter, gefolgt von einem großen »*La vida cambia*«, alle im Chor.

Dayma klatscht in die Hände: »Heute ist der Tag, ob ihr es glaubt oder nicht. Heute ist das Leben anders. Die Toten werden die Lebenden sein.«

La Ruina wirft uns hinaus, als sie endlich schließen wollen. Wohin nun? Wir streifen um die Häuser, landen an der Plaza Martí, wo ich Brianna zum ersten Mal in den Arm nehme und ihr einen Schläfenkuss gebe, zu dem sie die Augen schließt. Macito schreit vor Zufriedenheit. Dayma macht Riesenaugen und knutscht uns beide ab. Freunde kommen vorbei und Freunde gehen. Die Wärme wankt in unseren Augen, alles will mehr. Ein kleiner Junge jagt ein ferngesteuertes Spielzeugauto über den Platz, während die Uhr fast Mitternacht schlägt. Wohin, wohin?

Die Casa de la Troja ist zu voll, und sowieso, die Band spielt gerade den letzten Son, den wir auf der Straße mittanzen. Auch die großartig schäbige Bar Nevada macht gerade zu, sodass wir einige Straßen weiter im LEC landen, »*Siempre una fiesta differente*«. Gerade hier geht mir das Geld aus. Unmöglich, zwei CUC Eintritt pro Person aufzutreiben; von dem letzten Rest Geld organisiert Javier eine letzte Runde Bucanero. Aus dem Inneren der Disco schallen Pitbull, Rihanna und Jacob Forever.

Eine halbe Stunde hängen wir auf dem Bürgersteig herum, bis Brianna und ich uns von den anderen verabschieden. Ein *Adiós,* als sei ich nicht zwei Tage, sondern schon zwei Wochen in der Stadt. Dayma zieht mich noch kurz aus der Runde, bringt sich einigermaßen zum Stehen und flüstert mir feucht ins Ohr: »Ja, ja, nimm du sie mit, das ist schon richtig, ich weiß, aber vergiss mich nicht, hörst du, vergiss mich nie und denk immer an diesen Abend, an uns hier in Guantánamo und besonders an mich.«

Bei all meinen Heiligen: Ich verspreche es.

Die Straßen sind mittlerweile leer, nur das warme Laternengelb legt sich auf Guantánamo und bestäubt die Luft. Auf den Palmenblättern liegt das wenige Licht und schläft. Was noch geschieht: Aus der Leere der Nacht kommt ein klappriger Lada mit kaputter Beifahrertür. Als er abbiegt, fliegt die Tür sperrangelweit auf und der Fahrer muss mit einen enormen Ruck in die Gegenrichtung steuern, um sie wieder in ihre Angeln zu schleudern.

»Es ist schön, mit dein Haus kommen«, sagt Brianna auf Deutsch. Ihre wachen, melancholischen Augen wie der glatte Kern einer Frucht, ein über Jahrhunderte reingewaschener Stoff. Ich klopfe an die Tür, rufe. Javier steckt seinen Kopf über den Balkon und schreit »UH!«

Zehn Sekunden später macht er die Tür auf, »Prima, uh, prima, kommt rein, UH«, sagt er und führt uns wie ein Butler bis vors

Zimmer. Hier nimmt er mich beiseite und greift geheimnisvoll in seine Hosentasche.

»Hier, nimm! Und morgen früh gibt es Eier, Tortilla, Proteine, die essen wir sowieso zu viel, Eier!«

Ich danke ihm für die beiden Kondome und schulterklapse ihm Gutenacht.

Kaum ist er um die Ecke gebogen, höre ich ihn mit sich selbst reden. Brianna schmiegt den Kopf, passt die Lippen. Pünktlich knacksen die Lautsprecher; es beginnt dieselbe CD wie gestern Nacht, derselbe Song wie jede Nacht:

»Seit ich dich kenne, gibt es ein Vorher und ein Nachher.
Seit ich dich gesehen habe, will mein Herz dich küssen und ich kann dich nicht vergessen.
Ich habe dich unermüdlich verfolgt, bin oft zurückgekommen, hab dich so oft gesucht und dich nie wieder gefunden.«

Was gestern noch unmöglich schien, macht mir heute das Herz schwer:

Dieses kleine, staubige und lahme Guantánamo: Ich werde es sehr vermissen.

Baracoa

Man spreche das Wort Baracoa.

Man braucht es nicht zu nuancieren, weder zu versüßen noch anderweitig verhätscheln. Es braucht kein Quäntchen mehr Sonne und keinen Tupfer zusätzliches Blau. Liebsam hat es reichlich. Ba-ra-co-a. Das ist alles. Wenn man mit diesem Wort auf den Lippen die Augen schließt, öffnet sich das entsprechende Bild und leistet sein Sesam-öffne-Dich:

Ein von Kokosnusspalmen und Meeresrauschen eingelulltes Dörfchen, umringt von Dschungel und Bergen, Staub und Hitze. Salz weht in der Luft und Farben kullern durch die Gassen. Wenn es einen Schöpfer, wenn es eine Karibik gibt! Die Männer wie Vögel und die Frauen luftiger als Vögel. Lachend sitzen sie auf den Treppen und stillen ihre Kleinen, die Männer indes rollen zwischen Zeigefinger und Daumen die Zeit. Kinder werfen platte Fußbälle von Balkon zu Balkon. Man hat Arbeit oder nicht. Die Nacht folgt auf den Tag und der Tag auf die Nacht, ohne Spuren zu hinterlassen, die anders schmecken könnten als Perlbrombeer, Köstlichblau, Sommer.

Ja, die Menschen leben und werden alt darüber.

Alles ist eingerichtet.

Baracoa, Magen und Meer, in dem man mehr als einmal das alte kubanische Sprüchlein hören wird:

»*Hay mas tiempo que vida.*«

»Es gibt mehr Zeit als Leben.«

Fünf Tage lang sitze ich vor allen Dingen auf meinem Balkon und schaue aufs Meer, das jederzeit leuchtet. Morgens als vielblaue, atemvolle Plane, mittags als Geräusch platzender Augen.

Schließlich, in der Abenddämmerung, fallen feine Linien vom Himmel und strömen über das Wasser. Sie bilden Säulen eines einzigartigen Lichtes, das nur in der Nähe des Meeres existieren kann. Immer wieder vermischt sich das Wasser mit der Farbe des Himmels, ein riesiger Vollmond steigt über die Bucht und wandert die Palmen hinauf – ein Insgesamt, das seine Wirkung nicht zu verfehlen weiß. Je länger man Zeit in Anwesenheit des Meeres verbringt, desto stummer wird das Ich. Nichts bleibt zurück, was nicht Dunkelblüte wäre, Mondlicht im Wasser, warmgeschlossene Zeit.

Lange habe ich nicht mehr so viel geschrieben wie hier auf diesem Balkon.

Das Einzige, was davon übrig bleibt, ist dies:

Brunnenzunge
und Augen voller Münder.

Ich stelle auf:
Körperweise Meer
bis an die Grenze von
Blutstrang und Tau

um immer wieder zurückzukehren
zu den Randungen
uneinkehrbarem Zeichnis
zu Wassern ohne Wassername
von denen erzählten die Väter,
Sternfasser, Windkeile, von denen sangen
Blautausende.

Augen
voller Mündchen.

Kein zweites Mal wissen, kein
zweites Mal sagen, ich sage.
Meer kommt
und das Meer geht –
Was uns verwehrt bleibt:
Stirnsang
ohne Beginn.

Augen fressen, fressen
die Münder.

Santiago de Cuba

Teil 2

»Und damit du nicht fremd bleibst, soll
deine Sonne finster sein
und dein Schatten dir heute befehlen,
aufrecht auf allen vieren zu gehen und laut zu toben
den, der dir den Himmel
voll Messer und Nägel hängte.«

CHRISTOPH MECKEL

Licht fliegt auf.

So müsste man lieben, schrieb Camus auf dem Meer und über das Meer: treu und flüchtig. Wie Echnaton stehe ich auf dem Balkon und überschwemme mich selbst mit religiöser Verzückung. Der Begründer des Monotheismus lag selbstverständlich falsch. Nicht die Sonne ist der einzige für Erd- und Menschenleben verantwortliche Gott. Ohne das Wasser, das die Himmelsstrahlen vermillionenfacht und als Schöpfungspartner die Keime aus dem Boden und die Blüten aus den Knospen treibt, entstünde nicht eine einzige aller möglichen Welten.

Ich verbringe den Vormittag mit auf der Brüstung abgelegten Beinen. Der ganze Kopf voller Gold. Kurz vor Mittag kommt Ling vorbei. Sie war schon in Baracoa, als ich hier ankam – ihre Casa Mama hatte sie in Santiago rausgeworfen, weil es kein Wasser mehr gab, und so hatte es sie nach Baracoa verschlagen.

Für das letzte Mittagessen vor meiner Abfahrt wählen wir jene Bar, die eigentlich ein Restaurant sein soll oder umgekehrt. Auf der gesamten Strandpromenade gibt es nur einen einzigen Schuppen, der auf der Meerseite gebaut ist, und dann auch noch ein Schuppen im wahrsten Sinne des Wortes. Karibischer Charme: Das wohl beste und einzigartigste Grundstück Baracoas beherbergt das Restaurant El Jalisco, benannt nach dem Mariachi- und Tequila-Staat Mexikos.

Baracoa, Allzeitduft von in Kokosnussmilch gebratenem Fisch und Zuckerkandtorten! – Im Jalisco jedoch steht eine dicke, vergorene Ölwolke im halbwegs geschusterten Raum, der sieben tischähnliche Objekte und zehn Gäste zählt. Es hätte uns stutzig machen sollen, dass hier niemand isst und alle nur zum Saufen gekommen sind; wir aber bestellen, was man besserding für uns auftreiben kann.

In der schiefen Küche steht ein altes Ehepaar und beginnt, planlos mit den Kochutensilien zu klimpern und den Sand von den Töpfen zu pusten. Wie alle anderen bestellen auch wir das grandios schlechte Hatuey, das man sich an einem rostigen, an der Eingangstüre angebrachten Krummnagel aufmacht. Das Bier schmeckt, als hätte man es bereits vor einer Woche geöffnet, einige Tage auf dem *malecón* stehen lassen und wieder verschlossen, um es anschließend im pisswarmen Meer zu kühlen. Der Effekt lässt sich nicht leugnen. Um uns herum knallt ein Kopf nach dem anderen auf die Tischplatte, haarscharf an den Fliegen vorbei.

Als das Essen nach einer halben Stunde kommt, bin ich nicht mehr überrascht. Das Schweinefleisch, der ›Reis‹ und die frittierten Bananen bestehen zur besseren Hälfte aus den schauerlichen

Überbleibseln dessen, was einmal Speiseöl war. Um das Triefge-
kochte zu würzen, wurde es erneut mit den Geschmacksmachern
Öl, Salz und gutem Willen übergossen; die untere Schicht ›Reis‹
schwimmt über den Teller. Dazu die Gemüsebeilage, eine ohne
Geiz weggeraspelte Möhre: Sogar jene Stellen, die verfault waren,
hat man der *ensalada* nicht vorenthalten.

Immerhin: Das Hatuey, mit dem ich die Schleimbrocken run-
terspüle, schmeckt auf einmal wie Gletscherwasser. Die beiden
Köche stehen neben uns, höchst erfreut, den Touristen etwas ver-
abreicht zu haben, aber ich kann es auch ihnen zuliebe einfach
nicht essen. Von den zehn Bissen, die ich mir der Höflichkeit halber abverlangen will, schaffe ich genau sieben. Ling hingegen ist
gnadenlos. Gepriesen sei die asiatische Fähigkeit, solch eine To-
desspeise pietätlos hinunterzukauen. Als sie über ihrem leeren
Teller versichert, es habe ihr prima geschmeckt, ist das noch nicht
mal gelogen.

Wahrscheinlich sind die Krankheiten, Bakterien und die Ver-
wesung, die in meinem Magen rumoren, mehr hypochondriert als
real – trotzdem ist das Erste, was ich nach unserem Abmarsch mache, eine Flasche Rum aufzutreiben.

Zwei Kappen für jeden getätigten Bissen, Ling trinkt den Rest.
Möge Gott meinem Magen beistehen!

Als ich meinen Rucksack hole, mich von meinen Vermietern verabschiede und einen letzten Blick über mein geliebtes Meer werfe,
kommt ein alter Fischer und zeigt hinaus auf den Ozean, der so
still und flach ist, als könnte man über ihn hinweg laufen.

»Schau, da hinten am Horizont, siehst du sie?«

Er fummelt in Richtung dieser tief dunkelblauen Linie, die das
Meer vom Himmel trennt. Ich kneif die Augen zusammen, reiße
sie wieder auf, konzentriere mich. Aber nichts.

»Doch, doch. Wenn du genau hinguckst, kannst du sie sehen,
denn sie stehen schon da am Horizont und warten.«

»Wer?«, frage ich.

»*Hombre,* die verdammten Yankees mit ihren falschen Krediten! Möge Raúl uns vor diesen Monstern schützen.«

In der größten Mittagshitze stehe ich am Busbahnhof und verabschiede mich von Ling, schwitzend wie ein Unmensch. Ich schaffe es auf meinen Sitz und bin eingeschlafen, noch bevor der Bus das Terminal verlässt. Das war's. Hier und da öffne ich während der Fahrt die Augen und stehle mich auf die andere Seite der Scheibe. All das Grün wie ein großer, glückseliger Traum und ab und an noch das Meer in seinem Schimmer von Anthrazit, seinem weit aufgestoßenen Herzen.

In Guantánamo schaffe ich es, wider meinen ersten Impuls im Bus sitzen zu bleiben. Alsdann die vertrauten Berge der Sierra Maestra, von einem Tal zum anderen gewellt, Palmen, in die sich das Nachmittagslicht als wunderschöne Ahnung setzt. Wir geraten in einen Schwall Schmetterlinge und schon geht es auf der *autopista* runter nach Santiago, »Hauptstadt der Karibik und Geburtsort des Son«, und schon das nächste Schild zeigt den jungen Fidel mit in die Höhe gestrecktem Gewehr:

»*Santiago. Rebelde ayer, Hospitalaria hoy, Heroica siempre.*«

»Santiago. Gestern rebellisch, heute gastfreundlich, immer heroisch.«

Meine Nase klebt an der Scheibe und das Herz rast. Ich bin zurück! Zurück in meiner Stadt und zurück bei meinen Leuten! Vorbei geht es am Teatro Heredia, den ersten bekannten Geschäften und Bars, den ersten bekannten Gesichtern, vorbei an den Wägelchen, krächzenden, klappernden, stöhnenden Wägelchen;

vorbei an einem Dutzend Spatzen, die auf einer Gittertür hocken;

vorbei an dem, was die Hunde in der Luft finden, wenn sie die Augen halb schließen und hinschnüffeln;

vorbei an den Schuhmachern, die mit dem wenigen, was sie haben, das Gröbste flicken und spindeln und gerben;

vorbei an kleinen Wareninseln, die an den Straßenecken ausgebreitet werden, ein Kamm, eine Schnur, Nägel;

vorbei an Hausnummern, die aus alten Zeitungen ausgeschnitten wurden und auf Pappe geklebt in das Fenstergitter geklemmt sind;

vorbei an Vorhängen, die aus alten Sojajoghurt-Tüten gebastelt sind;

vorbei an der Hauswand »*Unidad, resistencia y victoria*«: »Gemeinschaft, Widerstand und Sieg.«

Calle Santa Rosa.

Zarter Spätnachmittag voller Menschenzauber.

Richard auf seiner Treppe, Presidente in seiner Tür, Abuela vor ihrem Radio; ewige Bilder. Ich habe meiner alten Freundin die gute Baracoa-Schokolade mitgebracht: »Aus einer Schokoladenfabrik, die Che eingeweiht hat.« Abuela weint fast vor Freude. »Sie hat jeden Tag gefragt, wann du zurück bist«, sagt Ivan, »aber bring ihr nicht immer Schokolade mit, du willst sie doch nicht umbringen mit all diesem Zucker!?« Abuela laufen nun tatsächlich einige Tränen übers Gesicht. »Nein, nein«, sagt sie, als ich sie in den Arm nehme und abküsse, »das ist nur vom Wind.« Der Ventilator blase ihr schon den ganzen Tag ins Gesicht, Ivan habe ihn, nun ja, dämlich hingestellt.

Der Beschuldigte schiebt mich nach draußen.

»So, so«, sagt Ivan, »ich habe gehört, du wirst in Guantánamo heiraten. Wie alt ist sie denn? Du musst aufpassen, *cojones,* Kuba ist verrückt, manchmal sehen sie aus wie fünfundzwanzig und sind erst sechzehn.« Wie selbstverständlich die Sexgeste, wie selbstverständlich die Knastgeste. Alles verlässlich. Egal, worum es gerade geht, egal, was man auch tut, getan hat oder nie tun wird: Mit einem Fuß wähnt man sich in Kuba immer schon im Knast.

»Aber mach dir keine Sorgen. Wenn du ins Gefängnis musst, das ist egal, du hast jetzt eine Familie hier. Ich bringe dir Zigaret-

ten und die Granma. Das verspreche ich dir, so wahr mein Name
Ivan Chain ist!«

Ich klopfe und öffne die Tür, bevor Milsy überhaupt antworten kann. Liebe, minutenlang. Mayra grinst über alle Gesichter. Nachdem sie mich aus einer Umarmung, die man im Ringen
Seatbelt nennt und die den folgenden Bodenwurf einleitet, wieder hat gehen lassen, wuchtet sie sich zurück in den Schaukelstuhl, sagt »¡Listo!«, und zeigt auf ihren Teller. »Principe, sieh mal,
nur Reis und Gemüse, kein Fleisch.« Ich schaue. Die wie stets in
ihren Strampler Gekleidete greift sich in den freigelegten, wüs-
tenwolkenweißen Oberschenkel. »Ich will etwas Gewicht verlieren. *Mi hijo,* was sage ich dir, ich habe in Havanna zu viel gegess-
sen.«

Sie erzählt von ihrem Kurztrip in die Hauptstadt, der abenteu-
erlichen Reise mit dem Flugzeug und den Zahnschmerzen, die sie
aushalten musste, weil sie im Flieger zu viel Kuchen und Plätzchen
gefuttert hatte; sie erzählt von den großen Gebäuden, den vielen
Touristen und den Restaurants. Mitten in ihre Erzählungen
schiebt mir Milsy Demiáns Buch in die Hand, das ich den beiden
vor meiner Abreise dagelassen hatte. Milsy zeigt auf eine Zeile, die
sie besonders mag und rot unterstrichen hat.

> *»No muerdas la mano que te da de comer.«*
> »Beiß nicht die Hand, die dich füttert.«

Beinahe wäre ich zum ersten Mal die Treppe zur Terrasse hinauf-
gestiegen, ohne wegen Pillepalle oder Nichtigkeiten zurückgeru-
fen zu werden – aber nur fast. Mayra, schon wieder voll auf Tempe-
ratur, möchte Miete sehen, weitere Geschichten erzählen und
schreit zum Abschluss ihrer Predigten: »Und hey, dein Rastamann
hat übrigens angerufen. Sag ihm, es wohnen viele Tierchen in seinen Haaren.«

Ein Blick über die Mauer.

Schweini ist von seinem rechten ›Stall‹ in den mittleren versetzt worden. Wer weiß, vielleicht ist das die Vorstufe zu seinem Tod. Oder will man ihm ein anderes Stück Himmel gewähren? Schweini hört auf meine Zurufe und scharrt die Hufe. »Alles ist gut«, sage ich ihm, und er grunzt zurück, treulieb mit seinen kleinen braunen Äuglein und den riesigen Ohren.

Ich springe vom Treppengeländer und öffne den Tank. Wir haben noch Wasser; nicht viel, aber für eine knappe Woche wird es reichen. Ich klettere aufs Dach und merke hier oben erst, wie sehr ich die Stadt vermisst habe.

Santiago de Cuba, was für ein Werk! Die letzten goldenen Blätter der Sieben-Uhr-Stunde rieseln vom Himmel, kein sprachloses Blau ist es, aber ein Meer aus Grau und Dach-an-Dach, ein ebenso schönes Meer mit ebenso vielen Versprechen. Aus den Häusern steigt Musik. Die Wellblechdächer wie kleine Silberseen, die sich an die paar Bäume reihen, Singvögel und der Geruch von *pollo frito* und nebenan Besi, Elvios Tochter, die die Musik aus dem Radio mitsingt. Ein allerletztes Mal glänzt die Stadt in einer Klarheit, als wollte man direkt zu den Dingen; dann kommt der Abend, die Sonne wandert hinter die Berge und bringt den Schlafmohn, der in den kommenden Stunden im Bewusstsein der Santiagueros aufplatzen wird wie trockenes Holz.

Und dann, das allerletzte Licht abgetaucht im Westen, ertönen die Trommeln.

ooo

Ohren, Lieder, Haut, Mensch.

Der Himmel voller dunkler Wolken und ohne einen Tropfen. Fast wäre es kalt geworden draußen. Auf den Dächern Tauben und Hunde, Ameisen und Schweine. Santiago in seinem ersten Licht, das die durch Stein und Zeit ausgeworfene Stadt in eine Erwar-

tung bringt, die man in den Knochen spürt, die sich schmecken
lässt: Wie Feuchtigkeit liegt sie in der Luft und steigt uns sphä-
risch zu Köpfen.

Ich ziehe mich aufs Mäuerchen. Oh, ihr Sänger. Oh, Gemüse
und Zwiebelschale und Rettich, oh, Rostkarre und am Gaumen
tanzende Zunge:

»Hay cebolla, hay ajo, hay ajíííííííí ...«

Gegenüber alles wie immer. Das Haus verschluckt seine Dutzend-
schaft Menschen und fuhrwerkt an seiner Nichtfertigstellung.
Magie: Das, was heute gebaut wird, ist morgen schon wieder verschlungen.

Der Alte sammelt Steine in einem Eimer.

Die Jungs sitzen auf der Treppe und warten und warten.

Die Großmütterchen stecken den Kopf aus dem Fenster und
wollen Musik.

Mayra ist tatsächlich auf der Arbeit, Milsy hört ihre Kirchenmusik und kocht so langsam vor sich hin, als wolle sie mit Löffel und
Pfanne die Zeit anhalten. Lange währt die Ruhe nicht. Auch der
heilige Schaukelstuhl ist noch immer so weltlich, dass er die Soldaten nicht aufzuhalten vermag. Schwerbewaffnet steht der *fumigación*-Dienstag vor der Tür. Die Helden der Arbeit, Verteidiger der
Revolution, Einsatzkommando einer einmaligen Moral.

Ein wenig zu freundlich rücken sie an[1], um gnädigst zu töten,
was an Mensch und Tier in dieser Stadt überleben möchte. Milsy

---

1   Da die *fumigación* eine Angelegenheit von höchster Priorität und von
    Raúl persönlich in Auftrag gegeben ist, kommt sie übrigens in dem sta-
    bilsten, bestpräparierten und schönsten Wägelchen daher, fast schon
    mehr Wagen als Wägelchen. Schließlich muss es die beiden Fässer voller
    Benzin und Diesel im Griff der Eisenstreben halten – nicht auszuden-
    ken, wenn man sein lebensrettendes Todesgut an ein Schlagloch verlöre.

schickt sogar ihre Warnrufe durchs Haus, obwohl außer uns beiden niemand da ist. Jetzt, sagt sie, sei eine gute Zeit, das Haus zu
verlassen,

> ob ich auch Wasser mithabe,
> ob ich ein frisches T-Shirt dabeihabe,
> ob ich auch keinen Hunger mehr habe,
> ob ich oben zugeschlossen und die Fenster geschlossen habe,
> ob ich denn glücklich sei, wieder zu Hause zu sein?

Fumigación hin oder her, es fällt ein großer Jubel über Tivolí. Wasser! Ob nun aus Stauseen, Aquädukten oder aus dem Meer, scheiß-
egal. Alle Hähne sind auf, aus allen Häusern dampft es, auf allen
Dächern wird Wäsche geschrubbt und gewrungen, in jeder Straße
formen sich Rinnsale von Schmutzwasser, Seifenwasser, Abwasch-
wasser. Weltenwaschung! Eimer und Tanks werden für die kommende Nichtwasserperiode gefüllt, wird den Heiligen mit aufge-
schlagenen Kokosnüssen und Gebeten gedankt.

Dann die Gegenwelt des Internets. Ich hatte es fast geahnt,
aber Hermes, der heute Morgen auf der anderen Seite der Insel gelandet und schon fast im Bus nach Santiago sein sollte, hat beim
Umsteigen an irgendeinem Flughafen den Anschlussflug verpasst.
Er wisse selbst nicht, wie das habe passieren können, einmal nur
habe er sich verlaufen und dann ein paarmal den Shuttlebus,
schließlich den Flieger verpasst. Nun habe er einen neuen Flug innerhalb von vierundzwanzig Stunden und noch genau fünfzig
Euro in der Tasche. Ob ich noch Geld habe in Kuba?

Bueno. Er solle im Flieger hübsch tanzen, mit seinem braunen
Hintern wackeln und »Guantanamera« singen, schreibe ich, da er
das Geld gut für den Bus nach Santiago brauchen könne. Das Ticket, das ich ihm besorgt hatte, ist hinfällig geworden und ich fahre zum Busbahnhof, um es vielleicht erstattet zu bekommen. Als
ich eintreffe, regnet es in Strömen und der Strom ist ausgefallen.
»Kann dauern«, sagt der Kerl des Busunternehmens in einer Tonla-

ge, dass ich mir nicht sicher bin, ob er Kuba im Allgemeinen oder den Stromausfall im Besonderen kommentiert. Eine Stunde auf dem Stuhl neben dem Wachmann, der geradeaus gucken kann wie ein Weltmeister – nichts geschieht. Als ich dann noch merke, dass ich das Ticket sowieso zu Hause vergessen habe, beerdige ich meinen Rückerstattungsversuch und nehme die Pferdedroschke zurück in die Stadt, wo sich der Tag so fortsetzt, wie er begonnen hat.

Schön, dass ich mal wieder da sei, sagt die Frau von der Markthalle, bei der ich öfters *crema*-Brötchen (ja, Brötchen mit einer Art Mayonnaise) kaufe, heute gebe es aber nichts zu holen. Keine *crema*. Ich solle morgen wiederkommen: Mit etwas Glück habe sie dann Käse.

Mittlerweile steht Santiago unter Wasser; die steilen Straßen von der Markthalle hinauf zur Plaza de Marte sind mit *jangletas* eine einzige Schlitterpartie. Nach einem Kaffee im Ven beschließe ich, Alain anzurufen. Aber das erste öffentliche Telefon, das ich finde, hat einen so stark verbeulten Schlitz, dass man keine Münze reinstecken kann. Am zweiten steht eine Schlange. »¿*Último?*« Der vermeintlich Telefonierende klemmt sich den Hörer ans Ohr, presst zwei Mal die Null und legt auf. Dies wiederholt er ein Dutzend Mal, ohne auch nur einen müden Peso eingeworfen zu haben. Es bedarf einer gewissen Überredungskunst, gefolgt von Gewaltandrohung, dass wir ihn letztendlich mit drei Mann verscheuchen können; als ich an der Reihe bin, rasseln alle meine Münzen durch. Der nächste Apparat wiederum nimmt das Geld an, produziert jedoch nur den immer gleichen Piepton, den kein Geld und keine Telefonnummer der Welt unterbrechen kann.

Bueno. Es ist ein Uhr. Kein Ausweg aus dem schwülen, feuchten Nachmittag. Die Cafeteria, die ich mir für mein Mittagessen wähle, hat zwar einen Ventilator, der aber dafür nicht funktioniert.

Hamburguesa con vegetales im El Galito de Oro. Zwei buchseiten-
dünne Gurkenscheibchen werden über eine Schuhsohle Fleisch
gelegt und zwischen die Hälften eines Labberbrötchens geschо-
ben. Gegner der Ressourcenverschwendung würden jubeln, denn
man denkt im Traum nicht daran, einen benutzen Teller für den
nächsten Kunden abzuwaschen oder auch nur zu säubern. Es
kommt ja sowieso nur der *bocadito* drauf und der kommende Kunde ist auch nur ein *compañero* zwischen Aufgang und Untergang,
ein blutsnaher Bruder, Schwesterherz, Menschenkind. Vorteile
der staatlich verordneten Arbeitsunlust: Am Rand meines Tellers
befindet sich noch ein Spritzer Soße, den man meiner *hamburguesa* vorenthalten hat. Und ich schwöre, dass er mir ohne ihn nicht
geschmeckt hätte.

Ein Gefühl, so kubanisch wie geröstete Erdnüsse: Weder glücklich noch unglücklich, aber inständig zufrieden, spaziere ich
hinauf zur Dachterrasse des Hotel Libertad, um ein kühles Bier in
die schwitzigen Hände zu kriegen. Die großartige Aussicht, die
man hier oben ausgeschenkt bekommt wie eiskaltes Bucanero,
macht mich sprachlos. Wolken und Sommertage und dazwischen
ein Mix aus Nebel und Regen – verschlafen liegen Portuondo und
Vista Alegre unter mir und kämmen sich bis an Berge, an all das
Grün, das den Himmel auffängt. Grau und dick und nass. Mein
Hemd klebt, der Mittag ist taub und für niemanden zu erreichen.
In die Liste der kubanischen Lebensmittel, die ich in meinem
Notizbuch führe, ergänze ich:
    Ron Mulata
    Unzermürbarkeit
    Sitzfleisch
    cafecito
    Bucanero
    Chauvinismus
    Nebeltage.

Zu Hause steht Milsy in der Küche auf einem Stuhl und wischt an den Küchenschränken herum. Als sie hinuntersteigt, schlägt sie sich kurz den Ellenbogen an. »¡*Cojones!!*«, zischt sie, lacht mich entsetzt an und sagt: »Das hast du nicht gehört, dass ich das gesagt habe, okay? Das hast du nicht gehört!«

Nach der toten Stunde krame ich die Adresse von Demiáns Arbeitsplatz aus meiner Hosentasche. Keine fünf Minuten später bin ich bei Anonymus. Obwohl der Laden das gleiche Logo wie die Hacker-Organisation benutzt, hat das eine mit dem anderen nichts zu tun. Das kubanische Anonymus ist ein auf deutschen Spätherbst herunterklimatisierter Computerladen, in dem Demián und sein Boss raubkopierte Videospiele verkaufen und Handys reparieren.

Demián bringt sein letztes Geschäft zu Ende, dann sagt er, einige Stunden vor Ende seiner Arbeitszeit: »Nichts wie raus aus diesem Scheißladen.« Zurück im Licht, in der Hitze und dem Lärm der Stadt holen wir uns zuerst unsere Criollos bei seinem Lieblingshändler, einem alten Hutzelmann mit schiefem Kiefer und grauen Krauselocken, dessen Lebenskraft neben dem Verkauf von Zigaretten nur noch zum Lachen und Spucken reicht. Vor- und Nachteile der kubanischen Mangelwirtschaft: Da die beliebten, weil günstigen und am Mundstück mit Zuckernelken aromatisierten Zigarettchen nicht ausreichend produziert werden können, kaufen die Straßenecksteher alle verfügbaren Stangen auf, sobald sie in die Kioske kommen. Sieben Pesos zahlen sie für eine Schachtel und verkaufen sie an den Straßenecken für zehn. Jetzt könnte man meinen, dies sei ein Geschäft von kubanischen Schlitzohren gegen die eigenen Leute, die fast genauso arm dran sind wie sie selbst. Aber Fakt ist: Kuba hat größere Probleme, als sich um solche Leute zu kümmern. Und da jeder Kubaner tricksen und betrügen muss, wo er eben nur kann, hat man für die drei Pesos Preisaufschlag solidarisches Verständnis.

Vorbei an der Plaza de Marte; vorbei an einer riesigen Kessel-
tonne, in der Schweinehaut frittiert wird, umlagert von sechs
schwitzenden Männern; vorbei an den kleinen, mal mit Sträuchern oder Palmen ausgeschmückten Straßen Santa Bárbaras, in
denen die ruhende Zeit nur durch ein Wunder voranschreitet und
sich die Kinder nackt und quiekend durch die Pfützen rollen.

Demián wohnt fast direkt an der Avenida Aguilera, genau zwischen dem *autoservicio* und dem Ministerium für Immigration und
nur einige Straßenblöcke von Alain entfernt. Wie selbstverständlich steht direkt an der Ecke seiner Wohnung eine Büste Martís,
uns streng und gewissenhaft anstarrend.

Die ganze Familie ist zu Hause: Demiáns Frau Patricia, die gemeinsame Tochter Violetta und die beiden Kids aus Patricias erster Ehe, Junge und Mädchen, sechzehn und vierzehn Jahre alt. So
sieht die Wirklichkeit eines Intellektuellen, eines kubanischen
Dichters aus: Den Tag über repariert er Handys, um kaum auch
nur das Allernötigste für seine Familie zu verdienen; abends sitzt
er in einer fensterlosen, stickigen Wohnung, die so groß ist wie anderer Leute Wohnzimmer und kämpft mit vier anderen Menschen, aufgeteilt auf zwei voll gestopfte Räume, um jeden Zentimeter Raum. Während Patricia in der winzigen Küche abwäscht
und den Regen aus dem Haus wischt, machen die Stiefkinder ihre
Hausaufgaben und tobt die eineinhalbjährige Violetta durch die
Wohnung als das wunderbare Energiebündel, dass sie ist. Es ist
Liebe auf den ersten Blick. Violetta hat keine Berührungsängste,
sitzt mir auf dem Schoß und stiert mich mit ihren runden, leuch-
tenden Augen an.

Als ich Demián kennenlernte, hatte mich mein Gefühl nicht
getäuscht.

Ich habe das Gefühl, nach Hause gekommen zu sein.

Gegen die Wand gelehnt sitzen wir auf dem Boden. Zwischen
all dem Hin und Her zeigt mir Demián seine Bücher und seine gra-
fischen Arbeiten, zwischen all dem Auf und Ab nutzen wir jede Se-

kunde, um über Pessoa, Hölderlin, Guillén und Cortázar zu sprechen, uns unsere Geschichten zu erzählen und die Welt kommen zu lassen. Violetta hüpft auf uns herum, eine Freundin besucht Patricia, die Kinder wollen den Computer benutzen.

»Cioran«, beginnt Demián, als hätte er meine Gedanken gelesen, »hat einmal geschrieben, es gebe nichts Schlimmeres, als alle Freiheit und Zeit zum Schreiben zu haben. Denn man verliere all die Spannung und Geschichten, die es zu schreiben gelte. Aber ich sag dir, wenn ich nicht meditieren würde, wäre ich am Ende.«

Den besten Reis mit Bohnen, den ich jemals gegessen habe! Patricia entschuldigt sich, dass sie nicht mehr anbieten kann. Es bringt nichts, ihr hoch und heilig zu versichern, dass ich dies jeden Tag essen könne, ohne müde zu werden – sie geht trotzdem los, um noch irgendwo einen Nachtisch aufzutreiben.

»In Kuba sind wir schon zufrieden, wenn wir ausreichend zu essen haben«, sagt Demián und zündet sich eine Criollo an. »Es gab Zeiten, gerade in den Neunzigern, da hat in Santiago kaum jemand gebraten, weil Öl viel zu kostbar war. Damals gab es nur Kartoffeln. Als ich morgens aus dem Haus bin, habe ich eine einzige Kartoffel gegessen, mit Schale und allem, in ein bisschen Öl getunkt, das war's. Als einige Jahre nach dem Zusammenbruch der Sowjetunion die letzten Reserven des Staates zu Ende gingen, haben wir uns von Gemüseschalen und Katzenfrikassee ernährt, der Kaffee bestand aus altem Erbsenmehl. Es gab kein Öl, keine Seife, nichts. So gesehen leben wir heute in luxuriösen Zeiten.«

Einmal in Fahrt, kann Demián kaum aufhören zu reden. Ich höre seinen Erinnerungen zu, großen Erzählungen von Theaterabenden, als es keine Theater gab, von Kokain für drei Pesos das Gramm und den privaten Zusammenkünften in seiner damaligen Junggesellenwohnung, zwanzig Leute in einem kleinen Raum, die Gedichte, die Liebschaften, die Musik. Ekstatische, freie Zeiten, gefolgt von Jurastudium und Gefängnis. Nach der Erwähnung des Gefängnisses macht Demián eine Pause und reibt sich die Nase. Dann klatscht er sich auf die Oberschenkel, als könnte er nichts gegen seine Gedanken tun. Als wollte er sie zum Platzen bringen.

»Seit sechzig Jahren befinden wir uns im Krieg, im Krieg mit den USA. Und das allererste, was in einer Diktatur und im Krieg stirbt, hier wie dort, ist die Presse- und Meinungsfreiheit. Aber wenn man nicht mehr sagen darf, was man sagen muss, haben sie dir die Menschlichkeit geraubt. Und wenn sie dir die Menschlichkeit rauben ..., dann kannst du wieder alles hinausschreien, weil man dir nichts mehr nehmen kann.«

Als es soweit ist, dass Violetta völlig entkräftet auf seinem Schoß einschläft und eine der beiden Glühbirnen schon lange abgekühlt ist, verabschiede ich mich.

Was von der Nacht noch übrig bleibt:

Am unteren Ende der Santa Rosa steht ein *improvisador,* einer jener kubanischen Hofnarren, die es sich erlauben, Gesellschaft und Politik mit hellem oder dunklem Humor und Wortspielerei zu kommentieren. *Improvisadores* streunen durch die Stadt, singen oder rappen oder erzählen von dem, was ihnen das Auge anheimgibt und von überallher auf die Zunge fällt. Ungefähr fünfundfünfzig Jahre alt, steht der Vollbärtige unter dem gelben Lichtkegel einer Straßenlampe. Mit den Armen fuchtelt er zu dem Beat, den seine Füße schlagen. Die Flasche Rum wedelt in der Luft. Er singt:

»*¡El Papa a vino a comer rico y yo estoy jamando revolución!*«

»Der Papst kam, und er hat gut gegessen, aber ich kaue an einer Revolution!«

Zu Hause klettere ich aufs Dach und rolle den Mond über die Nacht. Eine Sternendecke aus unendlichen Jahren, doch der Him-

mel passt in die Rundung des Auges. Ich hole meinen Martí und
lese der Nacht vor:

>»So muss sie sein, die hohe Dichtkunst,
>so wie das Leben: Sterne und Kläffer
>und Höhlen, angefressen vom Feuer,
>und Pinien, auf deren duftenden Zweigen
>ein Nest jubiliert im Mondlicht,
>Im Mondlicht ein Nest jubiliert.«

ooo

Um elf Uhr stehe ich am Busbahnhof und nage an dem Gefühl,
dass es Hermes nicht bis nach Kuba geschafft hat. Als aber der
Bus aus Varadero auf den Parkplatz biegt und seine Türen öffnet, kann ich meinen Bruder zum ersten Mal seit einer gefühlten
Ewigkeit wieder in die Arme schließen: Da wir beide das letzte
Jahr permanent unterwegs waren, haben wir uns fast zehn Monate nicht gesehen. Doch außer, dass er in seinem halben Jahr
Südamerika, besonders Kolumbien, einige Kilos verloren hat,
scheint alles beim Alten.

Hermes hat Runa im Schlepptau, eine junge Deutsche, die
mit im Bus saß. Wir nehmen sie mit zur Casa Azul, es wird sich
schon ein Platz finden – Mayra und Milsy tun händefuchtelnd
so, als sei die Überbuchung ein riesiges Problem, freuen sich aber
natürlich über mehr Gäste, weil mehr Gäste mehr Unterhaltung
bedeuten.

Nachdem alles geregelt und abgestellt ist, ziehen wir durch
die Stadt, sitzen eine Stunde bei Rafael, essen bei La China,
durchkämmen das Hafenviertel und trinken gegen die Hitze,
uns von Kiosk zu Bar und von den Bars zu den Kiosken schlep-
pend. Gerade die alten Spelunken, belebt nur von Verrückten,
jinerteros und Wegelagerern, haben es uns angetan. So dicht,

wie hier das Blut in den Venen steht, kann sich kein Mensch
trinken.

>Ich liebe die Bars und Tavernen
am Rande des Meers,
wo das Volk plaudert und trinkt,
bloß um zu trinken, zu schwatzen.
Wo Juan Niemand hereinkommt und seinen
elementaren Schluck Branntwein verlangt,
und anwesend sind Juan Ungehobelt und Juan Schnappmesser
und Juan Nasenloch bis hin zu Juan
Einfalt, dem einzigen, der nichts als
Juan ist.«

NICOLÁS GUILLÉN, »BARS«

Dass die Hälfte der Stadt um drei Uhr mittags schon besoffen ist,
wundert keinen der beiden. Hat man sich Kuba so vorgestellt? Die
Rassel in der einen und die Rumflasche in der anderen Hand,
Schalk auf den feuchten Lippen und keinen Gedanken an morgen
im Herzen? Die Santiagueros jedenfalls überschütten ihre Besucher so großzügig wie mühelos mit ihren Szenen:

Ein Veteran der Revolution, ein alter, eingefallener Mann mit
einer Dose Cristal zwischen den Beinen, sitzt in seinem Rollstuhl
an der Straßenecke und verhökert seine paar Tabletten, eine Glühbirne, Drähte und drei Wäscheklammern. Die Frau, die ihm Gesellschaft leistet, pfeift ihm ein Lied.

»Oh Gott, wie süß«, sagt Runa, als neben uns eine *patrulla* hält,
ein Streifenwagen. Und wahrlich: Man möchte den Polizisten
einen Fünf-Peso-Schein zustecken, wie sie, dick und sich die Hose
zurechtrückend, aus dem mickrigen alten Lada steigen und keinerlei Respekt einflößen.

Kaum ist die Streife verschwunden, flüstert eine Frau, die ein
paar Möhren und Gurken nach Hause schleppt, dass sich diese

Scheißkommunisten verpissen sollten. Ein ihr entgegenkommender Mann wiederholt es unter schallendem Lachen, »Hört, hört, diese Kommunisten sollen sich verpissen!«, bevor er einer jungen Frau José Josés »Mujeriego« hinterhersingt:

»*No me importa que me digan mujeriego, yo las amo, yo las quiero.*«
»Nennt mich ruhig einen Weiberhelden, aber ich liebe sie, ich begehre sie.«

Wir kehren ein:
Setzen uns zu zwei alten Omis, die in ihren Schaukelstühlen sitzen und eine Rede Fidels im Fernsehen beobachten. Der Hausherr bringt uns *refresco*. Ob man Fidel möge, natürlich, wird uns versichert; ob man wolle, dass er noch lange lebe, sicher, na sicher: Wenn Fidel stirbt, ist es mit Kuba vorbei.

Einige Häuser weiter werden wir von dem Mann, der uns auf der Straße seinen billigen Fusel angeboten und sich als ehemaliger *comandante* der Armee vorgestellt hat, durch sein Haus, seinen typischen Santiago-Fuchsbau, geführt. Nach dem fensterlosen ersten Raum, der immer das Wohnzimmer bildet, geht es lange nach hinten, wo sich ein Räumchen an das andre reiht und Spülküche und Bad unter freiem Himmel stehen. Ungezählte Kinder, Jugendliche, Männer und Frauen. Auf dem Fußboden sitzt ein behinderter Mann über einer klapprigen Platte voll Reis und etwas Huhn. Er steht auf, um uns zu begrüßen, grinst, er weiß nicht für wen und warum, den Teller hat er abgestellt und vollkommen vergessen, ich reiche ihn ihm zurück, er grinst, setzt sich, isst weiter.

»Ein guter Junge«, sagt der bis oben hin abgefüllte *comandante* und erklärt uns, welches Familienmitglied in welchem Raum schläft. Während der Hund permanent an ihm herumspringt und ihm vor Aufregung so wild an der Hand herumbeißt, dass sie zu bluten beginnt, erzählt uns der Veteran von seinen Jahren bei der Armee, von Angola und der großen Hure USA.

Was für ein Land Kuba wäre mit Freiheit!

Was für ein Land Kuba wäre ohne das Embargo!

Was für ein Paradies Kuba wäre ohne die Klauen des Imperiums!

Als Hermes auf ein gerahmtes Foto zeigt, auf dem eine junge Frau zu sehen ist, schreit er mit all seiner in die Jahre gekommenen und in der Schnapsflasche versunkenen Kraft: »Meine Enkelin! Und bei Gott, sie ist eine HURE!« Schallendes Gelächter, gefolgt von einer neuen Flasche Fusel. Plötzlich Klavierspiel, direkt nebenan. Als wir mit einem Dutzend Leuten am Fenster stehen, sehen wir hinter den Fensterstangen einen sechsjährigen Jungen, der, wenn es mich nicht täuscht, Beethoven spielt.

Hermes und Runa stehen zwei Meter auseinander, liegen sich aber bereits brüderlich in den Armen. Ich schaue in ihre Augen. Da steht sie schon, die Liebe zu dieser Stadt, rot und so groß wie Sperrangelweite.

Das Ende des ersten Tages der Neuankömmlinge:

Als wir wieder vor der Casa Azul stehen, duckt sich ein Hund in den Hauseingang Presidentes und pisst ihm die Treppe voll. Hermes und Runa sind erledigt und legen sich hin, um etwas Schlaf nachzuholen. Ich dusche, ziehe mir ein frisches Hemd an, nüchtere mich mit einem Liter Wasser und nehme ein *moto* nach Portuondo.

Sein Konterfei prangt direkt gegenüber seinem Haus.

Ein Graffitikünstler hat Alain und seine beiden Bandmitglieder auf einer Hauswand verewigt, wobei verewigt das falsche Wort ist. Schon ist die Farbe blass und sind Teile der Mauer abgebröckelt, schon ist der halbe Stoff abgetragen von Sonne, Regen, Wind.

Menschen in ihren Beschäftigungen Witzemachen und Körpertakt, die Kinder auf Fahrrädern, die Senioren begierig, die

Hunde zusammengerollt im Schatten. Nicht nur die Straße, sondern auch Alains Haus ist eine Versammlungsstätte vor dem
Herrn. Bevor es in den schmalen Betonflur geht, von dem die kleinen, dunklen Betonzimmer abgehen, ist der erste, helle und zur
Straße hin offene Raum des Hauses tatsächlich wie ein Empfangs-
zimmer konzipiert und fast genauso eingerichtet: stickige Luft,
eine Sitzbank, zwei Stühle. Halb Santiago schlendert hier ein und
aus. Alains Mutter Miriam ist Ärztin und gibt jungen Schülerinnen
Unterricht, zudem kommen unzählige Besucher für die gefühlt
Dutzende Schwestern, Tanten und Nichten, die hier wohnen oder
nicht. In all diesem wunderschönen Tohuwabohu empfängt Alain
seine bunte Brigade an *santeros,* Musikern, Gangstern, Dichtern,
Nachbarskindern und bereits in die ewigen Jagdgründe fortge-
greisten Alten, die mit einem kleinen Tütchen Reis wieder auf die
Straße entlassen werden.

Alain hockt in all dem wie ein Häuptling. Ein Berufener, der es
in diesem Chaos irgendwie anstellt, alles magisch beisammen und
am Laufen zu halten. Dieser kleine, fast pathologisch dürre Mann
mit dem Rastaberg an Haaren und den höchstens nur halb geöff-
neten Augen haushaltet mit einer Energie, die selbst für das Uner-
schöpfliche zu viel wäre.

»Demián meinte übrigens, ich solle dich fragen, um mehr über
die Santería zu erfahren.« Wie einen Köder schmeiße ich ihm meinen Satz vor die Füße. Alain hebt den Kopf, seine Augen weiten
sich. Der Nachbarshund kommt zu uns gelaufen, von draußen ruft
ein Junge: »Basura! Basura!«

Es ist wahr. Der kleine Hund hört wirklich auf den Namen
Müll.

»Scheiiiiiiiiiiße, Demián hat recht, aber es ist eine lange Geschichte, davon zu erzählen. Es ist eine Erzählung von Afrika. Es
ist kompliziert, Mann! Aber im Grunde gibt es drei verschiedene
sogenannte afrokubanische Religionen, weißt du, die alle mit den
Sklaven aus Afrika kamen. Als die Spanier die Schwarzen nach

Kuba brachten, hatten sie nichts. Mann, sie hatten nichts, keine Trommeln, kein Buch, keinen Besitz, kein Land. Ich sag dir, die Weißen sind Räuber! All diese alten Traditionen der Yoruba-Leute wurden mündlich weitergegeben. Das ist meine Zunge. Scheiße, sie hat Erinnerungen und lässt sich nicht ablegen wie eine Kette. Jedenfalls ... vom 18. Jahrhundert bis heute blieb fast alles unverändert erhalten, aber zu Beginn des 19. Jahrhunderts baute man auf Kuba die erste Batá, die erste zeremonielle Trommel, wie man sie in Afrika kannte. Und die Priester sangen, Mann, sie sangen, sie kannten noch all ihre Lieder. Diese Männer sind wahre Bibliotheken. Schau ...«

Alain wickelt sich seine Haare und schnippt sich eine Popular aus der Schachtel. Nach dem ersten Zug glimmt noch ein kleines bisschen mehr Feuer in seinen Augen.

»Jeder *orisha,* jeder Heilige hat einhunderteins eigene und nahezu eintausend verwandte Songs, und wir haben zwanzig *orishas.* Jetzt kannst du es durchrechnen. Scheiße, wenn du das alles lernen willst, musst du als kleines Kind anfangen, es ist unglaublich. Alles von Mund zu Mund, genauso, wie wir hier von einem Tag in den anderen leben. Das war die Musik, die man überall auf Kuba hörte, besonders hier in Oriente und in Santiago. Als sich die kubanische Identität entwickelte, war diese Musik entscheidend, Scheiße, selbst die von der Partei oder Kirche haben alle irgendwo eine Beziehung zu einem *santero,* zu dem Sound der Batá. Es ist Teil ihres Geschäfts. Und alle machen Geschäfte.«

»Als ich in den USA war«, werfe ich ein, »habe ich viel über die Anfänge des Blues und Jazz geschrieben. In den Südstaaten wurde den Sklaven ja die Ausübung ihrer Religion und ihrer Bräuche verboten, später aber legte die afrikanische Call-and-Response-Struktur den Grundstein für den Jazz und den Blues, die mit den Instrumenten der Weißen gespielt wurden. Hier hat man den Sklaven ihre Traditionen nicht ausgetrieben, zumindest nicht alle – das ist ein phänomenaler Unterschied.«

Eine Tante kommt vorbeigelaufen und schüttet einen Eimer dampfendes Wasser auf die Straße und schreit: »Verdammt!«

Alain schüttelt den Kopf.

Dann antwortet er mir.

»Ja, Mann, Kuba ist außergewöhnlich. Erstens hat man die verschiedenen Ethnien aus Afrika nicht getrennt, sondern sie wurden alle vermischt. Für die Räuber waren sie einfach nur Schwarze aus Afrika, sie interessierten sich nicht dafür, ob der eine aus dem Kongo und der andere aus Nigeria kam, kein bisschen. Was dazu geführt hat, dass sich auch unter den Afrikanern selbst die Traditionen und Kulte vermischt haben. Und zweitens kam es zu einem Synkretismus, zumindest nennen wir das so, weil die Afrikaner in den Heiligen der Katholiken Merkmale ihrer eigenen Heiligen sahen. Sie fanden Ebenbilder ihrer eigenen Götter, nur mit anderen Namen, aber egal, es handelte sich um Heilige, und Heilige sind überall Heilige, richtig? Außerdem hatten sie ihre eigenen *orishas* damit getarnt und beschützt, verstehst du? Changó ist Santa Bárbara, Ochún die Barmherzige Jungfrau von Cobre usw. Die Afrikaner nahmen also den Katholizismus an und schufen eine transkulturelle Religion, ja, Mann! Und die Spanier, na ja, sie sahen nur, dass die Schwarzen ihre Götter übernahmen und waren zufrieden. So ist der weiße Mann, aber immerhin kam es zu keinen Verboten. Aber zurück zum Beginn, ich wollte dir die großen drei sagen:

1. Palo Monte: Palo Monte ist die Verbindung zwischen dem Leben und dem Reich der Seelen. Sie kommt aus dem Kongo und ist hier stark vertreten, weil die Spanier die Kongolesen für gute Arbeiter hielten, die die Hitze gut vertragen konnten. Tssss, es ist eine dunkle Religion, da man auch immer einen Pakt mit den bösen Spirits schließen muss, um von ihnen verschont zu bleiben. Damit sie dich nicht ficken, musst du ihnen huldigen.

2. Regla de Ochá oder einfach Santería: Sie ist mehr generell.

3. das Buch Ifá!: Ifá hat nichts mit den Heiligen oder Spirits zu tun, es ist so was wie ein Orakel. Man braucht einen *babalao,*

der die Zeremonie durchführt, einen Gelehrten, der das
Buch Ifá studiert hat. Das Buch ist wie die Bibel, weißt du?
Es geht um einen Menschen, der wirklich gelebt hat. Sein
Name ist Orúla. Er ist durch ganz Afrika gereist, durch alle
Länder und Städte und Dörfer, er hat an der Universität von
Alexandria studiert. Sein Wissen hat er zusammengefasst,
das heilige Buch Ifá. Der *babalao,* der das Buch studiert hat,
kann mit Orúla Verbindung aufnehmen, und Orúla, ein Hei-
liger, ein Seher, wenn du so willst, hat alles aufgeschrieben:
die Vergangenheit, die Gegenwart, die Zukunft. Auch dein
Schicksal.«

Miriam taucht auf und ruft Alain ins Haus. Das Telefon. Als er
zurückkommt, hat er sich sein Jamaika-Netzhemd übergestreift
und *jangletas* an den Füßen.

Er müsse los, ein paar Dinge erledigen.

»Es ist ein hartes Leben«, sagt er und verabschiedet sich. »Man
regiert über uns. Jeden Tag müssen wir weitermachen, Mann. Jeden Tag ist es ein neuer Kampf gegen Babylon. Komm morgen
wieder, *hermano,* dann reden wir weiter.«

Zu Hause sitzen Mayra, Runa, Hermes und eine ziemlich verbal-
lerte Ling im Wohnzimmer. Ich wundere mich kaum, sie zu sehen
– so oft schon war sie einfach so aufgetaucht, dass ich mich an den
Spuk dieser Frau gewöhnt habe. Apathisch sitzt sie im Schaukelstuhl und schaut ins Leere. Sie habe den gesamten Vormittag in
Baracoa gesoffen, sagt sie, und im Bus nach Santiago noch mehr.
Ihren nächsten Satz schreibe ich auf: »In Kuba ist Rum einfacher
zu finden als Wasser. Deswegen habe ich überhaupt angefangen,
Rum zu trinken.«

Mayra verdreht die Augen und schimpft über Touristen: Sie
würden alles Schlechte der Kubaner dankend annehmen, die Hu-
ren, die Sauferei, und noch dazu jede arme Bettlerseele fotografieren, weil man sie für glückliche Karibianer halte.

Ling hat in der Tat eine gehörige Wandlung durchgemacht, vor allem äußerlich. Vor ein paar Wochen war sie kreidebleich, scheu und lief mit farblosen Funktionsklamotten durch Santiago. Heute ist sie braun gebrannt, nahezu immer betrunken und trägt ein schönes kurzes Kleid – Kuba hat ihr Leben eingehaucht, Ling steht in Blüte und Saft. Was vielleicht auch dazu führt, dass ihre latente Verrücktheit exponentiell zugenommen hat.

Als Milsy aus der Kirche nach Hause kommt, ihre Bibel unter den Arm geklemmt, sitzt sie einige Minuten wortlos neben Ling, die von Runa und Hermes den Namen Linny bekommen hat, bevor sie mich beiseite nimmt.

»Denni, wer in aller Welt ist diese Chinita? Sie macht mir Angst ...«

Auch Mayra gibt sich keine Mühe, Linnys Namen zu lernen. Von der ersten Sekunde bis in alle Ewigkeit ist und bleibt sie in der Casa Azul nur Chinita. »Immerhin«, sagt die Angesprochene. »Alle anderen sagen immer nur China zu mir. Chinita, na ja, das ist gar nicht so schlecht.«

Wir stimmen ihr zu.

Und da Runa schon bei uns untergekommen ist, macht Linny jetzt auch nichts mehr aus. Mit vier Leuten haben wir immerhin zwei Zimmer und eine Terrasse, über die der Nachthimmel mit offenen Händen wacht.

Das sollte klappen.

Oder wird gewaltig nach hinten losgehen.

ooo

Hermes und ich sind alleine auf der Terrasse eingeschlafen. Im Morgengrauen aber liegt Linny zwischen uns und schießt Selfies mit ihrem Handy. Natürlich hat der Tag bereits ohne uns angefangen, natürlich hört man die bereits zur Entfaltung gekommene Stadt. Natürlich brüllen die Himmel.

Ich ziehe mich aufs Mäuerchen.

Hunde mit kurzen Beinen, Hunde auf den Dächern, Pitbulls mit kurzen Beinen, ein dunkler Deutscher Schäferhund, Dächer, Hunde, Santiago de Cuba. Aus dem Hausgegenüber wird Schutt getragen, einige schwere Steine auf ein Wägelchen gepackt, ein ziemlich abgewracktes Wägelchen mit krummen und schiefen Rollen. Ein kräftiger Schwarzer schiebt und drückt es die Straße hoch, aber es hilft kaum.

Nach nur hundert Metern ist er komplett durchgeschwitzt.

Derweil Sonnenflut, derweil Kehlendrill der Ausschreier:

»Bocaditos, helado, bocaaaaaaditos, heeeelado ...«

»¡*Ven aka!,* Principe, Hermes, Chinita, Runa. ¡*Ven aka!*«

Wir folgen dem Ruf. Unten: Milsy in ihrer Dreiheiligkeit von Kochen, Putzen, Telefonieren, Mayra mit Gezeter, Liebelei und Telefonhörer. Zum Frühstück Tortillas und *bocaditos,* Bananen, Guaven und jede Menge Kaffee.

»*Ai,* Chinita«, beginnt Mayra, »ich habe hier noch zwei Holz-stäbchen liegen, damit kannst du Reis essen.« Hermes, Runa und ich lachen uns kaputt. Mayras Unverblümtheit ist gleichzeitig be-sorgniserregend und unwiderstehlich.

»Ich kann nicht mit Stäbchen essen«, erwidert Linny.

»PAHH! Dann bist du keine richtige Chinesin.«

»Ich komme aus Malaysia und meine Großeltern ...«

»..., die waren auch Chinesen, ganz sicher, ich weiß. Hör mal, ich lasse dich hier umsonst wohnen, was hältst du davon? Chine-sen sollen einem Haus Glück bringen. Und du kannst hier deinen Zauber machen. Milsy, gib Chinita Früchte, sie ist die Tochter von ... na, von ... Allah!«

¡*Madre mia!* Ich könnte hier stundenlang sitzen und diesem Schauspiel beiwohnen, muss aber zum Training. Doch bevor ich meine Sachen packe, bekomme ich noch eine entscheidende

Lehrstunde. Als ich aufstehe und der Schaukelstuhl nachwippt, packt Milsy entsetzt nach dessen Lehne und bringt ihn zum Stoppen.

»Das darfst du nie wieder machen«, mahnt sie.

»Wenn ein leerer Schaukelstuhl wippt, setzt sich ein Toter hinein.«

Moto-Fahrer mit Marke Knatter-MZ.

Ob ich eine *chica* bräuchte?

Nein danke, ich hätte eine.

»Nur eine?«, schreit er. »Mann, hier braucht man mindestens zwei, eigentlich drei. Wir haben nicht viel, aber Kuba ist kein geiziges Land, *cojones!*«

Sala de Polivalente.

Francisco hatte mir die Adresse aufgeschrieben. Aber das erste bekannte Gesicht ist Santiago, der gemeinsam mit Luis einem Schachspiel zusieht. *Bueno,* dann dauert es eben mit dem Training, bis man hier fertig gesichtet hat.

Drinnen eine große Überraschung. Die Boxabteilung der Sala de Polivalente, die verschiedene Sportabteilungen und deren Trainingsgerät beherbergt, ist hervorragend ausgestattet und im Vergleich zu dem Kellerloch, in dem wir bislang trainiert haben, ein Himmel auf kubanischer Erde. Eine große, luftige Halle mit etlichen tadellosen Boxsäcken, einem professionellem Ring und Hantelstangen mit Stange *und* Hanteln. Das muss man mir erst mal erklären, warum die ganze Zeit drüben trainiert wurde und nicht hier. García erbarmt sich. Die anderen Boxer, die nicht aus Santiago stammen, waren im Hotel Deportivo besser und komfortabler untergebracht. Mit Blick auf die Aufenthaltsräume macht das Sinn. García führt mich durch die Unterkünfte, wo ich erfahre, dass er, bis auf die Wochenenden bei seiner Familie, seit unzähligen Jahren hier wohnt. Bodenschlafend in einem stickigen, von etlichen anderen Boxern benutzten Raum, pissend in Toiletten, in denen es nur Blinde und Anosmietische aushalten und duschend in feuchten, allen Säuberungsversuchen standgehalten habenden Waschzellen.

García ist kahlgeschoren. Warum er seine Haare abgeschnitten habe, frage ich ihn. Er sagt kein Wort und zeigt auf Francisco. Und danach auf Jusiel, der ebenfalls mit kurzen Haaren an die Boxsäcke geht. Als Junior kommt und Francisco mit einem *»Buenas«* begrüßt, kapiere ich es endlich.

»¡BUENAS!«, antwortet Francisco und gibt ihm eine Kopfschelle. »Morgen wirst du hier mit einer ordentlichen Frisur antanzen, hast du das verstanden?! Wir sind doch hier nicht bei den Schwulen!«

Lachend trödelt Junior von dannen.

»Und du?«, frage ich Francisco und zeige auf seine – wenn auch kurzgehaltene – Lockenpracht.

»Ich? Ich habe die schönsten Locken der Stadt, *cojones!«*

Zirkelrunden an den Säcken, an der Klimmzugstange, Schattenboxen und Sparring. Nachdem die Jungs aus den Vororten letzte Woche abgereist sind, haben sich einige Neue zu uns gesellt, von denen ein paar wiederum Alte sind, die nicht für Guantánamo trainiert haben. Trotz etlicher Erklärungsversuche kapiere ich es nicht ganz, was mir und allen anderen auch egal ist. Immerhin habe ich schon lange aufgegeben, die Dinge erfragen und dann auch noch glauben zu wollen. Die, die hier sind, sind hier, und sie schwitzen und kämpfen und müssen sich die Haare kurz schneiden wie richtige Männer, fertig: Das ist die einzige Wahrheit, der man sich sicher sein kann.

Die Weite und gute Ausstattung des Raumes beflügeln. Jeder wird leichter. Zum Abschluss des Trainings kommt einer der Neuen und zeigt mir auf seinem Handy Fotos von Frauen, die er mir besorgen könnte. Er flippt von einer zur nächsten. Auf keinem der

Bilder kann man die Frau auch nur annähernd erkennen, höchstens, dass es überhaupt eine ist. Ganz besonders angepriesen wird seine ›Cousine‹: eine Falschlockenpracht ohne erkennbares Gesicht. Aber wer braucht das schon, wenn man ein neongrünes, knatschenges Oberteil trägt, auf dem »Engel« steht?

Ein Abend und ein Vormittag in der Anwesenheit eines Wunders, und Hermes spricht: »Oh, Mann, Mayra ist der größte Freak, den ich jemals kennengelernt habe, und ich kenne nur Freaks.« Genüsslich lehnt er sich zurück, um mir die letzten beiden Stunden zu schildern, immer wieder unterbrochen von seinem eigenen Lachen. Mayra habe ohne Unterlass gequasselt, ihren Strampler nicht abgelegt, im Schaukelstuhl gelegen wie eine Moby Dicky aus weißem Fleisch. Sie hätte über Schwarze geschimpft, über Kubaner und sogar Spanier, sie hätte über Miami Beach geredet und von zerbrochenen Toiletten und nur den Mund gehalten, wenn sie zwischen ihren burroughslesken Erzählungen telefonierte.

Dann sei sie auf der Treppe ausgerutscht und umständlich, ihrer Fallmasse entsprechend, zu Boden gegangen, begleitet vom Geschrei Milsys, die das alles mit angesehen und sie mit fortlaufenden »Wie kann man nur so dämlich sein!?«-Chorälen angeschnauzt hatte.

¡Aplauso!

Nun liegt Mayra ausgestreckt im Bett. Das Zahnweh ist mitsamt ihrer Diät fest vergessene Sache. *»¿Dulce?«*, fragt sie mich und hält mir ein Stück von dem Kuchen hin, den sie Stück für Stück verschlingt. Der Fuß etwas geschwollen. Nichts Wildes. Mayra ist bei bester Laune, Milsy springt um sie herum und Hermes klärt mich über die Spitznamen auf, die er den beiden verpasst hat. Milsy ist Murphy und Mayra, in Anlehnung an Jabba the Hutt aus den Star-Wars-Filmen, schlichtweg Jabba.

Hermes braucht einen Friseur, also bringe ich ihn zu Ramón. Ich habe noch nie seine Dienste in Anspruch genommen und doch des Öfteren bei ihm gesessen. Sein Ladenlokal ist ein wunderschöner Raum mit dem Charme Santiagos. Die Holzpforten hat Ramón vollständig geöffnet, um so viel es geht von der vorbeihuschenden Welt zu erblicken. Es gibt nur einen Friseurstuhl, der in der Mitte des Raumes thront, einen dicken, breiten Stuhl mit einem unendlich dicken und ewig breiten Ramón darinnen. Hat er keinen Kunden, sitzt er hier wie angewurzelt unter dem Deckenventilator und starrt nach draußen, ein König in seinem Reich, so einfach ist das.

Ramón: »Mir kann es nicht besser gehen. Ich habe Musik und schau, einen Ventilator. Und ab und an kommt jemand vorbei.« Natürlich hat er recht, alles andere ist nur Zubrot, nur die Illusion eines besseren Lebens, da alles Entscheidende des Menschen – Körper und Geist – sowieso permanent anwesend sind.

Haarschnitt. Zwischen einem so schlecht wie obszön gemalten Bild einer Bikinidame, der das Schamhaar in großen Wellen aus dem Slip schießt, und dem gegenüberliegenden Poster von Papst Franziskus *(»Bienvenido a Cuba«),* dessen fröhliches Winken der leicht bekleideten Dame gewidmet zu sein scheint, sitzt Hermes und bekommt ungefragt einen Schnitt namens El Junkie verpasst.

So einfach ist das.

Vorbei an der Plaza de Dolores, die jederstündlich die meisten Besoffenen und schrägen Vögel aller *plazas* ihrem durcheinandergewetterten Tagesende anheimgibt, vorbei an rauchenden Erdnussöfen und alten Fords, Cadillacs und Pontiacs, die alle aus einer Zeit stammen, als man noch von Autos geträumt hat. Vorbei an Genosse Sonne und *comandante* Farbe, vorbei an all dem, was die Hunde erschnüffeln, wenn sie den Kopf durch die Eisengitter recken, vorbei an den Worten Demiáns:

»Es gibt eine Stadt aus verträumten Bildern ihrer Bewohner
verloren in ihren Labyrinthen und bereit
als Furcht in der Sonne zu posen.
Die aufgetauchten, insomnischen Straßen hören und sind
wach
fast Eigentümer einer Geschichte aus Fieberschritten
fast mit Wünschen fast als Urteil.«

Wie verabredet treffen wir ihn auf der Terrasse des Ven. Demián
steht am Geländer, raucht seine Zigaretten und blickt über die
Stadt. Wir lassen uns Kaffee kommen. Wie geht es Violetta, was
macht der Weltenschmerz und wie hoch steht das Sonnenrad?
Gut, gut, gut. Eine Minute bloß und schon haben wir uns für den
Rest des Nachmittags eingerichtet.

Nachdem wir ausreichend über Gramsci und schließlich
Martí dahinschwadroniert haben (Demián: »Trotzdem ihn
kaum jemand wirklich liest, ist er ihrer aller Gott. Auch für
jene, die ihn verneinen. Wenn sie Kubaner sind, ist Martí auf
die eine oder andere Weise in ihnen präsent, er ist die Kubani-
tät in reinster Form. Er ist der Meister. Und man kann sich einfach nicht mit dem Meister anlegen.«), lädt er uns ein, an einem
seiner Projekte mitzuarbeiten, das er »Collective Hypnosis«
nennt bzw. nannte. Ein uraltes Unterfangen, sagt er, das nie ver-
wirklicht worden sei, und er wolle es unter neuen Vorzeichen
erneut aufgreifen.

Doch Demián, sich mit der letzten Glut seiner Kippe bereits
die neue anzündend, versucht in der Tat, von vorne zu beginnen:

»Früher, als ich jung war, war die Sache für die Kubaner eindeutig. Entweder man war für oder gegen die Revolution. So
oder so, zu der einen oder anderen Seite hin: Die Revolution
war derart stark, man konnte von ihr nur hypnotisiert sein. Fidel wird immer wieder als großer Hypnotiseur bezeichnet, weil
seine Ideen eine solch große Macht und Anziehungskraft ha-

ben, dass sich die Menschen mehr im Himmel als auf der Erde wähnten. Heute aber haben sich die harten Positionen aufgelöst, pro und contra sind aufgeweicht, alle befinden sich mehr in der Mitte, versteht ihr? Es ist wie ein kollektiver Zustand irgendwo zwischen wachen und träumen, der das Hypnotisiertsein abgelöst hat.«

Demiáns Aussage deckt sich mit meinen Beobachtungen. Kuba befindet sich mehr im Schlaf als unter Hypnose. Das gesamte Land hält sich in einer eigenartigen Schwebe. Man hat die Vergangenheit, die großen Jahre und den Geist der Revolution hinter sich gebracht, ohne in einer anderen Zukunft angekommen zu sein. Keiner kämpft mehr, keiner giert, keiner leidet. Man kann nichts anderes tun als abwarten, so wie man bereits jahrzehntelang in der Gegenwart verharrend abwartet. Das Tragische wie Großartige an der ganzen Geschichte: Keiner ist zufrieden, aber alle sind okay.

»Als Teenager«, fährt Demián fort, »glaubte ich an den Sozialismus. Nach dem Jurastudium war ich so sehr gegen ihn, dass ich mit dem Gefängnis dafür bezahlte. Heute weiß ich, dass es keine andere Lösung als den Sozialismus geben kann. Aber das hat nichts mit meiner Strafe zu tun. Ich bin einfach älter geworden und habe Fidel besser verstanden, die Revolution und die Zeit. Und ich habe vor allem die Meditation entdeckt, die mir das Leben gerettet hat ... Nun, ich habe meine Buße getan, all die Selbstmorde liegen hinter mir.«

Sein Blick schweift kurz ab, reckt sich über die Berge.

Er schnauft einmal durch.

»Der Punkt ist: Ich habe eine großartige Erziehung genossen. Ich bin zu einem freien Menschen erzogen worden, ich durfte lernen zu denken und vor allem *frei* zu denken. Und dann, dann durfte ich mich nicht frei äußern über mein Land und was mit ihm geschieht. Es ist absurd. Man investiert Millionen von Dollar in ein gutes Bildungssystem, man formt einen intelligenten

und freien Mann und zwingt ihn in der nächsten Minute, die
Schnauze zu halten und ein Sklave zu sein. Wie Caliban. Genauso wie Caliban.«[2]

Demián macht eine kurze Pause.

Dann besinnt er sich auf das, was sich die Kubaner am liebsten
erzählen.

»In den Neunzigern gab es einen Witz auf Kuba, einen Witz
über zwei Hunde. Ein Hund ist nach Miami gegangen und trifft
dort auf einen anderen Hund, der ihn fragt, wie denn das Leben
auf Kuba sei. ›Sehr schön‹, sagt der Hund. ›Ich habe immer einen
Doktor, der sich um mich kümmert. Sie geben mir immer zu essen, und ich habe immer ein Haus. Es ist sehr gut in Kuba.‹ Da
fragt ihn der andere Hund, warum um alles in der Welt er nicht
mehr in Kuba sei? Und er antwortet: ›Weil ich nicht bellen darf!‹«

Einen tiefen Lungenzug, dann schnippt er die Kippe weg:

»Wenn ein Hund nicht bellen kann, dann ist er kein Hund
mehr. Dann hat er seine Seele verloren.«

Hermes und ich sind uns einig, dass Demián seinen Namen zu
Recht bekommen hat. Immerhin hat Hesses Romanfigur das Zeichen Kains nicht als einen Fluch verstanden, sondern als Aus-
zeichnung. Demián sah, dass sich die Menschen vor Kain und seiner Familie fürchteten, weil dieser anders und mutig genug war,
seinem Geist eine besondere Kühnheit nicht zu verweigern. Er

2   Caliban in Shakespeares »Der Sturm«:
     »Sei nicht furchtsam, die Insel ist voll von Geräuschen,
     Tönen und anmutigen Melodien, was Freude bringt und nicht
     schmerzt.
     Manchmal erklingen tausend klimpernde Instrumente
     Über meinem Haupte – und manchmal hör’ ich Stimmen,
     Die, wenn ich nach langem Schlaf erwachen würde,
     Mich wieder schläfrig machten; dann deucht’s mir im Traume
     Die Wolken täten sich auf und offenbarten Schätze,
     Bereit, auf mich herab zu regnen, dass ich, wenn ich erwache,
     Schrei’ und weine, weil ich wieder träumen möchte.«

hatte sich selbst zum Außenseiter gemacht, um die Freiheit zu besitzen, nach seiner Wahrheit leben und sterben zu können.

Als ich mich von den beiden verabschiede, um Yanelis unten auf der Plaza zu treffen, hängen mir die Worte von José Martí nach:

»Der heutige Dichter muß die Menschen lehren, sich zu lieben: er muß alle Schönheiten der Welt malen und mit der Dichtung wie mit der Peitsche diejenigen geißeln, die den Menschen die Freiheit rauben wollen, die dem Volk mittels niederträchtiger Gesetze das Geld aus den Taschen ziehen oder die gern möchten, daß ihnen die Menschen ihres Landes wie Schafe gehorchen und wie Hunde die Hände lecken.«

Sechs Uhr.

Die Kinder der Judoschule stürmen die Plaza, um ihr Training abzuhalten, Münder blühen, die Radios haben ihre beliebteste Stunde.

Wie wird es sich anfühlen, sie wiederzusehen? Werde ich mich bereits erinnern können an ihren Duft, ihren Humor, den Webstoff der Lippen, ihr Lachen?

Sie sitzt auf einer der Betonbänke, die Beine übereinandergeschlagen, den Blick starr und abweisend. Dass ihr bloß keiner der *mujeriegos* nahekommt! Als sie mich sieht, gibt sie mir eine Dubist-zu-spät-Predigt mit ihren Augen, die ich umgehend erwidere: Verdammt, in einer endlosen kubanischen Gegenwart ist man immer zu früh und niemals zu spät. Ihr Gesicht leuchtet auf. Sofort erinnere ich mich wieder, warum wir hier sind.

»Du bist zu spät. Aber dieses Mal verzeihe ich dir.«

Ihr Duft, ihre Locken, Lippenblut!

»Hast du Hunger?«

Wir stehen vor einem der höchsten Gebäude Orientes. Fast zwanzig Stockwerke sind viel in einer Stadt, in der man das meiste aufgrund der permanenten Erdbebengefahr nur ein- bis zweistöckig baut.

Überall außerhalb der westlichen Welt gibt es Restaurants, die Fotos ihrer Gerichte in die Speisekarte kleben. Seltener sind jene, die nach dem Gebäude und vor allem dem Stockwerk benannt sind, auf dem sie sich befinden. Um in die gute Stube des Restaurante Dieziocho Planta, Achtzehnter Stock, zu gelangen, müssen wir uns unten am Empfang anmelden und Yanelis muss sogar ihre Telefonnummer hinterlegen.

Von mir verlangt man nichts.

Von der Empfangsdame werden wir und sechs andere Gäste in den Fahrstuhl und um die Fahrstuhlfrau herum angeordnet. Jeder bekommt seinen festen Platz, den er nicht mehr verlassen darf, du hier, du da; fein aufgestellt rauschen wir in die Höhe. Über eine Außenbrücke geht es rüber in das Lokal, das an ein typisches Chinarestaurant in Bottrop erinnert, allerdings mit sehr viel weniger Deko. Dafür rauscht eine wirkungsvolle Klimaanlage und der Raum ist viel zu groß für viel zu wenige Gäste. Wenn man die Vorhänge zur Seite zieht, öffnet sich ein fantastischer Blick über die Stadt.

»Warum verdeckt man so eine Aussicht?«, frage ich.

Yanelis antwortet, als hätte ich sie gefragt, warum ein Biber ein Biber und keine Heuschrecke sei. Anscheinend ist es offensichtlich:

»Keiner mag, was er hier sieht.«

»Was? Es ist wunderschön!«

Tatsächlich reibt sie sich noch mal die Augen, lässt den Blick schweifen und sagt:

»Für mich sieht das alles scheiße aus.«

Die Speisekarte führt »*Arroz con subproducto de pollo*«.

»*¿Subproducto?*«, frage ich. »Was zur Hölle soll das sein?« Ihre Antwort: »Alle Sachen, die man an einem Huhn nicht isst.«

Als das Essen kommt, sagt sie, dass kaum jemand von einer Krankheit namens Beriberi wisse, die man bekomme, wenn man zu viel Reis esse. Da ich mir bei ihr nicht sicher bin, wann sie mich auf den Arm nehmen will, lasse ich sie das Ganze noch einmal wiederholen. Sie muss es wissen. Yanelis ist gelernte Krankenschwester und Ergotherapeutin, arbeitet zu einem Teil in einer Poliklinik und begleitet ansonsten, tata!, die *fumigación*.

Sie beginnt zu erzählen, wie sie nach ihrem Studium von Job zu Job geschickt wurde, so sei das eben in Kuba: Wo Fidel oder Raúl sie haben wollen, da müsse sie hin. So begleitet sie also die Soldaten während der Ausräucherung der Lebensräume, notiert jedes Haus, klingelt, informiert über die Vorgehensweise etc. Ein Job, sagt sie, den jeder machen könne, dazu brauche man niemanden aus dem Gesundheitsbereich. Sie schüttelt den Kopf. Morgen gehe sie vielleicht von Haus zu Haus und frage nach Symptomen von Fieber oder Zika, wer wisse das schon.

»Weißt du, im Gesundheitsdepartment bin ich das Bindeglied zwischen den Patienten und der Regierung, ich beantrage so Sachen wie Rollstühle, die die Leute brauchen, und meistens gibt es dann keine Rollstühle und ich bekomme den ganzen Ärger ab. Die Regierung ist viel zu bürokratisch und ineffizient, langsam und beschissen. Und ich bin für die Patienten das Gesicht der Regierung.«

Sie rührt einiges an *subproducto* umher.

»Der einzige Trost ist das feste Gehalt, auch wenn es wenig ist. Der Job ist mir mittlerweile egal, dabei wollte ich früher unbedingt helfen. Kuba ist eine Insel der gestrandeten Träume. Das habe ich mal irgendwo gelesen. *Salud.*«

Wir stoßen mit unseren Presidente an, ich frage:

»Und wenn du wählen könntest, was würdest du tun?«

Sie stellt die Flasche ab und verschränkt die Arme.

»Aufhören! Ich würde einfach nur aufhören. Aber wie gesagt, ich brauche das Geld. Gerade geht die Angst vor einer neuen Sonderperiode um. Wir sind immer noch isoliert und Venezuela hat mittlerweile schlimmere Probleme als wir. Es ist unser wichtigster Verbündeter und wird uns nicht mehr helfen können. Es ist wie damals, als die Sowjetunion zusammengebrochen ist. Schon jetzt gibt es weniger Benzin, die Rationierungen werden strenger und die Regierung rät, den Gürtel enger zu schnallen. Wenn wir uns denn einen leisten könnten! Schon wieder droht uns Hunger, kannst du dir das vorstellen! Wir haben es einmal durchgehalten, wir Kubaner können eine Menge einstecken, wir sind ein stolzes Land. Aber ein zweites Mal machen wir das nicht mit.«

Ich erinnere mich an einige der Aussagen Fidels, der während der ersten und hoffentlich letzten Sonderperiode zugab, dass es eine der schwierigsten Zeiten in der kubanischen Geschichte sei. Aber, sagte er seinem Volk, immerhin konfrontiere man ein Imperium, welches eine fremde Insel für sich beanspruche. Für solch einen Kampf bedürfe es Einheit, Mut, Patriotismus und einen starken revolutionären Geist. Nur ein schwaches Volk gäbe auf und ginge freiwillig zurück in die Sklaverei. Und die Kubaner seien kein solches Volk.

»Fidel ist ein Scheißdiktator«, antwortet Yanelis. »Und Raúl ist der Bruder eines Diktators. Wenn du hier leben müsstest, würdest du das verstehen.«

Bleibt mir nur zuzustimmen, das Bier zu leeren und das Thema zu wechseln.

»Was ist mit der Santería und Palo Monte? Sind Götter und *santos* auch Diktatoren?«

Sie zuckt die Achseln.

Bei Religionsfragen, da solle ich lieber Alain fragen.

Der kenne sich da besser aus, mit all seiner schwarzen Magie.

In Portuondo ist der Abend so sanft wie der Schlaf von Bären. In den Hauseingängen und auf den Bürgersteigen sitzen die Männer und Frauen, rauchen, schwatzen und schauen den Kindern zu unter

dem gelben Licht. Yanelis geht ein wenig sanfter, atmet genauer: Sie
fühlt sich sofort mehr zu Hause als im Zentrum der Stadt.

Natürlich ist Alain nicht allein; niemand in diesem Land ist zu
beschäftigt, um nicht Besuch zu empfangen oder irgendwo Gast
zu sein. Eddie und Clara sind da und zwei alte, wunderschöne und
faltenfrei ergraute alte Herren mit Batá-Trommeln zwischen den
Füßen. Dazu ein englischer Musiker, der es nach Manana immer
noch nicht zurück nach Hause geschafft hat, und einige andere,
denen Alain und Eddie ihre Geschichten erzählen.

Die Vorteile von Marihuana aufzählend – »Gut für das Herz,
gut für das Gehirn, gut für alles und schlecht für alles Schlechte«
– kommt Eddie schließlich doch nicht umhin, einen persönlichen
Nachteil aufzulisten. Immerhin hat er mit Clara, die er »My Em-
press« nennt, aus dem Erdgeschoss in den dritten Stock ziehen
müssen. »Jeder fragt den Rastamann nach Zucker und Zeugs, das
geht den ganzen Tag so. Deswegen sitze ich jetzt oben, Mann, da
gibt es keine Straße.«

Alain, ein Entertainer vor dem Herrn, übernimmt wieder das
Wort, die Flasche Ron Palma herumreichend. Seine Erzählungen
stammen aus dem Rhythmus Santiagos, seine Leidenschaft für
das Wort ist nahezu prophetisch. Es ist ein Vergnügen, dem man
stundenlang zuhören könnte.

Als ein junger Kerl mit einem Scooter vorgefahren kommt,
entschuldigt er sich kurz. Die beiden verschwinden im Haus. Als
sie eine halbe Stunde später wieder auftauchen, stellt er mir den
Typen als seinen *babalao*, seinen Priester, vor. Der Junge ringt sich
ein verschmitztes Lächeln ab. Wie alt wird er sein? Dreiundzwanzig, vielleicht fünfundzwanzig Jahre?

Als ob Alain meine Gedanken lesen könnte, schnippt er in der
Luft herum und sagt: »Ich weiß, was du meinst. Aber warte mal ab.
Oye, zeig ihm den verdammten Unfall, Mann!«

Der *babalao* steht auf und entblößt eine riesige Narbe, die seinen halben Oberkörper entlangwandert.

Da Alain der bessere Erzähler ist, übernimmt er die Story:

Als dieser noch kein *babalao* war, kannte Alain seinen jetzigen Vertrauten nur als Idioten, als hitzigen und beratungsresistenten Draufgänger, »wie alle jungen Leute hier in Portuondo«. Saufen und Drogen und zu schnelle Motorräder und all diesen Mist. Mit zwanzig Jahren hatte er schon zwei Kinder, trieb sich aber nur mit seinen Kumpels in der Stadt herum. Dann passierte der Unfall. Er ist nicht selbst gefahren, er saß nur hinten auf dem Motorrad. Bumm! Sein Kumpel ist in ein Auto gekracht und war sofort tot, er selbst kam schwer verletzt ins Krankenhaus, wurde aufgeschnitten und mit seiner zerstörten Leber von den Ärzten aufgegeben.

Sie konnten ihn nicht retten.

Man erklärte ihn für tot.

Aber im Krankenhaus befanden sich einige Anhänger und Priester der Ifá-Religion und die schafften es, ihn am Leben zu halten. Das ist jetzt fünf Jahre her und veränderte alles. Der ehemalige Herumtreiber studierte das Buch Ifá und lernte nun all diese Sachen, mit denen er vor dem Unfall nicht das Geringste zu tun hatte.

Hier stoppt Alain und gibt das Wort an den *babalao* weiter, der sich lachend über den Bauch streicht und sagt: »Der Unfall hat mir das Leben gerettet. Orúla hat mich vom Motorrad geholt, es war alles vorherbestimmt.«

»Ja, Mann«, sagt Alain. »Ich vertraue ihm. Ich habe seine Veränderung mit eigenen Augen beobachten können. Von einem Pimp zu einem Priester, Scheiiiiiße. Er ist der beste Beweis für die Kraft von Ifá!«

Nach dem letzten Satz herrscht kurze Stille, damit er allen Anwesenden auf den Grund der Seele sinken kann. Dann erzählt Alain weiter:

»Sieh mal, ich bin ein pragmatischer, rationaler Mann, eigentlich gehe ich nur durch den täglichen Struggle dieser Welt und schreib meine Gedichte und höre den Menschen zu, aber ich habe so viel mit Ifá erlebt, dass mich die Religion eingenommen hat. Ich musste an ein System glauben, an dass ich nicht glaubte und nicht glauben wollte. Das ist die Kraft von Ifá.«

Nochmals meldet sich der *babalao* zu Wort, der Alains Ausführungen bislang stumm und vor sich hin nickend verfolgt hat.

»Das Buch Ifá ist geschrieben worden, um die Menschheit zu retten. Orúla ist der, der rettet. Es geht nicht darum, jemanden zu verfluchen oder zu schaden. Nein. Es geht um das Leben und die Schicksale der Menschen. Alles, was in der Welt ist, findet man im Buch Ifá. Es ist wissenschaftlicher als alle Religionen und aller Aberglaube. Wenn du willst, treffen wir uns und ich zeige es dir. Ich werde dich mit Orúla bekannt machen.«

Das ist es also. Da sitzt der in eine Jogginghose und ein buntes Unterhemd gekleidete Kerl mit seinem Bübchengesicht und will mich durch ein Orakel mit dem Heiligsten aller Heiligen verbinden. *Bueno.* Wenn mich meine Jahre in Indien eines gelehrt haben, dann ist es, Äußerlichkeiten keinen großen Wert beizumessen. Ein Erleuchteter, ein wahrer Mann der Welt, kommt meist nicht in weißen Gewändern und grauem Bart daher, ein Erleuchteter hat nicht immer nur ein Grinsen im Gesicht und Frieden in seinen Tagen – er hockt im Kreise seiner Familie oder arbeitet bei der Eisenbahn, arbeitet fünfzig Jahre im selben Kiosk. Die weisesten Männer und Frauen, die mir das Leben geschenkt hat, trinken fast mehr Bier als Tee und verlieren kaum ein Wort über den eigenen Weg, über Bewusstsein oder Gott.

Zudem sollte die Narbe, die ihm von oberster Stelle verpasst wurde, allemal ausreichen.

Noch ein kurzer Blick in seine Augen, ein letztes Grinsen.

Dann sage ich zu.

Kurz darauf verabschiedet sich der *babalao*.

Goldener Abschluss des Abends: Als der Kampfhahn einige Treppenstufen vom Dach herunterspringt, treu gefolgt von einem

kleineren Hahn, und einen Passanten ankeift, beschenkt uns Alain
noch mit einer Gutenachtgeschichte:

»*Oye,* dieser Huhnkerl ist verrückt. Aber er ist ein Geschenk
der Götter, ja. Vor einer Reise nach Brasilien sollte ich ein Huhn
opfern, aber als die Zeremonie schon in Gang war, Scheiße, stell-
ten wir fest, dass es ein Hahn war. Eleguá sagte, ich solle ihn behalten und bräuchte ihn nicht zu opfern. Wir fragten noch mal nach,
und Eleguá antwortete: ›Verdammt noch mal, ich will ihn nicht tot
sehen, kapiert ihr das nicht?!! Kümmert euch um ihn.‹ Und seitdem ist er mein Wachhahn, und wenn sich jemand dem Haus nähert, mein Gott, er macht ihn alle, vor allem im Team mit dem anderen. Zwei Hähne in einem Haus, aber sie haben nie Ärger
miteinander, sie sind beste Freunde und wehren jeden Eindring-
ling ab. Zudem, *cojones,* wissen die Leute, dass hier ein verdammter
Rastamann wohnt!«

Eine Nacht, so blau wie Wasser im Himmel.

Auf dem Nachhauseweg erzählt mir Yanelis, dass sie mit Ora-
keln und dem Buch Ifá nie was zu tun hatte, nur mit der Santería.
Vor ein paar Jahren wollte sie mehr über die Religion erfahren, aber
alles sei sehr undurchsichtig gewesen, selbst für sie als Kubanerin.

»Und dann, dann war ich bei einem berühmten *santero,* einem
Priester, der mir empfohlen worden war. Alles war heilig und ein
großes Getue, Ketten und Namen und das Opfern von Ziegen –
bis sich herausstellte, dass er mich nur bumsen wollte.«

Kurz vor ihrer Straße verabschieden wir uns. Yanelis wird zu
ihrer Großmutter und den zwei Kindern gehen, ich zu Hermes
und Runa, Linny, Murphy und Jabba.

Ich schreibe ihr meine Adresse auf.

Sie verspricht, morgen Nachmittag vorbeizukommen.

Als ich hundert Meter oberhalb der Casa Azul auf die Santa Rosa
einbiege, sitzt dort der Schwarze, der heute Morgen im Hausge-

genüber gearbeitet und das kaputte Wägelchen voller Schutt die Straße hochgeächzt hat. Auch er erkennt mich. Mit einem »*Buenas*« und einem so ehrlichen Grinsen, dass mir fast die Tränen in die Augen steigen, löffelt er trockenes Milchpulver aus einer kleinen Schüssel.

Er hält mir die Schüssel hin, den Löffel.

»Hast du Hunger?«

Ich verneine mit einer leichten Verbeugung.

Wahrlich, Gott zeigt sich seinen Kindern in allen möglichen Manifestationen.

Zu Hause fällt mir meine Notreserve gerösteter Erdnüsse ein, die ich in dem kleinen Nachtschränkchen verstaut habe. Als ich mit den Packungen zurück auf der Straße bin, ist der Milchpulvermann verschwunden. Ich rolle eine der Portionen auf und finde auf der Innenseite des alten Papieres ein Gedicht, das die kubanischen Schulkinder auswendig lernen:

»Es sind nun sechsundfünfzig Jahre
eines Kampfes ohne Rücksicht
von einem revolutionären Volk,
das nicht aufgeben wird.

Viel ist erreicht worden
seit diesem großen Aufbruch,
nach welchem man es hörte
In den Bergen und Tälern,
dass der Feind verschwunden ist
und Fidel triumphierte.«

Zu Hause liegt Hermes unten im Zimmer, Runa oben und Linny draußen auf dem Wassertank. Sie hat nur ein Laken über sich ausgebreitet und ich rolle sie zur Seite, um ihr eine Decke unterzulegen. Danach klettere ich aufs Dach, voller Dankbarkeit für diesen langen, im besten Sinn erschöpfenden Tag, für diese Stadt und ihre Menschen.

Was bleibt, wenn sowieso alles immerwährendes Gebet ist?

Ein Sternenbouquet im Nachdunkeln der Herzen. Die letzten Lichter einer Nacht, die in den Adern aufgeht und glüht. Ich nehme den letzten Schluck meines Cubay und wähne mich einer Antwort nahe. All die Tage, Menschen und Erzählungen, die uns so bedingungslos begleiten: Sind sie nicht einzig und allein vorhanden, um uns mit der eigentlichen Stille des Universums zu versöhnen?

ooo

Hermes brüht Kaffee.

Milsy bricht Eier in die Pfanne.

Linny schaukelt.

Mayra läuft von A nach B und verdreht die Augen, wenn sie spöttisch zu Linny rüberschielt.

Runa, die Hermes und ich einstimmig Bruni getauft haben – Kurzform für eine wackere, ihre täglichen kubanischen Verehrer kaltstellende Brunhilde –, liegt auf der Couch und liest.

Nachdem ich mir für heute nur vornehme, den lange aufgeschobenen Bilderbuchtag mit Abuela zu machen, komme ich kaum aus dem Schaukelstuhl. Trotz hilfloser Müdigkeit schleppe ich mich zu meinem liebsten Graulockenkopf und den Kahlgeschorenen. Das Training ist eine einzige Qual – als ich zurück bin und geduscht habe, gilt meine ganze Aufmerksamkeit wieder dem Schaukelstuhl und dem Nichts.

Mayra: »Principe, Chinita wohnt in einer anderen Welt. Was ist los mit ihr?« Obwohl Milsy und Mayra etwas bis etwas viel von ihr genervt sind, kümmern sie sich rührend um sie. Linny ist in der Tat nicht in der Lage, eine Entscheidung zu treffen. Wie lange will sie in der Casa Azul bleiben? Will sie mittagessen? Soll man für sie

mitkochen? Niemals kann sie eine dieser Fragen auch nur annähernd beantworten – sie legt den Kopf schief, zieht die Schultern
hoch, kratzt sich den Arm und guckt hilflos hin und her. Ihr mehr-
fach hingestammeltes »Ich weiß nicht …« bringt Mayra zur Weiß-
glut. Sie wetzt die Vorderzähne, legt ihre Gesichtshaut kraus und
fuchtelt herum, als habe sie – der indischen Göttin Kali gleich –
entschieden viel mehr als nur zwei Arme.

Um die Stimmung noch weiter aufzuheitern, erlaube ich mir
einen Witz:

»Was ist der Unterschied zwischen Rassismus und den Chine-
sen?«

Stille.

»Rassismus hat viele Gesichter.«

Abuela macht ein riesiges »AHHH«, als wir sie alle besuchen kommen. Ivan ist ein zauberhafter Gastgeber und erlaubt uns einige
Dosen Cristal aus der Vorratskammer. Wahrscheinlich will er bei
Bruni Eindruck schinden, denn der alte Charmeur ist von der
hübschen, jungen, deutschen und auch noch blonden Frau derart
begeistert, dass er ihr den einen oder anderen gruseligen Spruch
drückt, von dem Bruni in dreißig Jahren noch schweißgebadet
aufwachen wird.

Abuela kramt ihre Fotos hervor und wir gehen durch all die
wunderbaren Schwarz-Weiß-Aufnahmen ihres Lebens, zu denen
sie uns Geschichten erzählt. Diese Alben sind wahre Schätze –
schließlich bekommt man ansonsten auf Kuba nur endlos photo-
shopiertes Bildmaterial in den Schoß gelegt. Um ihr Fotos meiner
Familie und Freunde zu zeigen, muss der Laptop helfen. Abuela
klemmt sich hinter eine Lupe, mit der sie anschließend meine und
Hermes' Tattoos inspiziert. Als sie auf seinem Unterarm einen
prächtigen, in alle Himmelsrichtungen ausufernden Hintern mit
der Unterschrift »Que rico« entdeckt, kichert sie und fragt mich:
»Ist das deiner?«

Tivolí.

Die erste Nachmittagssonne so weich wie *bocaditos*. Alles strotzt in großer Klarheit. Tico legt Labberschinken und alten Käse in Labberbrötchen, der Zuckerrohrsaftladen ist überfüllt mit Menschen, Kakerlaken mit umgeknickten Beinen liegen vornüber auf den Bürgersteigen, als beteten sie die Straße an. Man küsst sich, singt, hört singen, liebt. Zwei Jungs spielen mit einem Stock und einem zerknüllten Stück Papier Baseball. Als der eine weit am Papier vorbeisenst, schreit ihn der andere an: »Nun wirf den Ball zurück, du verdammter Mongo!«

Ja, so zart ist der Sommer, so groß die Liebe.

An jeder Kreuzung verfällt Hermes, Sohn einer brasilianischen Mutter und eines bolivischen Vaters, in Ungläubigkeit: »Schau dir das an! Alle halten an der Kreuzung, schauen sich um, fahren dann erst weiter. Ich fasse es nicht! Ich sag dir, die Kubaner sind viel zu zivilisiert, um richtige Latinos zu sein.«

Von Osten der erste, tonnenschwere Donnergroll: das Zeichen, so schnell wie möglich die Wäsche von den Dächern zu holen und noch eben eine Packung Hollywood zu besorgen. Eine pechschwarze, über die Bergspitzen rollende Wand! Gerade als Runa, Hermes und ich Rafaels Haus erreichen, geht der Tropenregen los.

Trotzdem er uns herzlich empfängt, merke ich, dass irgendwas mit Rafael nicht stimmt. Liegt es an Kuba, dem Leben, seinen Zähnen? Ist es die Seele oder sind es Drüsen, Hormone, Wetterfühligkeit? Rafael hat einige Zähne der oberen Zahnreihe verloren. Er lehnt sich in seinem Rollstuhl nach vorne und reibt die geschwollenen Finger, die ihm seine Krankheit beschert, schmerzverzerrt aneinander.

»Seht ihr den Laden gegenüber?«, fragt er und zeigt durch den Regen auf die andere Straßenseite. »Er heißt La siempre Viva. Immer Leben. Aber glaubt es mir, er ist immer geschlossen.«

Was kann ich tun, um ihn aufzuheitern? Vielleicht erzählen, dass mir Milo geschrieben hat, man habe ihn aus Havanna nicht

nach Mexiko reisen lassen? Aus irgendwelchen Gründen abge-
wimmelt am Flughafen? Anailis grinst und sagt einige montenegri-
nische Wörter auf, die Milo ihr beigebracht hat.

In memorandum Milo.

Dann kann ich nicht umhin, endlich zu fragen:

»Sag mal, was ist das für eine Frau, die hier hinter der Tür wohnt
und die ich nur einmal gesehen habe, als sie mich beinahe die Treppen runtergeschubst hat?«

»Meine Schwester«, antwortet Rafael und muss sich sofort eine
anstecken. »Wie gesagt, das Grauen meines Lebens. Vor zwanzig
Jahren hat es bei ihr pop und peng gemacht (Rafael kreist den Zeigefinger um seine Schläfe). Sie ist verrückt geworden. Und jetzt ist
sie da drin.«

Anailis klärt auf: »Vorher gutes Mädchen, hinterher schlechtes
Mädchen.«

Und nun? Rafael aufheitern mit der Frage, warum Flip-Flops in
Oriente nicht nur *jangletas,* sondern auch *cutaras* genannt werden?
Unterhaltungen über Sprachen, Karate und Insekten beginnen?
Bueno. Nachdem alles durchgesprochen ist, sagt Rafael, wir müss-
ten nun fernsehen: Immerhin laufe eine russische Militärparade.

Also ziehen wir rüber in die winzige Kammer, die Fernseh-
und Schlafraum zugleich ist und in der die paar Habseligkeiten,
die Rafael und Anailis ihre Klamotten nennen, an einer durch
den Raum gespannten Schnur hängen. Sofort wird die Geschichte ausgepackt, wie ich nach der Fiesta de la Tradiciones hier he-
reingekrochen bin und »*No quiero, no quiero*« geschrien habe, als
man mich wieder von der Matratze zog: »Ich will nicht, ich will
nicht.«

Trotzdem man die Antenne an der obersten Sprosse einer alten
Leiter angebracht hat, die direkt neben der Tür steht, ist das Bild
schlecht, schlechter als zu Zeiten des alten Fernsehers.

Zwischen dem Regen der kosmischen Hintergrundstrahlung,
die sich über den Bildschirm zieht, verfolgen wir die in Moskau

stattfindende Parade, den 71. Jahrestag des Sieges über Nazi-deutschland. Putin spricht, Panzer rollen, Fahnen wehen. Mehr als zehntausend Soldaten und Militärs nehmen an der Parade teil, aber mein Highlight ist ein anscheinend bedeutender Offizier, der in einem offenen Wagen herumgefahren wird. Er steht aufrecht im Fußraum des Beifahrersitzes und nimmt kein einziges Mal die Militärgrußhand von der Stirn – stocksteif fährt man ihn umher, macht Schlenker, biegt ab, wird schneller und langsamer, ohne, dass der strammgezogene Kerl auch nur einmal ins Wanken gerät.

Als wäre er eine Puppe.

Als hätte man ihn am Boden des Wagens festgeschraubt.

Stumm verfolgt Rafael die Parade, bis er auf einmal flüstert: »Mhh, sehr viele Tote damals, sehr viele Tote. *Muy mal, un pasado oscuro.* Eine dunkle Vergangenheit.«

Irgendwas ist mit ihm und ich weiß nicht was.

»Ja«, sage ich, als ich uns beiden eine Zigarette anzünde. »Hoffen wir, dass die Zukunft lichtvoller wird.«

Elvio kommt uns auf der Terraza Azul besuchen. An seinem Hemd haftet ein Anstecker, der die kubanische und US-amerikanische Flagge trägt. Heute hat zum ersten Mal seit 1952 ein amerikanisches Kreuzfahrtschiff in Santiago angelegt, und siebenhundert Touristen mit Funktionssandalen und Freundschaftsfahnen flattern durch die Straßen. Einige waren im Rum-Museum und haben Elvio mit dem Anstecker und einem Kalender des Bundesstaates Oregon zurückgelassen.

»Sehr, sehr nette Leute«, sagt Elvio und wirft ein Grinsen hinterher, das uns verrät, dass er auch einige vom Lastwagen gefallene Rumflaschen hat absetzen können.

»*¡Ven aka!*«

Von unten ruft Milsy: »Du hast Besuch!«

Yanelis steht im Wohnzimmer und tut ihr Bestes, den beiden *patronas* freundlich gegenüberzutreten. Ihr Lachen ist phänomenal. Sie ist wunderschön, bezaubernd gekleidet, elegant, alles an ihr strahlt – das reicht vielleicht, um die herzensgute Milsy zu überzeugen, aber Mayra ruft mich noch mal zurück, als wir bereits die Treppe hinauf sind.

Mit in die Hüftwogen gestemmten Händen erklärt sie:

»*Ai*, Principe, ich hatte auch mal ein Leben, bevor hier jeden Tag Rastamänner angerufen haben und *negritas* hereinspaziert sind, und *dios mio*, das war gar nicht so schlecht.« Ja, ja, ich habe kapiert. Mayras Aufopfertum wird von mir mit einer großen Umarmung und mehreren *besitos* belohnt.

»Ja, ja«, brummt sie, »ich tue alles für den Prinzen von Terraza Azul, für meinen lieben Jungen, nicht wahr?! Hier, gib ihr ein Stück Kuchen, außer an ihrem Arsch ist sie zu dünn, sie soll was essen, hörst du? In meinem Haus wird niemand verhungern!«

Yanelis steht nackt vor dem Spiegel im Badezimmer, dreht sich selbst den Hintern zu und sagt: »I could totally fuck myself.«

Dann legt sie sich zu mir, schließt die Augen und flüstert, als verlasse zum ersten Mal ein Wort ihre Lippen: »Hallo«.

Beim Herrgott und all seinen Engeln: Wenn Milsy und Mayra wüssten, dass schwarze Haut mehr von den Elementen besprochen ist, dass ihr mehr von dieser Kraft und Wärme innewohnen, die für die Sinnlichkeit allen Glücks verantwortlich sind. Der Körper ein einziger fester Wanderstoff, der nach den Brandzeichen dunkler Erde schmeckt und nach warmem Holz, nach Zimt. Und tief, tief dann die Feinheiten von Amaryllis und Hibiskus; man muss sie hervorkitzeln, wie es der Regen tut, der die Blumen aus der Wüste treibt.

Was noch übrig bleibt:

Siestastunde voller Traum, Licht in den Fensterritzen. Hören: Schweini nebenan, Vogelflug, eine auf meiner Brust atmende Yanelis und die Zeilen von Juan Julio Arrascaeta, die ich mit den Fingern in die Luft male:

»In meinem Testament
vermach ich eine Locke
meiner schwarzen Frau.«

Als Yanelis zurück nach Hause ist, um Kinder und Großmutter zu versorgen, sitzen Hermes und ich im Wohnzimmer und konfrontieren Mayra. Martí und Fidel sprachen stets von den Schwarzen als Brüdern und wahren Revolutionären, und Jesus, ja, predigte ihr hochgelobter Gottessohn nicht, *alle* Menschen zu lieben?

Die Antwort: »Ich liebe jeden. Aber jeden an seinem Ort.«

Selbst Milsy kichert und bringt uns allen eine Runde Papayasaft. Es ist wahr: In jedem Land gibt es Rassismus. Die Angst vor dem Fremden sitzt so tief im Menschen, der immer noch mehr Primat als Götterbote ist, wie alle anderen biologisch-primitiven Instinkte, die er im Zuge andauernder Evolution irgendwann verlieren wird. Aber in keinem Land, in dem ich je war, ist der Rassismus so sanft wie in Kuba.

Mayra zum Beispiel führt die *negrita*-Geste stets mit solchem Ernst aus, dass man meinen könnte, sie wolle alle schwarzen Kubaner auffressen. Gleichzeitig aber sind viele ihrer Freundinnen aus der Nachbarschaft schwarz oder es kommen schwarze Kirchenschwestern zu Besuch, die sie königlich bewirtet. Auch die meisten Ausschreier behandelt sie freundlich, ohne dass es ihr auffällt. Wenn nebenan bei Ivan zur Dominorunde geladen wird, sind zwei der vier Spieler afrokubanisch und Ivan mit jedem dummen Spruch gegen seine Kumpels sofort am Start. Das alles kommt ohne Boshaftigkeit, ohne real empfundenen Hass aus. Und doch hat man was gegen Schwarze. Aber nicht, wenn es drauf ankommt. Nur verborgen in einem letzten Winkel des Herzens vielleicht. Und selbst da nicht.

Mayra hat genug von unseren Fragen und wechselt zu einem ihrer Lieblingsthemen: unser aller Erfolg, der so sicher kommen wird wie das Ausbleiben von Leitungswasser.

»Wir werden alle triumphieren«, schreit sie, »wir werden alle erfolgreich sein. Mein Bruder in Miami ist reich, Principe wird sein Buch schreiben und Hermes seine Kunst machen und Runa wird einen Kubaner heiraten, und Chinita, dich behalten wir hier als unseren Glücksbringer!«

Sie packt sich Linny und presst sie an ihre Riesentitten. Runa bittet, sie möge Linny loslassen. Presse sie die wehrlose Chinita weiter an sich, würde sie in all dem Fleisch verschwinden wie ein in Treibsand plumpsender Stein. Aber alle Sorgen werden weggelacht, und Mayra quietscht: »*Ai, ai, ai,* sie wird schon hier bleiben, sie ist von Allah, sie ist von Buddha, sie bringt Reis.«

Hermes schaut mich an und gibt auf:

»Verflucht! Ich hätte niemals gedacht, dass ich eine Rassistin so lieben könnte.«

Sieben-Uhr-Stunde.

Das Gewitter ist verzogen und hat ein Spektakel an feuchter Luft hinterlassen. In die Wolkendecke reißt der Wind große Löcher. Über den Bergen das letzte Abendrot, der Farben so begierig, als wolle es den Himmel anzünden. Die Bucht packt sich dieses Licht und schleudert es die Stadt hinauf, wo es zu unserer Anwesenheit wird. Sprachlos sitzen Bruni, Hermes, Linny und ich auf dem Dach und wissen: Diese Momente, denen sich nichts mehr hinzufügen lässt – zu wissen, das auch sie vergehen werden, macht sie wahrlich perfekt.

Als wir alle bei Demián ankommen, wäscht Patricia gerade die Reis-mit-Bohnen-Schüssel ab und Violetta wirbelt mit riesengroßen Augen durch die Wohnung, das schönste Wesen der Welt. So viele Freunde, mit denen sie spielen kann, und doch – wenn draußen jemand vorbeigeht und gerade, wenn ein Baby vorbeigetragen wird, ist Violetta zur Stelle, es zu knuddeln und dem eine Nummer Kleineren all ihre große Liebe zu geben.

Demián empfängt einen Nachbarn, versucht zu rauchen, steckt der Stieftochter ein paar Pesos zu. Als sein Freund und Dichterkollege León aufkreuzt, ist dieser mir sofort sympathisch. León spricht nicht viel. Seine Augen besitzen alles und suchen das Weite. Ein hagerer, in ein verwaschenes Hemd gekleideter und viel zu früh ergrauter Mann von etwa fünfzig Jahren, dessen in seinen Mund gewachsener Rauschebart Gesicht und Worte vor seiner Mitwelt tunlichst zurückhält. Zum Glück kann er mit einem Stift umgehen. Demián legt mir einen von Leóns Gedichtbänden – León Estrada ist sein vollständiger Name – und eine enorme Anthologie aller Dichter Santiagos in den Schoß, die León herausgegeben hat.

Also? Wie es um die heutigen Dichter in Santiago stehe, frage ich, nun, da ich zwei Stück gleichzeitig vor meiner Nase habe. Wie viel schreibe man, wie viel müsse unausgesprochen bleiben?

»Es ist wie überall«, sagt Demián, »die meisten Dichter schreiben nicht, ihre Gedanken sind ihnen genug. Diejenigen, die schreiben wollen, träumen nur davon und jene, die es tun, hält es am Leben und lässt sie gleichzeitig verhungern. Wie du weißt, rettet die Dichtung immer nur unsere Seele und nicht den Magen, rettet immer nur die Welt, aber nicht uns. Aber wir müssen weiter unsere Samen säen, natürlich, wer weiß, was in Zukunft ans Licht kommt. Wir sind schon über vierzig, auch das ist so eine Sache, die jungen Dichter werden Rapper. Kürzlich habe ich einen Freund von Alain gehört, im Radio, das war große Poesie, eine wunderbar fließende Erzählung, wie ein Guillén des Hip-Hops. Selbst Violetta hat mitgerappt. Vielleicht findet man die Poesie heute mehr im Radio anstatt in Büchern, aber so überlebt sie.«

In der Küche fällt ein Topf zu Boden, die Menschen schieben sich in der Wohnung hin und her, nun läuft auch noch der Fernseher. Für ein bisschen mehr Raum packen wir uns Violetta und setzen uns zum Rauchen nach draußen neben die Büste Martís, neben den versteinerten Blick des Dichters. Demián gesteht mir, dass sie nichts lieber wollen als aus dieser verdammten Wohnung ausziehen. Direkt an der Straße, ebenerdig, jeder läuft vorbei, man hört alles und jeden, hat kein einziges Fenster und quetscht sich umher. Schon lange hören sie sich um, werden aber nicht fündig.

»Als ich früher allein war, kein Problem, mir war völlig egal, wo ich schlief. Aber eine neue Wohnung für eine fünfköpfige Familie zu finden, na ja, viel Glück im nächsten Leben.«

Demián nimmt einen tiefen Zug der warmen Nacht und scheint alles Gute und Schlechte im Leben heranzuziehen, Kuba und die Dichtung und die Wohnung, als er das Ende unserer letzten Packung Criollos mit einem großen Lächeln und einem Zitat Gramscis besiegelt, das auch von Alain hätte stammen können:

»Das Einzige, was uns gewiss ist, ist der Kampf.«

Neue Zigaretten braucht der Mensch.

An der Plaza de Marte finden sich noch die Nachtschwärmer ein, die Nimmerschläfer, Musikanten und Bankdrücker. Wir treffen die gesamte Bagage des Manana-Umfelds, Flaschen werden gereicht, es wird erzählt und gesungen. Zwischen uns allen sitzt ein alter, kleiner Hutzelmann, so schrumpelig und großporig wie ein Korallenriff, und bietet uns Schlucke aus seiner etikettlosen Flasche an. Ein einziger Zahn ist ihm noch geblieben. Auf dem Kopf trägt er eine Mütze der MPLA-Partei, der Volksbewegung zur Befreiung Angolas. Seine Augen sind rot, er kann gerade noch reden, er ist glücklich. Ich nehme einen Schluck aus seiner Flasche und danke Gott, von dem Höllensaft nicht sofort blind zu werden.

»Is kein Whisky«, krächzt der Hutzel, »aber ich glaube, wir sind hier auch nicht in England.«

Wir lachen mit ihm – eine Ermunterung zum Weitererzählen, wie es keine schönere geben kann. Er beginnt vom Krieg und endet bei den Frauen.

»¡Mujeeeerreees!« Er silbt das Wort Frauen in einer Art, als spräche er über die Göttlichkeit persönlich. »Man muss ein guter

Mann sein, um Frauen zu bekommen, du musst nett sein, eine Persönlichkeit und mit Manieren. Ich sage immer: Baby, ich würde
gerne mit dir aufwachen, morgen früh um neun, und wenn sie Ja
sagt, ist es das Schönste auf der Welt, es ist Wahnsinn, Liebe,
Abenteuer, *ricuuuuura:* köstlich. Aber wenn sie Nein sagt, gehört
sie jemand anderem, dann muss man sich verbeugen und sie gehen
lassen. *Mujeeeerrreeeees.* Ach, ich hatte ein köstliches Leben mit
den Frauen, mein Leben war gut. Ich bin ein *internationalista!*«

Er beginnt durcheinandergeratene Erinnerung an den Krieg in
Angola zu erzählen und jedes Mal, wenn er die Worte *internationalista* und Befreier ausspricht, nimmt der schiefe Mann eine auf-
rechtere Haltung an. Er ist sichtlich stolz auf seine Jahre in Afrika,
Kubas erste große internationale Mission und ein Paradebeispiel
für Fidels Vision.

Bereits 1960 begann Kuba eine Karriere der zivilen und militäri-
schen Auslandseinsätze in Algerien, wo man die nationale Befrei-
ungsbewegung mit Waffen, Wissen und Medizin unterstützte –
der Beginn eines Internationalismus, der für Fidel genauso Teil
der Kubanischen Revolution war wie die Landwirtschaftsreform
oder musikalische Bildung. Wir erinnern uns: Revolution, das ist
zuallererst der eigene Geist, die Herausbildung von Werten und
die Sicherung von Würde und Kultur im Herzen jedes einzelnen
Menschen. Ist das erreicht, folgen die nächsten Schritte automatisch: Alles weitere Bestreben gilt nicht nur dem eigenen Sein,
sondern der Gemeinschaft, dem Land und schließlich der Welt.
Wenn die eigentliche Revolution erfolgreich sein will, muss sie die
ganze Erde umfassen und Menschen in all ihren Ecken und Enden. Fidel wusste: Die Revolution muss exportiert werden, um
sich zu beweisen *und* sich zu erhalten. Angola nannte er sogar ein
lateinafrikanisches Land, und was Kuba in Afrika leistete, ist mehr
als beeindruckend. Die *internationalistas,* die auch in Mosambik,
Äthiopien und Somalia ihren Dienst verrichteten, waren in Ango-

la mit insgesamt vierhunderttausend zivilen Helfern, Ärzten, Pädagogen und Soldaten stationiert – und zwar nicht für materiellen Profit, nicht, um geopolitische Machtverhältnisse zu sichern oder Öl und Rohstoffe zu rauben. Kuba unterstützte die MLPA, die schließlich den Kampf gegen jene Parteien, die von den USA und dem südafrikanischen Apartheidregime unterstützt wurden, gewann: Ein Schlüsselerlebnis für Südafrika, denn nach dieser Niederlage dämmerte es den Menschen, dass das Regime nicht unbesiegbar und die Apartheidregierung nicht allmächtig war. Was folgte, war nichts weiter als das Ende des alten Südafrika und die Freilassung Nelson Mandelas, der nicht müde wurde, den Kubanern sein Leben lang für ihren Einsatz zu danken.

Trotzdem Kuba kaum für sich selbst sorgen kann, hilft es immer noch in anderen Entwicklungsländern – heute noch schickt es Lehrer, Pädagogen und vor allem Ärzte in die halbe Welt. Dreißigtausend von ihnen befinden sich momentan in vierzig verschiedenen Ländern im Auslandseinsatz.

»Ich bin«, schrieb Fidel, »aufgrund von gelebter Erfahrung zutiefst überzeugt, dass Werte gesät werden können – in die Seele des Menschen, in die Intelligenz und in das Herz des menschlichen Wesens.«

Als der Hutzel seine Reden über Mandela und *mujeres* fürs Erste einstellt und sich lachend seinem Hinterhofgebrauten zuwendet, führt Demián nochmals an: »Angola ist eine einzigartige Lehre, auch über den Sozialismus, den man verdammt noch mal verstehen muss, auch, wenn er schwer zu verstehen ist. Angola hat zum ersten Mal bewiesen, dass die Weißen schlagbar sind. Das hat den ganzen Kontinent verändert! Angola ist nicht nur ein gutes Beispiel für die Revolution, sondern auch für das, was die Dichtung und die Kunst mit uns machen! Die Verdienste der Revolution sind nicht direkt greifbar wie die Bananen an den Bäumen, es ist eben eine Revolution der Ideen im Sinne Martís! Wisst ihr, früher

wollte ich direkte Gerechtigkeit. Jetzt! Sofort! Heute weiß ich,
dass das, woran wir arbeiten, Zeit braucht. Die Folgen der Revolution sind noch gar nicht messbar, nicht fassbar, weil sie sich an
Werten orientiert, nicht an schnellen Bilanzen. Was macht die
Revolution mit der Menschlichkeit des Menschen? Wie bilanziert
man die Vorzüge unseres Bildungssystems, wenn das Ziel der Bildung nicht bloße Konsumkraft, sondern Kultur und Brüderlich-
keit ist? Wir müssen abwarten. Erst in fünfzig Jahren können wir
es uns erlauben, auf die Periode der Revolution zurückzuschauen
und mit einer klaren Distanz zu prüfen, was sie erreicht hat und
was nicht. So ist es auch mit der Kunst, denn wer weiß, was wir be-
wirken, wenn wir das Dichten erhalten, für uns, traurig und macht-
los und im Stillen. Natürlich kann es sein, dass es nicht funktioniert. Aber das wird die Zukunft uns zeigen.«
    Der Hutzel nickt.

Die letzte Szene des Abends, so wunderbar, dass man sie sich nicht
erträumen könnte. Nachdem wir einige Zeit mit einem jungen
Musiker gequatscht haben, sagt dieser mit heimlichem Blick auf
den Hutzel: Wir sollten vor solchen alten und besoffenen Bettlern
auf der Hut sein. Spricht, und schnorrt uns im selben Atemzug um
einen CUC an, weil sein Bier alle ist.
    Als Hutzel Letzteres hört, nickt er fassungslos aus seinem
Schlummer auf und fragt:
    »Hä, was? Hat er euch nach Geld gefragt, weil er trinken will?
Ha! Ich habe kein Geld und *ich* trinke! Sieh mich an, seh ich so aus,
als hätte ich Geld? Aber schau dir meine Flasche an, da ist noch
was drin.«
    Und dann, dem sprachlosen Bittsteller zugewandt:
    »In was für einem Krieg hat so jemand wie DU jemals ge-
kämpft!«
    Wir lachen los, nur einer findet es nicht witzig und macht sich
mit einer abfälligen Geste von dannen.

»Übrigens, wie heißt du?«, fragt Hermes den Hutzel.

»RRRey!«

»Rey, ein König«, antwortet Hermes und reicht ihm die Hand. »Einen Namen, den du dir verdient hast, *compañero*.«

ooo

Bruni und ich liegen oben im Zimmer in unseren wohlverdienten Träumen, als es morgens um vier am Fenster klopft. Mayra kann es nicht sein. Mayra hätte ich gehört und in den Knochen gespürt. Ich mache die Tür auf und Hermes legt sich zu uns. Linny lasse ihn nicht schlafen, erklärt er, sie rede ununterbrochen und sei so besoffen, dass sie Bier im Bett verschütte.

»Zwei Dinge sind mal klar«, sagt er, bevor er das Gesicht in mein Kissen drückt, »Jabba hat keine Fremdscham, Linny kein Feingespür.«

Irgendwann der Hahn, Schweini, Radioschnulzen. Irgendwann Milsy am Fenster, die Linny sucht. Wir wissen von nichts und schlafen weiter, schlafen so lange, wie man es an einem heißen Sommertag in einem Bett eben aushalten kann, gehen zu Tico mittagessen und die übliche Santa-Rosa-Runde, bevor wir alle drei wieder im Bett und vor dem Fernseher landen.

Linny taucht auf. Woher, will oder kann sie nicht sagen, aber sie überredet Bruni, mit ihr in die Cervecería Puerto del Rey zu gehen – ein riesiges Restaurant unten an der Bucht, das sein eigenes Bier braut. Als Yanelis zu Besuch kommt und Hermes nach unten abwandert, bleiben wir beide im Zimmer und lassen, klimaluftumflutet, den Sonnentag einen Sonnentag sein.

Vielleicht wäre die Terrasse besser gewesen, ein Spaziergang durch Tivolí oder Unterhaltungen mit Elvio über die Dächer hinweg. Alles wäre besser gewesen als das. Yanelis Augen werden größer und größer, als ich das geplatzte Kondom in der Hand halte.

»Das ist nicht gut«, artikuliert sie meine Gedanken, und mit ihrer Stimme klingt es auf einmal viel zu hübsch, um wahr zu sein. Ich ziehe sie auf meinen Schoß, ihre große Wolke Kokosraspelduft. Durchrechnen, nachdenken! Wann hatte sie das letzte Mal ihre Tage, bei wie vielen Kondomen passiert so ein Scheiß, wann kommt ihr Mann aus dem Knast?

So oder so, wir brauchen die Pille danach, die es auf Kuba nicht gibt. Yanelis behauptet, sie könne trotzdem welche besorgen. In ihrer Klinik gebe es diese Pillen für besondere Fälle, man bekomme hier und da Spenden aus Deutschland. Sie könne bestimmt eine mitgehen lassen.

Yanelis macht sich eine Notiz, was ich nicht für nötig gehalten hätte. Ich ziehe mich an und suche mein Notizbuch. Mit dem absurden Gedanken, dass uns womöglich diese eine winzige Pille, die aus Deutschland kommt, für Kubaner bestimmt ist und illegal in die Hände meiner kubanischen Geliebten fallen wird, den Arsch retten wird, lässt es sich prima nach Portuondo aufbrechen, um mit einem Ifá-Priester eine Reise in die afrikanische Geisterwelt zu unternehmen.

Warten können als Folge eines endlosen Zeithabens: das höchste Gut und die größte Kunstform Kubas.

Hermes und ich lassen halb Santiago an Alains Haustür vorbeirauschen, leihen uns das BMX von nebenan aus, um einige Runden um den Block zu drehen, bekommen *cafecitos* gereicht, Bananen, Beteuerungen, Lieder und Mangos.

Als ich ihm von dem Kondom erzähle, ist ein minutenlanger Lachanfall seine einzige und vielleicht gerechte Reaktion. »Wir nennen ihn Dermes«, sagt er. »Und wenn es ein Mädchen wird, Dermesita!«

In dem Moment, als Alain die Straße heraufschlendert, wie es nur ein geborener Heraufschlenderer tun kann, parkt auch der *babalao* seinen Scooter vor dem Haus.

Einmal eingetroffen und den nächsten Kaffee genommen, geht es auch schon los. In Alains Zimmer setzt sich der *babalao* auf den Boden und bereitet seine Mitbringsel vor. Ich schaue mich um, aber es gibt kaum etwas zu sehen: Das winzige Kabuff ist mit einer schmalen Matratze, einem alten Mikrofonständer, einer Baseballkappe der New York Yankees und einem Regal mit ein paar Klamotten ausgestattet. Direkt hinter der Tür steht die heilige Schüssel Eleguás, gefüllt mit Steinchen, Nägeln, Eisenzeugs und Muscheln. Alles, was einer der beliebtesten *orishas* – denn Eleguá öffnet die Wege, die in die Zukunft führen – überhaupt nur brauchen kann.

»*¡Bueno!*« Der *babalao* sitzt vor seiner Schale und hat seine Kette, Handy, Stift und Zettel parat.

»*Bueno*«, antworte ich und setze mich ihm gegenüber.

Hermes bleibt bei mir und hilft mit den Übersetzungen.

Alain steht in der Tür und sagt: »Cool. Wann immer ihr etwas braucht, lasst es mich wissen.«

Dann schließt er die Tür.

»Dein vollständiger Name?«

Das tolle Wort Freischlad lässt ihn schmerzhaft aufblicken. Als ich buchstabiere, reichen ihm die ersten vier Buchstaben. Schöner so. Er schreibt sie auf und führt uns einmal durch die Materialien und das Prozedere. Die Holzschale vor ihm nenne man *opon de Ifá,* sie sei so was wie die *cama de Orúla,* das Haus Orúlas. Neben der Schale ist die Kette entscheidend, die aus acht glatt geschliffenen Kokosschalenstücken besteht. Er hat sie eine Weile in einer alten Metallschüssel voll Wasser ruhen lassen. Jetzt trocknet er sie und legt sie sich in die Hand, in der er mir sein Orakelwerkzeug wie einen Schatz präsentiert.

»Orúla ist der Heiligste der Heiligen. Er ist durch sechs Königreiche gewandert und hat sein Wissen im Buch Ifá niedergeschrieben.« Er hält sein Smartphone hoch, um anzudeuten, dass die Mo-

derne den Vorteil hat, das Ganze nicht mehr auf Papier bei sich
tragen zu müssen. »Das Buch Ifá ist so gut wie endlos. In ihm stehen die Vergangenheit, die Gegenwart und vor allem die Zukunft.
Orúla war bei der Schöpfung des Universums gegenwärtig und
kennt seinen weiteren Verlauf. Mit der Kette spricht er zu dir. Sie
ist das Medium, das sprechen wird. Sie wird dir dein Schicksal zeigen. Orúla kennt dich und all deine Wege.«

Erste Handlung: Ich muss auf die Knie und die Schale küssen.
Als ich ihm wieder kerzengerade gegenübersitze, setzt ein rasan-
tes Gemurmel ein. Die Worte, in der afrikanischen Sprache Lu-
cumí gesprochen, sprudeln aus ihm heraus, als hätte er einen un-
sichtbaren Hahn in seinem Mund geöffnet – ein Instrument, das
ihm von seinem Unfall zum ersten Mal gezeigt wurde, dieser Bei-
nahe-Tod, der ihm ein zweites Leben bescherte. Der stete Silben-
tanz mischt sich mit dem Klackern der Kette, die in seiner Hand
umherfliegt, rhythmischem Fingerschnipsen und dem Brummen
des winzigen Ventilators, der uns direkt anweht und doch nichts
bringt – wir sitzen, atmen halb und schwitzen.

Wie ich heiße, wie ich heiße? Ich wiederhole meinen Namen;
er hält mir die Kette an die Stirn, lässt sie in die Schüssel fallen, notiert Striche und Kreise. Gebrabbel, immer schneller werdend,
ein mantrisch klingendes, jahrtausendealtes und doch über nur
wenige Lippen gekommenes Erbgut, dann noch mal die Frage
nach meinem Namen, Kokosnusssteine an meiner Stirn, das Klackern, als sie in der Schale landen als Losung und Zeichen.

»*Dice* Orúla: ...«, flüstert er schließlich, »Orúla sagt: ...«

Ich nehme all meine Meditationspraxis zusammen und folge meinem Atem in die Bauchhöhle und wieder hinaus, atme hinter die
Stirn und habe die Füße flach auf dem Boden. Damit Orúla besseren Zugang findet, sollte ich die Höflichkeit aufbringen, dem bereits in mir wohnenden Gast in größtmöglicher Ruhe gegenüberzutreten.

»¡*Dice* Orúla! Auch, wenn dir Menschen sagen, du kannst etwas nicht tun, machst du es trotzdem und beweist, dass Dinge funktionieren. Aber da ist auch Schmerz. Und Angst. Du bist in einem Zustand der Rastlosigkeit, du musst dich immer bewegen und willst kämpfen gegen das, was ist.«

»¡*Dice* Orúla! Deine Energie ist sehr gut, da ist nichts Schlechtes, aber du bist wegen einem Mann in einem dunkleren Zustand. Jemand übt eine Kraft auf dich aus, aber keine allzu schlimme. Du wirst davon nicht sterben, es handelt sich auch nicht um einen Unfall. Es kann ein Bekannter sein oder jemand, mit dem du Geschäfte machst.«

Hier unterbricht er kurz und erklärt, dass alles, was Orúla sage, für die vergangenen oder die kommenden sechzehn Tage gelte. Orúla spreche niemals klar von Vergangenheit, Gegenwart und Zukunft. Aber sechzehn Tage! Es kann also schon geschehen sein oder es wird erst noch passieren.

Klimpern, Rasseln, Phrasen und eine rasende Zunge. Kokos an der Stirn.

»*Dice* Orúla. Du musst mit den vermeintlich einfachen Dingen aufpassen. Der Fisch freut sich über leichte Beute, die einfach so herumschwimmt, und plötzlich hängt er am Haken. Wenn es einfach aussieht, kann es gefährlich sein. Du musst aufpassen und alles gut interpretieren. Wenn dir ein zu guter Deal angeboten wird, dann nimm dich in Acht.«

Es folgen weitere Striche, langsam formt sich das Blatt und immer wieder scrollt er auf seinem Handy durch die Passagen des Buches Ifá, zu denen die gekritzelten Symbole, zu denen die Kette, zu denen Orúla führt.

Das Rasseln in seinen geschlossenen Händen, als hätte er eine Schlange gefangen.

»¡*Dice* Orúla! Da ist eine Frau. Sie will dir etwas zeigen, wahrscheinlich, dass sie schwanger ist. Eine Frau will ein Kind von dir, um einen Streit zu schlichten oder deinen Weg zu kreuzen.«

Seine dunklen Augen halten inne, als sie den Schock in meinem Gesicht sehen. Ich starre Hermes an. Dermes und Dermesita hin oder her, auch ihm ist das Lachen vergangen. Der *babalao* beginnt zu grinsen, aber der Santiaguero hinter dem Priester denkt dieses eine Wort, das seine Augen nicht verbergen können: *¡Cojones!!*

»*¡Dice* Orúla! Man braucht eine Hand, um eine andere zu waschen.« Was soll das heißen? Hatte er das alte Sprichwort falsch gesprochen? Oder meint er tatsächlich, dass ...

»*¡Dice* Orúla! Changó ist dein *orisha,* dein Patron und dein Beschützer. Changó ist stark in dir, als Gegenleistung verlangt er nichts. Du brauchst kein Zeichen, du brauchst ihm nichts zu opfern und nie seinen Namen zu sprechen oder ihn um etwas zu bitten. Er sorgt einfach so für dich.«

Changó also. Hatte Alain mir nicht einmal erzählt, er sei Dionysos ähnlich, dem Gott der Körpersäfte, des Blutes und des Donners, ein *mujeriego* und Säufer? Schöner Beschützer! Wer beschützt denn sonst noch, Rambo etwa, Gargamel, Charles Bukowski? Eine Dreiviertelstunde ist bereits vergangen. Ich will gleichzeitig mehr erfahren und alles vergessen. Der *babalao* macht weiter, kommt aber langsam zum Ende der Sitzung.

»*Dice* Orúla. Deine Energie ist positiv, du hast ein gutes Zeichen: Wenn du dich konzentrierst, kannst du alles erreichen und alles tun. So, wie du auf dich aufpasst, wirst du auch leben. Hast du das verstanden?«

»Ja.«

»Schon jetzt weißt du bereits alles. Du musst nur noch die richtigen Entscheidungen treffen, dann bist du okay. Energie und Stärke sind da. Aber auch Unsicherheit, Rastlosigkeit, Hemmung.«

»*¡Dice* Orúla! Um das Dunkle abzuwaschen, das auf einen dir bekannten Mann zurückzuführen ist, darfst du zehn Tage keinen Kaffee trinken. Und zehn Tage lang kein Fleisch von einem Tier mit schwarzer Haut, okay?! Und du musst in einem Fluss baden, einem Fluss der vom Berg kommt, du musst dich gegen die Strömung stellen und dich mit einer Flasche weißem Rum waschen. ¡*Dice* Orúla! Du hast alles in der Hand. Du kannst alles ändern. Aber du musst in diesen Fluss, bevor du das Land verlässt. Und du musst den Streit mit der Frau schlichten, so oder so.«

Das »Heilige Scheiße!«, ich kann es hören aus Hermes offenstehendem Mund und den starren Pupillen.

Bevor wir die Sitzung ganz beenden, darf ich Orúla eine Frage stellen, stumm und nur für mich, und er wird mit Ja oder Nein antworten.

Ich nehme die Kette in die Hand, beatme sie, und stelle meine Frage.

Die Kette fällt in die Schale.

»Hm«, macht der *babalao*.

Die Antwort ist: ja.

Mir schwirrt der Kopf.

Was ich mir gerade noch merken kann, als Alain wieder bei uns sitzt:

Die Lebenden und die Toten stammen von dieser Erde, gehen durch diese Erde, bleiben auf dieser Erde.

Eine Frau will ein Kind von mir.

Ich kann alles erreichen, was ich will.

Ich muss eine Flasche Ron Mulata besorgen.

Um meine Gedanken abzuschließen, sagt der *babalao:* »Ich kenne einen Fluss, der perfekt ist. Wir werden gemeinsam hingehen und die Zeremonie zusammen durchführen.«

Dann redet er weiter, erklärt noch mehr über Orúla, der noch vor Jesus lebte, im alten Afrika, wo die Reise der Menschheit und all ihr Wissen begannen und das erste Wort gen Himmel gesprochen wurde; er redet von anderen *orishas,* Oshe Bile und Olofi, von der Verwandtschaft der Santería mit dem haitianischen Voodoo und rät mir noch, als mir nach all den Namen und Verwandtschaftsbeziehungen vollständig das Verständnis für die sichtbar

gemachte Welt entglitten ist: »Es wäre gut, mit einer Frau zu schla-
fen, die ihre Regel hat. Das wird dir eine unheimliche Kraft geben.
Es kann irgendeine Frau sein. In Kuba ist man da nicht so genau.«
Ich nicke.

Alain reicht mir eine Flasche Rum.

Wunderbar fließt das Lebenswasser in den Körper und strömt
seine Wärme in die Gefäße.

»Ich habe einige Bekannte, große Priester und Gelehrte, die du
unbedingt kennen lernen musst, Scheiiiiiße: Sie werden dich umhauen! Komm morgen um vier vorbei, hier um die Ecke wird es
eine Santería-Zeremonie geben. Einer der Nachbarn verreist und
er braucht den Segen von ganz oben.«

Als er »ganz oben« sagt, zeigt Alain auf den Steinboden unter
unseren Füßen.

»Klar«, sage ich, »ich werde da sein.«

ooo

Der Morgen lahm und stumm. Kein Hahn ist zu hören, kein Vogel.
Ich stehe auf der Terrasse wie jemand, der am richtigen Ort einer
falschen Welt aufgewacht ist; vielleicht waren mir die Ohren ab-
handengekommen! Ich greife mir an den Kopf und da sind sie, ich
sage: »Da sind sie!«

Unten der Ausschrei mit Bravour.

»Pimiento dulceee, estoy vendiendo pimieeeento dulceeeee ...«

Ich schleiche runter und mache Kaffee. Natürlich bleibe ich nicht
unbemerkt. Eine verschlafene Milsy kommt in die Küche.

»*Mi amor,* willst du nicht zuerst frühstücken?«

Sie zerdrückt den Schlaf, der in ihren Augenwinkeln sitzt. Ich
wische mir meinen Traum aus dem Gesicht. Die Lösung: eine Tortilla, Bananen und eine halbe Papaya; ich koche eine Kanne Kaffee

nach der anderen, wir reden und reden. Milsy schenkt mir eine Postkarte mit einem ihrer kleinen Grüße drauf, diesmal für meine Oma. Dann zeigt sie mir die Absätze, die sie gestern in ihrer Bibel unterstrichen hat. Und erklärt anschließend noch, dass Mayra dabei sei, sie in den Wahnsinn zu treiben.

Als schließlich Bruni, Hermes und Mayra ebenfalls wach sind und das Haus Fahrt aufnimmt, kommt auch Linny zur Haustür hinein.

»Chinita, wo warst du?«, schreit Mayra. »Und ich muss endlich wissen, wie lange du bleibst! Sag mir bloß nicht schon wieder, du weißt es nicht mit deinem China-nönönö.«

Linny grinst nur und setzt sich in den Schaukelstuhl.

Mayra stößt ihr »¡Dios mio!« zum Himmel und wendet sich ab.

»Mir ist aufgefallen«, sagt Hermes, »dass ich selbst mittlerweile schreiend durch die Wohnung laufe und es niemanden stört. Es ist einfach völlig normal geworden.« Er gesteht, dass immer mehr Sonderbares mit ihm geschehe. Nachdem das Offline-Leben in Kuba für ihn zuerst verwirrend und gewöhnungsbedürftig gewesen sei, machten sich nun die Vorteile bemerkbar: Er habe nachts wieder angefangen zu träumen, was er einem Anti-Internet-Phänomen zuschreibt, das er »mehr Brain-Space« nennt.

Als wir Linny einige Sekunden für uns alleine haben, fragen wir sie, wo sie letzte Nacht gewesen sei. Ihre Fahne kann man bis auf die Nachbardächer riechen. Da sie gerade zu glücklich und zu besoffen ist, um uns eine Geschichte aufzutischen, sagt sie stracks heraus:

»Ich war mit Kodi, und dann hatten wir einen Dreier. Ich kann mich an nichts mehr erinnern, aber es fühlt sich soooooo gut an.«

Jesus, Linny! Sie streichelt sich genüsslich den Bauch und es fehlt nicht viel, dann finge sie hier an zu schmatzen.

»Was hat sie gesagt?«, fragt die heranrauschende Mayra. »Hat Chinita unten bei den Schwarzen übernachtet?« Aber Linny – ihren schrägen, in reichlich Cristal und Mulata getunkten Humor auspackend – rekelt sich kurz und sagt:

»Nanu? Ich wusste gar nicht, dass Jabba sprechen kann?«

Es klopft.

Yanelis hat sich den Rest des Vormittags freigenommen, nachdem sie die Pille in der Klinik abgeholt hat. Sie ist mir viel zu guter Dinge. Bedröppelt und betroffen von der ganzen Angelegenheit und mit den Worten Orúlas im Kopf, bleibe ich stumm und abweisend, was sie kaum interessiert. Vergeblich versprüht sie gute Laune und will mir das rollende RRR beibringen, das ich noch nie in meinem Leben aussprechen konnte:

> *»R con R cigarro,*
> *R con R barril,*
> *Rapido corren los carros, por la linea del ferrocarril.«*

Seit der Sitzung mit dem *babalo* kämpft mein Kopf mit allerlei Fragen und dunklen Vermutungen. Ich weiß nicht, ob ich mir unbegründet Sorgen mache oder zu Recht skeptisch bin. Was ist, wenn Yanelis' Familiengeschichte gelogen ist? Sie hatte mir Fotos der Kinder gezeigt, schön und gut, aber keines von ihrem Mann? Aber warum auch! Oder hat sie überhaupt keinen? War die Marihuana-Gefängnisnummer nur gelogen, will sie einfach ein Kind von einem Ausländer, um versorgt zu sein? Hat sie die Pille danach wirklich bekommen und auch genommen? Soll ich sie nach der Verpackung fragen, zum Beweis? Aber Scheiße, wie sollte sie ein Kondom zum Platzen bringen, es war ja nicht ihre Schuld – nein, so was kann man nicht planen. Oder doch? Waren denn in Kuba, wie man mir schon des Öfteren weisgemacht hatte, nicht alle Männer Gauner und alle Frauen, die sich mit Ausländern einlassen, *jinerteras?*

Ich steigere mich derart in die Sache hinein, dass ich nicht mehr klar denken, geschweige denn fühlen kann. Zum Glück muss Yanelis zurück zur Arbeit. Ich solle mich mal schön beruhigen, sagt sie. Immerhin sei sie ja nur gekommen, damit ich mir keine Sorgen mehr machen müsse.

Konterglück:

Malangabrei von Milsy mit Knoblauch bis zu den Ohren.

Siestastunde.

Schaukelstuhlstunde.

Eine Dusche mit der Dose und Hermes, der die Stimmung Kubas mit einem aus dem Nichts kommenden Gedanken auf den Punkt bringt: »Verdammt, ich bin total pleite, aber alles, was ich gerne mache, kostet viel Geld.«

Körper und Herzen gereinigt sitzen Hermes und ich pünktlich um halb fünf wieder bei Alain und harren der Dinge, die da kommen könnten. Alain ist natürlich unterwegs, aber alle Frauen des Hauses flitzen zwischen dem Straßenlicht und den wenigen dunklen Zimmern umher. Miriam empfängt in der heiligen Vorraumhalle, in der wir uns eingerichtet haben, ihre Studentinnen. Nacheinander rückt man auf der mickrigen Bank zusammen und packt die Hefte und Bleistifte aus. Als eine Schülerin mit leeren Händen das Haus betritt, fragt Miriam:

»Wo ist dein Buch?«

Die Angesprochene wedelt mit ihrem Telefon: »Das Buch habe ich vergessen, aber ich habe mein Handy dabei.«

»Du willst mich wohl verarschen!? Was ist das für ein Mangel an Respekt? Mach dich ab und hol deine Bücher!«

Es bleibt also etwas Zeit, die Miriam ihren Haaren widmet – immerhin ist heute Haaremachtag. Das halbe Dutzend Frauen hat alle möglichen Cremes und Flüssigkeiten in den Krausehaaren und reicht sich lachend die Tuben.

Wir sitzen.

Wedeln uns Luft zu, knöpfen uns das Hemd auf, schwitzen, schweigen oder erzählen. Wenn man sich konzentriert, kann man den Schweiß spüren, wie er die Poren öffnet, sich durch Membranen drückt und sich das Hemd greift. *Cojones,* wie kann es um fünf Uhr noch so verdammt heißt sein?

Als Alain schließlich auftaucht, heißt er als erstes zwei ältere Damen willkommen, die einen Topf voller Kräuter ins Haus schleppen. Die Santería-Zeremonie? Blödsinn, ob ich denn verrückt geworden sei, so früh und bei der Hitze beginne nirgends in der Stadt eine Zeremonie!

Der Onkel kommt mit ein paar Kumpels hereinspaziert. Einen riesigen Lautsprecher tragend, schieben sie sich die Treppe aufs Dach hinauf, die Kampfhähne aus dem Weg brüllend und ansonsten himmelhochjauchzend mit den Witzen beschäftigt, die sie sich hin und her werfen wie scharfe Granaten.

Es hilft nichts, ich schlafe ein.

Als ich wieder wach bin, zeigt Hermes die Fotos herum, die er von dem im Schlaf schwitzenden *crudo* geschossen hat. »Du bist alt«, sagt Tante Esmeralda und stellt uns einen Korb Mangos und einen leeren Eimer hin. Wir ziehen die Schalen mit den Zähnen ab, spucken sie in den Eimer und nutzen die nächste halbe Stunde Leben, Mangofäden aus den Zähnen zu pulen. Alain sagt, man habe ihm gesagt, dass sich die Trommler, die für die Zeremonie angeheuert seien, verspäten würden. Er werde etwas in der Stadt erledigen, die Zeit müsse man ausnutzen.

Die Zurückgebliebenen bekommen Maisbrei mit Schweinefleisch, *cafecitos.* Dann wieder Stille im Nirgendwoland des Wartens, in der vollen Stunde der Zeit. Hermes und Miriam ziehen los, um Törtchen zu suchen. Als sie zuckercremebeladen zurückkommen, will die Nachbarin, die sich unsterblich in Hermes verliebt hat, unbedingt ein Foto mit ihm. An der Wand gegenüber findet also unter großem Jubel und Gejohle ein Fotoshooting statt, was Teresa, eine leicht verrückte Bewohnerin des endlos bewohnbaren Hauses, zu der schönen Erklärung veranlasst: »Ha, schau dir diese Weiber an! Und alle behaupten immer, ich bin die Verrückte hier!«

Ein wunderbar schräges Lachen, das ihre zu kleinen Lockeninseln zusammengeflochtenen Haare beben lässt, dann schallt es aus ihr heraus: »Dreißig Jahre Knast bekommt man für das Töten einer Kuh, acht für das Töten eines Menschen.«

Es ist bereits dunkel, als Alain zurückkehrt und berichtet: Die Trommler, die kommen sollten, seien nicht gekommen und man versuche gerade, andere zu finden. Unnötig zu erwähnen, dass das dauern könnte. Und der Tag war bislang zu schön, um das Gewartethaben nun kaputtzumachen, indem man die Sache unnötig in die Länge zieht. Hermes und ich beschließen, Demián und Violetta zu besuchen.

Zwei Blocks weiter hören wir die Schreie, Schellen, die Trommeln. Kurz darauf stehen wir vor einem Haus. Hermes, der derlei Zusammenkünfte in seinen Kindheitsjahren in São Paulo zu oft gesehen hat, wirft einen kurzen Blick in den Dschungel und sagt: »Der Mist ist nichts für mich, wir sehen uns später.«

Kaum ist er weg, werde ich auch schon in den einzigen Raum des Hauses gezogen.

Vor lauter Getöse, Dunst und Zigarrenqualm sehe ich zuerst nur die Tanzmeute, die sich in der Mitte des Raumes bewegt, die Trommler, auf Plastikstühlen an den Wänden sitzend, und eine kopflose, ausblutende Ziege zu meinen Füßen. Musik, gleichzeitig so hell wie dunkel in ihrem schrillen Rasseln und tranceartigen Bass, dazu der Vorsänger, dem die Übrigen zungengaumenschlagend folgen. Der Boden voller Blut, das Blitzen halbstumpfer Messer in der Luft, Verse, Gestank, Weihe. Ein klein bisschen Ohnmacht in jedem Blick, der Rest der Augen überrannt von Wille und Feuer. Die von Mund zu Mund wandernden Plastikbecher werden immer wieder mit Rum befüllt – als einer an mir vorbeikommt, trinke ich ihn in einem Schluck aus.

»*Cojones*«, sagt mein Nachbar, »hier bist du richtig!«

Es bleibt keine Zeit, mir einen rechten Überblick zu verschaffen. Ich stehe im äußeren Zirkel der Tanzenden, klatsche in die Hände und werde wie alle anderen mit einer Art Seifenwasser überschüttet, das der *santero* herumspritzt.

Der mit etlichen Ketten und Blättern ausgestattete Mann, der gleichzeitig und wie zufällig der größte aller Anwesenden ist, trägt, zumindest das kann ich zuordnen, eine Mütze in Weiß und Rot – den Farben Changós. Neben ihm steht ein etwas jüngerer Kerl, der eine junge Ziege in den Armen hält. Das kleine Tier erstaunt mich. Direkt daneben setzt der *santero* die Klinge an Kehle und schneidet einer weiteren, sich in den ersten Momenten noch wehrenden Ziege den Kopf ab. Als ob sie betäubt wäre und sich ihrem Schicksal ergeben hätte, schaut sich die Kleine das alles an, ohne einen Mucks zu machen. Das Tier, das womöglich ihre Mutter gewesen ist, blutet in eine gelbe Schale aus, die, bereits randvoll mit Blut, unter die noch zuckende Ziege geschoben wird. Bald wandert die Schale zurück vor den reich geschmückten Altar, der wirklich alles enthält. Über allem thront eine riesige Statue von Yemayá, die ihre Baby-Ochún in den Händen hält. Unter ihr ein Schlaraffenlandgedeck an Früchten, Schaumwein, Schnapsflaschen, Kuchen und Küchlein und Rosen. Und noch eine Ebene darunter, wie um das Reich der Toten zu symbolisieren: die Ketten und Farben etlicher *santos,* umzingelt von ausgebluteten Ziegen- und Hühnerleibern und deren Köpfen, dazu Buschwerk, Blätter, Muscheln und Steine. Und neben den Kerzen und Schalen voller Blut: aufeinander gespießte Tierköpfe. Einer Ziege hat man allem Anschein nach die Hoden abgeschnitten und über den Kopf gelegt – sie liegen über dem Tier wie Ohrwärmer und das Ganze sieht dermaßen albern aus, dass ich unwillkürlich loslachen muss.

»Ohrhodenwärmer!« Dieses Wort spreche ich kurz in mein Aufnahmegerät, mit dem ich die Musik aufnehme. Als eine dicke Frau sieht, was ich mir da kurz an den Mund halte, sagt sie: »Ein schönes Handy, kann ich das haben?«

Nein, aber ob sie mir sagen könne, was hier genau und für wen ...?

Aber weder aus der Frau noch aus irgendjemand anderem ist eine klare Information rauszukriegen, ich höre Tata Nganga hier, Palo Monte da, und überhaupt sei die Zeremonie entweder dafür, die Götter der Familie des Hauses gnädig zu stimmen oder dem Sohnemann Potenz für seine Hochzeit einzutrichtern.

Was immer genau stattfindet, es ist ein Spaß für die ganze Familie. Etliche Kinder sitzen auf den Stühlen und machen große Augen – tatsächlich hat man Dutzende Luftballons aufgehängt, als handelte es sich um einen Kindergeburtstag.

Eingeölt, angepeitscht und angetrommelt kommt es zum nächsten Akt: Der Kerl mit der jungen Ziege im Arm gibt sie kurz aus den Händen, um sich ein rotes Tuch um den Kopf zu binden und von zwei Mütterchen mit etlichen Sträuchern geschlagen und mit Rosenblättern beworfen zu werden. Dazu die Trommler in Rage, dazu die Erregung. Einen Zigarrenstumpen kaut er komplett ab, er trinkt einen Becher nach dem anderen, die Pupillen so groß wie Teller. Welcher *santo* hier in seinen Körper steigt, ich weiß es nicht, ich weiß nur: Er hat es geschafft.

Man reicht ihm das Messer.

Als er seiner ihm anvertrauten Ziegen mit einigen heftigen Rucken den Kopf absäbelt, bin ich noch okay. Wahrscheinlich wird der Kopf wie alle anderen auf dem Spieß landen. Als der Kerl sich aber den Ziegenkopf zwischen die Zähne klemmt, um all ihr Blut aus dem Kopf zu saugen – Blut, dass an ihm und seinem weißen Unterhemd hinunterrinnt –, wird mir zum ersten Mal schlecht. Ich senke den Kopf, schaue auf meine in Tierblut stehenden Füße und nehme ein paar tiefe Atemzüge, die verhindern, dass ich zum Kotzen auf die Straße muss.

War es nicht Martí, der geschrieben hat, dass alles Wahrhaftige heilig ist, auch wenn es nicht nach Nelken duftet?

Als der erste Schock vorbei ist, wirkt die Szene fast schon vertraut: Dank dem im Mund steckenden Ziegenkopf tanzt der Kerl doppelgesichtig und vieräugig durch den Raum, trunken und besessen und mit weit entfernten, pechschwarzen Augen. Nichts an ihm, denke ich, ist noch ein Mensch. Die Trance ist perfekt. Mittlerweile hat sich der Gesang derart gesteigert, dass alle nur noch schreien und das Fell der Trommeln zu reißen, dass Metall der Schellen zu brechen droht. Der Bestiegene stolpert durch den Raum, der Priester prustet sich Rum über den Arm, der ganze Boden klebt und ist voller Fliegen. Zumindest Letzteres muss anscheinend nicht sein.

Die Ziegenkörper werden kurz nach draußen geschmissen, eine Frau putzt kurz durch, was nicht viel bringt, denn die Ziegen werden direkt wieder hineingeworfen und eine klatscht mir – der ich ständig die Nähe des Ausgangs suche, um bei Bedarf rechtzeitig fliehen zu können – gegen das Bein, an dem nun das Blut hinabläuft.

Rum, denke ich, her mit dem Stoff, und egal, wer von den Ziegenbluttrinkern und Metzgermeistern bereits an den Bechern genippt hat, her damit!

War man bislang zu beschäftigt, sich um den Gast zu kümmern und ihn in das Geschehen zu integrieren, darf ich nun beim heiteren Hühnerrupfen meinen Ehrendienst leisten. Einmal wird es mir demonstriert, dann kopiere ich meinen Vorgänger. Einem kopflosen Huhn rupfe ich mit beiden Händen die Federn aus, streue sie mir über den Kopf, reibe sie an meinen Nacken und lege sie in eine Schüssel zu den übrigen Federn. Wie ich so in der Hocke dasitze und durch all den Rauch nach oben schaue, wo der Kerl mittlerweile den Ziegenkopf ausgespuckt hat und wieder eine Zigarre im Mund hält, denke ich so unverschämt klar, dass ich fast meine, jemand anderes spräche in meinem Kopf:

»Liebe Leute, ich bin gerne hier bei euch, tanze, trinke, schau mir das alles an und dieses Huhn hier, nun ja, es ist schon tot, was soll man da noch groß machen, diese stumpfen Federn in meinen Händen, am Hals, alles okay: Aber wenn ich gleich irgendeinem Tier irgendeinen Schädel abbeißen oder etwas trinken muss, das

nur die geringste Ähnlichkeit mit Blut hat, dann *adiós,* ihr lieben
Leute, dann bin ich raus!«

Ich habe Glück.

Ohne dass Musik und Schlachterei ganz abebben, beruhigt
sich vorerst die Lage – der Höhepunkt der Feierlichkeiten scheint
erreicht worden zu sein. Es ist Zeit für ein bisschen Rumgequat-
sche und noch diesen einen letzten Becher, bevor ich mich von der
Gesellschaft verabschiede und mich auf den Weg Richtung Demián mache, der nur eine Minute entfernt wohnt.

An der nächsten Straßenecke krame ich meine Criollos aus der
Tasche. Mit dem ersten Zug brennenden Rauchs in der Lunge bin
ich mir meiner Sache ziemlich sicher. In einer Stadt mit so viel Bewegung, so viel Tanz, Lachen und Lust – in so einer Stadt muss es
eben mit dem Teufel zugehen.

Patricia und die Kinder schlafen bereits, Hermes ist nach Hause
gegangen. Nur Demián sitzt im Wohnzimmer, die gegen das Einschlafen kämpfende Violetta im Arm und die Stirn, die Lippen
voll Licht. Wir sprechen kein Wort. Ich wasche mir das Hühner-
rupfgefühl von den Händen, das Blut von Beinen und Füßen und
setze mich zu ihnen.

Draußen ab und zu ein vorbeirauschendes *moto,* drinnen der
Ventilator und fahles Schummerlicht. Ich versinke in diesem Bild
von meinem Freund, der kaum schläft, einen Scheißjob machen
muss, den er hasst, und gerade so viel Geld mit nach Hause bringt,
um fünf Menschen halbwegs zu ernähren. Ich versinke in dieser
Liebe, mit der er seine Tochter in den Schlaf zu beruhigen versucht, lichternd in der Konsequenz aus Hunger, Müdigkeit und einem gebuckelten Tag. Wortlos sagt er, was ich all die großen Frau-
en und Männer, die ich auf meinen Reisen über die Kontinente
hinweg getroffen habe, habe sagen hören:

Ja. Es geht immer nur um den Beginn dieser Stille. In den tausend Weltenschaften, die in einem Tag kommen und gehen, einen

in die Knie zwingen und versuchen, unsere Menschlichkeit zu rauben; in den tausend lauten Lachen und krummen Formeln des Glücks, in einem Körper aus tödlichem Fleisch, ja, in Freunden, ja, in Feinden: Hinter all unseren täglichen Aufgaben und Dummheiten geht es immer nur um diese Stille, die niemals vergeht und alles spricht. Diese Stille, in der wir vollkommen zu Welt werden.

Was immer bis hierhin geschah, und egal, dass aller Kampf morgen aufs ewig Neue beginnt – es ist vollkommen berechtigt.

Ich reiße eine Seite aus meinem Notizbuch und schreibe beide Seiten voll. Als ich die Tür hinter mir schließe, verlasse ich die beiden mit einem Gedicht Demiáns. In »*Todas las despedidas del mundo*« (»Alle Abschiede dieser Welt«) schreibt er:

»Ich kannte die Eiche und die Verbene.
Ich wünschte mir ›im Tod zu versinken‹
ohne jedoch ›im Tod zu versinken‹.
Ich sah die Samen keimen im Frühling.

Ich sah den Sonnenaufgang nicht.
Ich habe auf diesen Sonnenaufgang gewartet.
Alle Jahrtausende zählen nicht für die Geschichte der Menschheit.
Angekommen. Ein weiteres Mal ist es Zeit zu sterben.«

Vorbei an dem *autoservicio,* hinauf zur Plaza de Marte und durch das Straßengewirr runter nach Hause, begleitet von einer unsagbaren Welt, viel zu sehr bewohntem Herzen und aufkommenden Halsschmerzen – kein Zweifel, dass es mich umhauen wird: Dass dieser Abend der letzte große Rausch ist, dessen es noch bedarf, um mich zu meinem Bruder, dem bösen Erwachen, auf den Boden zu schicken.

Auf der Terraza Azul lege ich mich zu Hermes. Je länger ich in den Himmel starre, desto näher kommen die Sterne; sie rieseln durch das Auge und erobern die letzten Winkel des Körpers. Überall, wo bereits das Fieber sitzt, bäumt sich der Himmel in Zellkern und Mark – und zieht mich hinüber, sprachlos.

Bevor der letzte Gedanke ganz in den Schlaf gleitet, sehe ich Hermes' Gesicht über mir. In der Hand hält er den Martí.

»Hier«, sagt er und schlägt das Buch auf, »hör dir das an!«

Ich schließe die Augen und falle.

Hermes liest:

»Ganz nahe ist der Lärm der Sonne zu hören, die in majestätischer Bewegung ihren endgültigen Platz im Raum sucht; das Leben ist ein Hymnus; der Tod ist eine verborgene Form des Lebens; heilig ist der Schweiß und heilig auch der Wurm; sollen sich die Menschen im Vorübergehen auf die Wange küssen; mögen sich die Lebenden in unsagbarer Liebe umarmen; mögen sie das Tier, die Luft, das Meer, den Schmerz, den Tod, das Gras lieben; das Leid ist weniger schwer für die Seelen, in denen die Liebe wohnt; das Leben hat für den keine Schmerzen, der rechtzeitig seinen Sinn begreift; der Honig, das Licht und der Kuß haben denselben Ursprung; im Schatten, der friedlich strahlt wie ein massives Sternengewölbe, erhebe sich unter zartester Musik ein lieblicher, hoher Fliederbusch über die wie Hunde zu seinen Füßen schlafenden Welten.«

ooo

Ich wache bei Sonnenaufgang auf und höre nichts.

Sofort schlafe ich wieder ein und gerate in obskure Träume. Alle Menschen meines Lebens tanzen herbei und tanzen durch Himmel und Erde und fallen tanzend und erheben sich tanzend; dann wache ich auf, weil ich die Decke weggestrampelt habe und schwitze, obwohl der Morgen frischen Wind bringt. Als ich den Traum notieren will, schlafe ich wieder ein. Wie schrieb Novalis? Wenn wir träumen, dass wir träumen, sind wir dem Erwachen schon nahe.

Ich höre den blutroten Himmel über mir, bevor die Augen ihn
sehen. Schlucke durch klumpige, entzündete Mandeln. Der
Schmerz festigt die Gewissheit, dass es mich gibt; Fieberhitze
quillt in den Blutstrom und wirft sich in Knochen. Keine Kraft,
mich aufs Mäuerchen zu ziehen, aber der Kopf passt hinüber: Eine
Straße voller Ausgeschrienem, Menschenschritten und Licht, das
zu hämmerndem Kopfschmerzen wird.

Ich ziehe die Matratze ins Zimmer und schlafe.

Nicht lange, dann sind die Gründe für meine Erkrankung gefunden.

»Das kommt davon, wenn man draußen schläft«, rügt Milsy.

»Zu viele verhexte Hühnerfedern gerupft«, sagt Hermes.

»¡Negrita!«, keift Mayra.

Die beste Anamnese aber erhalte ich von Elvio, der mir das
Fehlen einer Lesebrille vorwirft: Kein Wunder also, dass ich von
den kleingedruckten Reden Fidels Kopfschmerzen bekomme.

Alles schön und gut, aber die Sache ist simpel: Körper und
Geist müssen all das verdauen, was ich mir die letzten Monate einverleibt habe. Alles war viel zu köstlich gewesen, viel zu leicht waren Sonne, Gegenwart und Leichtigkeit in all diesen Tagen mitge-
schwungen. Das Leben jedoch ist wie diese Insel, wie diese heilige
Stadt: Die Musik ist immer mit den Tränen verwandt, der Tanz
mit dem Schmerz. Voilà: Erst singt man ein Lied, dann kommt es
knüppeldick.

Vielleicht hat es die Geschichte mit Yanelis, den *babalao* und
die Santería-Zeremonie noch gebraucht, um endlich alle Augen
und Poren zu öffnen. Denn was war mit der grundlos geschwollenen Wade, dem Traum von dem nackten Baby und den schwarzen
Füßen? Was war mit all den *santos,* die sich in jedem Stein, in jeder
Wohnhausecke eingerichtet haben und denen man zu wenig Opfer dargebracht hat, was war mit gerissenen Kondomen, mit Zie-
genblut-am-Bein und dem Mann, von dessen üblem Zauberspruch

ich loskommen muss? Was war mit all den Santería-Zungen, die in jedem Bus und an jedem Tante-Emma-Laden kleben, um böse Omen und Neid abzuwehren; was war mit Linnys Wandlung und dem unverhandelbaren Tod der Väter, Großväter, Schweine?

Die Verzauberung Santiagos: Sie wirkt zu beiden Seiten hin, schießt nach oben, drückt nach unten, hellt das Lichte und schwärzt das Dunkle. Sie ist eine gütige Stadt. Wer den Mangel scheut, der muss hier auf nichts verzichten.

Gerade habe ich es mir mit jeder Menge hochprozentigem Ibuprofen im Zimmer gemütlich gemacht, um es die nächsten Tage nicht zu verlassen, da klopft es an der Tür.

Sie hätten einen Arzt gerufen, sagt Mayra, nicht sicher, ob der dickköpfige Prinz von Terraza Azul überhaupt einen verdiene. Dass ich keinen Arzt will, ist natürlich so unwesentlich wie die Geister, die ich rief: Er sei unten und warte.

Nachdem mich Mayra ins Wohnzimmer geschleift hat, staune ich noch nicht mal darüber, dass niemand da ist.

Ich schaue mich um, greife eine unsichtbare Hand, begrüße den werten Herrn Doktor und sage: »Höchst erfreut, Sie kennenzulernen. Ihr Ruf eilt Ihnen voraus. Eigentlich habe ich Ihr Kommen nicht für nötig gehalten, aber jetzt, da Sie – wie aus dem Ei gepellt! – da sind, geht es mir schon viel besser. Wüsste ich es nicht besser, würde ich meinen, sie besäßen die heilenden Hände und die Glückskeksformel eines chinesischen Allahs.«

»Milsy, er ist verrückt geworden«, schreit Mayra, »das Fieber wird ihn umbringen. Setz dich hin, verdammt, der Arzt kommt gleich. Ich hole dir Saft.«

Ich sitze und warte und zähle die Blitze in meinem Kopf.

Anstatt des Arztes kommt die Kirchenmutter, eine gnädig dreinblickende Schwarze, was ich Jabba sofort serviere. In einer diskreten Sekunde frage ich, ob sie mich ernsthaft mit dieser *negrita* verhexen wolle?

Bald sitzen wir im Viereck und halten uns an den Händen. Die Vertreterin Gottes beginnt und ruft ihren Herrn an, der seinen Sohn geschickt habe, um Barmherzigkeit zu bringen und so weiter, man bete seinen Thron an und so weiter, und man bete für diesen Ausländer, auf dass er den göttlichen Balsam erhalte, Wohlstand, Segen und Gesundheit.

Zehn Minuten lang Anbetungen und Wünsche, und das nicht nur für mich, sondern auch, wenn man schon einmal dabei ist, für irgendeinen Neffen und dessen Schwester.

Es hilft.

Als die Gebetsrunde beendet ist und ich aufwache, bin ich bereits eingeschlafen.

Tag eins

Hermes und ich liegen im Bett und schauen das Eröffnungsspiel der Europameisterschaft. Nach einem Foul, das nicht gepfiffen wurde, sagt der Kommentator:

»Was hätte sein sollen, als solches aber nicht anerkannt wurde, hat auch nie stattgefunden.«

Tag zwei

Die Mandeln groß und mit Furchen.

Fidel im TV.

Er trägt seinen blauen Adidas-Anzug, das Einzige, was er noch trägt.

Wie viele davon er wohl besitzt?

Wäscht er sie selbst?

Wer darf die Klamotten des *comandante en jefe* waschen?

Und was geschieht mit ihnen, wenn er mal stirbt?

Kann er überhaupt sterben?

Fidel sagt: »Beginnen wir unseren Marsch und perfektionieren wir, was wir perfektionieren müssen, mit uneingeschränkter Soli-

darität und der gemeinsamen Kraft, wie Martí, Maceo und Gómez, im unaufhaltbaren Marsch.«

Zu viel Dös, um schlafen zu können.
    Dann bei Lima die entscheidenden Zeilen:
    »Er wollte die Zeit im Schlaf auslöschen, doch die Zeit und der
Schlaf marschierten mit einander zugekehrten Rücken, tauschten
einen Handschlag und begannen von neuem wie bei einem Duell,
Rücken zu Rücken, bis ihre Schritte bei einer vereinbarten Zahl
haltmachten – doch die Schüsse halten nicht.«

Abends auf dem Dach:
    Großer, silbergewachsener Schlafstern.
    Klebrige Haut an den Versuchen des Lichtes.
    In der Anthologie der Dichter Santiagos, die Demián mir aus-
geliehen hat, komme ich über die ersten beiden Zeilen eines Ge-
dichts von León nicht hinaus:

»Der Weg, der in der passenden Farbe döst
    Der Weg, der irreführt seine Daseinsberechtigung NEIN«

Tag drei
Entweder kann man drüber lachen oder drüber heulen, aber ein
Großteil der im Fernsehen präsentierten Nachrichten basieren
tatsächlich auf Screenshots von Nachrichtenseiten aus dem Internet.

¡Fumigación!
    Man flieht das Haus oder man duckt sich in einen Winkel der
Terrasse. Das Gift quillt aus dem Haus und flutet über Santiago.
Zudem kommt das *fumigación*-Auto die Straße herauf, ein Bild
wie aus einem Mad-Max-Film. Der Pick-up-Truck hat ein riesiges Fass und eine zwei Meter lange Kanone geladen, aus der eine

Wolkenpracht bläst, die die Wettergötter aller Kontinente vor Neid erblassen ließe. Man ist umzingelt. Es gibt kein Entkommen.

Auf dem Dach nebenan husten Elvio und Ivan, und Ivan weiß: »Hey, ihr hattet Hitler, wir haben die *fumigación*.«

Die beiden Brüder, strahlend wie Fukushima:

Elvio zupft sich den Fidel-Bart, Ivan perfektioniert seine Halsabschneidegeste.

Wie heißt es auf Kuba: Als sich der Teufel einen Wochentag aussuchen sollte, hat er sich für den Dienstag entschieden.

Tief beuge ich mich in den Tank, ohne an genug Wasser zu gelangen.

Kubanische Zwei-Klassen-Gesellschaft: Die Touristen gehen in die Importläden und kaufen sich Mineralwasser. Ungewaschen. Im Spanischen heißt das Sprichwort, mit einem goldenen Löffel im Mund geboren worden zu sein: mit einer Blume im Arsch.

Mittag, Sterne eines Sommers. Dicke, schwallende, von einer überhitzten Erde benebelte Sonnen. Zwei Stunden später bricht das Gewitter herab. Changó bündelt seine Blitze und reitet über den Himmel. Gut, dass es Gerümpel gibt: Wir öffnen beide Tanks und klemmen Wellbleche hinein, die das Regenwasser aufsammeln. Wenn schon die Regierung nicht für Wasser sorgt, tun es zumindest die Götter.

Bester Freund eines Kranken: Literatur.

In der Erzählung »Das Wunder des Mambiala-Berges« erzählt Lydia Cabrera die Geschichte des Schwarzen Serapio, der als Taugenichts gut über die Runden kam, bis eine Dürre über das Land hereinbrach und das Essen knapp wurde. Auch die Almosen, von denen er und seine Familie lebten, versickerten. In der letzten Not beschloss er, den Mambiala-Berg zu besteigen.

Auf dessen Gipfel wuchsen etliche Kürbisranken, aber keine Kürbisse. Der verzweifelte Serapio ging trotzdem los, fand indes keinen Kürbis, wohl aber schickte ihm der Himmel, nachdem er sich ausgeweint und seine Geschichte vorgetragen hatte, eine magische Kasserolle, die jeden Tisch mit den feinsten Speisen decken konnte.

Zurück in seinem Dorf präsentierte er die Kasserolle seiner Familie und lud die Nachbarschaft in seine arme Hütte ein. Alle, die dies für einen makabren Scherz hielten, wurden eines Besseren belehrt. Der Fund des ollen Schwarzen brachte tatsächlich eine Leckerei nach der anderen auf den Tisch und die täglichen Festgelage gingen solange gut, bis sich bald auch die Reichen an Serapios Tisch tummelten. Einige Angebote schlug er aus. Aber als ein Angebot über eine Million Pesos in seinen Ohren klingelte, rannte er zum Notar. Da er weder lesen noch schreiben konnte, versprach man ihm einen Deal unter Ehrenmännern, der bald hinfällig wurde. Denn am selben Abend glitt der neue Besitzer auf einer Mangoschale aus und stürzte – die Kasserolle in seinen Armen zerbrach, und die Million Pesos war schnell vergessene Sache.

Mit leerem Magen schaute der verzweifelte Serapio erneut zum Mambiala-Berg hinauf. Vielleicht würde dieser ihn mit einem neuen Wunder beglücken.

Als er auf dem Gipfel weder einen Kürbis noch eine neue Kasserolle fand, betete er erneut zu dem großen Berg. Und stieß alsbald mit dem Zeh gegen einen Stock.

»Wie heißt du?«, fragte der freudestrahlende Serapio.

»Señor Manatí, der Gute Geber«, antwortete der Stock.

»Prima«, erwiderte der gutgläubige Schwarze, »dann gebt auch mir was, Señor Manatí.«

So glitt der Stock aus seinen Händen und schlug von allen Seiten auf ihn ein. Halbtot und dem eigenen Ende nahe, schrie Serapio in seiner Verzweiflung:

»Es ist gut, Señor Manatí.«

Da stoppte der Stock seine Schläge, stellte sich an die Seite Serapios und wartete auf weitere Befehle.

Serapio zählte die Beulen an seiner Stirn und fragte sich, was zu tun sei? Ob er den Stock mit nach Hause nehmen sollte, zu seiner Familie und in sein Dorf? Als er die Kasserolle mit nach Hause gebracht hatte, war ihnen schließlich auch nichts vorenthalten worden. Wäre es nicht gerecht, wenn sie von allem kosten würden, was die Götter ihn vom Berg mit nach Hause bringen lassen?

Familie, Freunde und Nachbarn erwarteten ihn schon, und er gab Kunde, auch die Reichen wieder zu Tische zu laden, den Bürgermeister, den Priester und den Notar.

Serapio legte den Stock auf den Tisch und kletterte in einen Baum. Aus sicherer Entfernung rief er:

»Wie heißt er, der auf dem Tisch liegt?«

» Señor Manatí, der Gute Geber.«

»Dann gebt, Señor Manatí, und seid gerecht.«

Tag vier

Der erste Tag ohne Kopfschmerzen, der erste Tag ohne endlose Dämmernis, ohne Fieber.

Ich notiere: »Ein paarmal zu wenige Tage.«

Und füge kurz darauf noch ein Fragezeichen hinzu.

Ich telefoniere mit Demián, gute Nachrichten: Sie haben tatsächlich eine neue Wohnung gefunden!

Ich telefoniere mit Yanelis, gute Nachrichten: Sie hat ihre Tage bekommen und schickt Küsse für den kranken Hals.

Ich telefoniere mit Alain, um einen Termin mit dem *babalao* und der Flasche Mulata auszumachen. Gute Nachrichten: Mit einem vereinbarten Ort und Zeitpunkt ist immerhin die Möglichkeit eines Treffens auf den Weg gebracht.

Ich ziehe mich aufs Mäuerchen und zurück in meine wunderschöne Stadt, meine versickernde Zeit. Das schönste Bild der Calle Santa Rosa:

Eine klitzekleine Katze sitzt mitten auf der Straße. Ein Kerl mit etwas Pappe in der Hand schiebt sie kräftig Richtung Bürgersteig.

»*Vamos,* Kleine, du kannst hier nicht bleiben.«

Solcherart ist sie, die Liebe in Kuba: bestimmt, aber dennoch zärtlich.

Und bis in alle Ewigkeit gerecht.

Tag fünf

Casa Azul. Mayra schreibt einen Brief in mein Notizbuch, Linny liest das Buch über die Familie Bacardí, das Elvio ihr geliehen hat, Hermes philosophiert über diese besondere Haltung, die man am Tresen einnimmt, Bruni schwingt den Schaukelstuhl, Milsy rührt, schnippelt, brät.

Ich schalte den Fernseher an. Raúl spricht von der *fumigación,* und wahrlich, von deren Erfolgen: Kubas Prävention und Konfrontation haben zu einem wesentlichen Rückgang der Krankheiten beigetragen, die von den Stechmücken der Gattung *Aedes* übertragen werden.

Dengue: stark zurückgegangen.

Chikungunya: kein einziger Fall.

Zika: lediglich dreiundzwanzig Fälle, davon zweiundzwanzig importierte, keinerlei Ausbreitung.

Raúl dankt gewaltig. Der Nationalversammlung, dem Personal des Gesundheitswesens, der Partei, dem Jugendverband, diversen Staats- und Regierungsorganen, dem Innenministerium und den Kämpfern der Revolutionären Streitkräfte, womit wahrscheinlich auch Yanelis gemeint ist – wenn sie das hören könnte!

Insgesamt hätte nur noch gefehlt, dass er seine frohe Kunde mit einem Amen abschließt. Aber zum Glück gibt es Ivan, der das für

ihn erledigt. Als ich mückenbissfrei vor meinem Nachbarn stehe
und ihm die Ergebnisse des Widerstands auftische, bekreuzigt er
sich und grinst bis zu den Ohren. Fehlt nur noch der telefonbuch-
dünne Sarkasmus, den sich die ganze Insel so reigenzart antrainiert
hat, dass er von jeder einstürzenden Hausmauer, von jedem Lip-
penpaar strahlt: »¡*Viva la fumigación!* Wir Kubaner haben es gut und
morgen gibt es eine Party. Fidel wird sich um alles kümmern.«

   Lachen, Schulterzucken, *que pinga,* und wieder Lachen: die
Quintessenz des Kubanertums. Denn genau das lernt man auf dieser Insel, genau das muss man lernen, um hier leben und überleben
zu können: Ja und Amen sagen, während das Herz immer ein großes Herz bleibt. Ja und Amen zur *fumigación,* zur Hitze, zur Was-
serlosigkeit, zur Pi-mal-Daumen-Wahrheit und zu all dem Erleb-
ten zwischen Lachen und Langeweile, Tanz und Stumpfsinn.

   Ja und Amen wie ein großer endloser Gott.

ooo

Über die Terrasse kommt uns ein Morgen entgegen, so leicht wie
aufgehende *bocaditos.* Alles duftet, obwohl man nichts riecht.
Oben Wolken, unten Königskinder, der Fingertest an meinem
Hals sagt: Mandeln zurück auf Normalgröße! Ich packe meine
Boxhandschuhe ein, Hermes die Kamera. Als wir auf zwei *motos*
durch die Stadt geschossen werden, finde ich keine Worte für den
Rausch, wieder unter den Lebenden zu sein.

Sala de Polivalente.

   Volles Haus und ein großes Hallo. Immerhin war ich für eine
Woche grundlos verschwunden und Francisco hatte schon die Be-
fürchtung, ich sei wie der Rest meiner weißen Rasse doch noch
den *jineteras* verfallen und läge nachts glücklich in den Gossen Tivolís, wie sich das für einen Mann meines Alters eigentlich gehöre.
Er reibt sich das Knie – die feuchten Wolken tun ihm nicht gut.

»*Mas o menos*«, beantwortet er meine Frage nach seinem Wohlbefinden. Mehr oder weniger. »Aber was stehst du hier rum, hast du dich nicht genug ausgeruht!? García, nimm *alemán crudo* mit um den Block.«

Hatten wir an der Sportfakultät noch eine vergessene, unkrautüberwucherte Stadionbahn, geht es nun tatsächlich um Wohnblocks. José Ángel schummelt mit der Distanz, indem er so vor sich hin dappelt, dass er nach einer Runde das an Schritten gelaufen ist, was wir anderen in zwei schaffen. Ich erzähle ihm, dass ich ihn im Fernsehen gesehen hätte, nach einem Wettkampf, in dem er den vierten Platz geholt habe. Er zuckt mit den Achseln und schmiert sich ein derart undefinierbares Grinsen ins Gesicht, dass ich nicht sagen kann, ob er das für einen Erfolg oder eine Schande hält. Wahrscheinlich ist es ihm einfach egal.

Es sind eine Menge neuer Leute da, die ich noch nie gesehen habe – Boxer aus einer anderen Stadt. Sonderprogramm: Heute ist kein normales Training, sondern eine einzige lange Sparring-Einheit mit Kontrahenten, die man nicht in- und auswendig kennt. Mir ist die Zuschauerrolle nur recht. Ich mache mich ein bisschen warm, gehe durch einige wenige Schritte und Kombinationen, um die Erinnerung aufzufrischen, und schaue dann den Kämpfen zu, die jeweils über drei Runden gehen. Als García an der Reihe ist, bin ich wie immer begeistert von der Schnelligkeit und der Routine des Einundzwanzigjährigen, der seit zehn Jahren nichts anderes macht als zu boxen. Seine Kampfkunst ist mehr Kunst als Kampf und mehr Tanz als Sport. Francisco steht neben mir und beobachtet seinen Schüler.

»Bald wird er zur Nationalmannschaft stoßen«, sagt er, »es ist nur eine Frage der Zeit. Seine Kämpfe gegen die Besten hat er nur verloren, weil er noch jung und unerfahren war. Aber sobald er eine nationale Medaille holt, ist er drin. Seine Niederlage in Guantánamo war ein Eklat! Im Dezember kämpfen wir wieder hier in Santiago. Dann kommst du zurück und dann wirst du ihn sehen.

Dann wird er sich für die Nationalmannschaft qualifizieren und nach Havanna gehen.«

Ich spreche ihn nicht auf die Wehmut in seiner Stimme an. Aber natürlich: Ein halbes Leben lang trainiert er diese Jungs, sieht sie jeden Tag und muss auf einmal diejenigen ziehen lassen, die er fast liebevoll seine Söhne nennt.

»Wirst du García vermissen?«

»Natürlich, er ist wie mein Sohn. Aber so ist das, sie werden erwachsen, und dann hauen sie ab.«

»Ihr könnt euch ja ganz süße Liebesbriefe schreiben«, sage ich, nach zwei Monaten Kuba unfähig geworden, jeglichen dummen Kommentar nicht sofort in die Welt zu setzen. »Schöne, lange, feuchte Elegien: Mein liebster García, du bist immer mein liebster Schüler gewesen, auch, als deine Haare noch zentimeterlang und schwul waren.«

»Diese Liebesbriefe werde ich dir schicken und du kannst sie Hermes vorlesen. Er ist doch schwul, oder?«

»Noch nicht«, antworte ich ehrlich. »Aber wer weiß, er könnte es bestimmt irgendwann werden.«

Da Francisco nach dem Training nicht noch zum Schwatzen bleibt, nehmen wir zusammen den *camión* Richtung Zentrum, um von der Plaza de Marte gemeinsam nach Hause zu laufen. Tatsächlich wohnt Francisco nur drei Straßen von der Santa Rosa entfernt. Als wir vor seiner Haustür stehen und ihn verabschieden, lädt er uns für den späteren Nachmittag zu sich ein. Solange wir versprechen, nicht alleine zu kommen.

Ein Mittag wie ein tollwütiges Tier. Die Wolkendecke malt fast den gesamten Himmel schwarz, nur hier und da öffnen sich blaue Stellen mit Vogelschwärmen darinnen.

Milsy kocht und Mayra hat eine neue Idee, klipp und klar: Chinita muss mit Reis beworfen werden, um immerwährendes Glück für Haus und Familie zu sichern. Harr! Stramplerumhüllt und mit hinter den Kopf geklemmtem Arm fokussiert sie Linny, die einfach dasitzt und so tut, als sei die herrschaftliche Masse Mayras, so weiß und hemmungslos dem Tageslicht anheimgegeben, in Wirklichkeit nichts als ein Berg heißer Luft.

Auch mich würdigt Linny keines Blickes. Ich hatte gestern Nacht den Fehler begangen, dem Kühlschrank eine Schüssel Essbares zu entnehmen. Unerwartet strahlte mir Gemüsereis entgegen, ich konnte nicht anders. Aber wie sich herausstellte, hatte ich mich an Linnys täglichem Zwei-Uhr–morgens-Essen vergriffen. Sie hat mir eine richtige Szene gemacht und ist noch immer beleidigt.

Bruni und Hermes versuchen verzweifelt, sie aufzuheitern, und schließlich nehmen wir sie mit runter zu Rafael.

»*Limpiando*«, sagt Rafael, der den Boden moppt und *aromatizante,* eine grüne Flüssigkeit, großzügig an den Wänden verteilt: sauber machen. Schön zu sehen, dass er wieder besserer Stimmung ist, auch wenn sein Blick noch etwas schlaff ist und die Zähne nicht zahlreicher geworden sind.

Mit den *jamón y queso bocaditos*, die wir bei Tico eingesammelt haben, und einer Flasche Cubay sitzen wir auf dem Ausguck, ein glückliches Bündel Menschen, die halb Tivolí an sich vorbeiziehen lassen. Der beste Ort, um zu predigen, dass in Deutschland das Problem mit der Welt und mit gar überhaupt allem irgendwie ist, dass die Leute nicht draußen, so wie in Kuba und überhaupt, wo die Leute draußen und nicht drinnen, weder kalt und vereinsamt bei sich! *¡Cojones!* Der Nebel des Zuckerrohrschnapses verwirrt mir die Sprache; Hermes und Bruni haben eine gute Zeit, sich über mich lustig zu machen, dabei geht es ihnen genauso. Jedes zweite Wort von Hermes ist ein glückseliges Stöhnen, dass ihm auf den Lippen taumelt, und Bruni zeigt auf der Straße ihre Karatekicks, als hebe die Schwarzgurtträgerin zum ersten Mal ihr

Bein. Rafael ist auf den Plan gebracht und schickt Anailis nach drinnen, um seinen Nunchaku zu holen. Demonstration: Er hat Anailis so viel beigebracht, dass sie die Hölzer herumschleudert wie Blitze. Uns möchte er die Waffe lieber nicht mehr anvertrauen, dafür rollt er auf der Straße hin und her und hebt die Hände, damit Runa bessere Hooks und Sidekicks lernt.

Ohne dass es jemand merkt, gehen die Stunden ins Land.

Als wir merken, dass Linny wieder mal wortlos abgehauen ist, fällt mir unsere Verabredung mit Francisco ein. Bevor wir uns verabschieden, gehe ich noch mal ins Haus, um in die wasserlose Kloschüssel zu pinkeln. Zwei Meter weiter steht die fast leere Wassertonne, das meiste wohl aus dem Himmel aufgefangen, aber als Talisman, als gute Gabe Kubas, schwimmt ein kleiner Topf auf dem wenigen Wasser und enthält die einzige Zutat, die ich hier neben Eiern jemals gesehen habe: eine Handvoll sauberer, frisch duftender Minzblätter.

Die kleinen, großen Geschenke des Lebens.

Solange es diesen Topf gibt, ist nichts verloren.

Tivolí in seiner großen Dämmerungsstunde.

Die Türen wie ausgehängt, die Fenster sperrangelweit. Tausend erhaschte Einblicke in die Wohnungen, ganze Gewölbe oder winzige Räume, jedoch immer mit weiteren Schachteln und Räumen wie Labyrinthe. Schiefe Einrichtungen voller vergilbter Jesus- und Che-Bilder, abgeblätterter Putz, unverputzte Säulen, radikal minimalistische Einrichtung von schaukelndem Holz und Großmütterchen und Kinderhorden, alles in der großen Hand warmer Luft. Durch die Gassen der Singsang der Tausendsassas.

Wer hier alleine ist, notiere ich mir erneut, ist einsam und wird es immer bleiben.

»Zwei Stunden zu spät«, schimpft Francisco, »was ist, habt ihr euch im Dunkeln verlaufen?« Wir bitten untertänigst um Verzeihung. Die kalten Dosen Bucanero, die wir im Gepäck haben, mildern seine gespielt schlechte Laune: Wir dürfen eintreten und werden einer nach dem anderen umarmt. Als ich Bruni mit der Erklärung vorstelle, sie sei der Grund, warum Hermes und ich morgens oft müde und kraftlos zum Training erschienen, ist die Herzlichkeit perfekt. Unbezahlbar, dass sie solch dämliche Späße mit ihrem einzigartigen Lachen wegsteckt und selbst einen Humor pflegt, der sich gewaschen hat. Was für ein Segen für uns und die Casa Azul, dass sie und Hermes im selben Bus saßen!

Wir schmiegen uns in die Polstermöbel. Nebenan die Frauen – Mutter und Cousinen und Tanten – die »Mexiko sucht den Superstar« schauen und aus dem Klatschen und Jubeln nicht mehr herauskommen.

Francisco rollt die Augen.

Ob er eigentlich Fotos von sich habe, frage ich, Fotos aus seiner Zeit als aktiver Boxer?

»Leider nicht. Alle weg. Der letzte Zyklon hat sie vernichtet, da stand hier knietief alles voller Wasser.«

Was er uns aber zeigen kann, ist eine Karte von einem Gedenkturnier, das letztes Jahr zu Ehren von Teófilo Stevenson ausgetragen wurde. Es zeigt die beiden beliebtesten Kubaner auf einem einzigen Bild, Fidel Castro Seite an Seite mit seinem Ausnahmeboxer und moralischen Aushängeschild, dazu ein Zitat des *comandante en jefe:* »Kein anderer Boxer hat in seinem Sport so gestrahlt wie Teófilo!«

In der Tat war Stevenson eine große Seele und ein Glücksfall für die kubanische Revolution, da er es stets ablehnte, aus dem Amateur- ins Profiboxlager zu wechseln: eine Entscheidung, mit der er sich endlosen Reichtum und Weltruhm entgehen ließ. Aber was sind schon, in seinen Worten, eine Million Dollar gegen acht Millionen Kubaner, die ihn lieben. Der dreimalige Olympiasieger tauchte nach jeder seiner Goldmedaillen auf der Insel ab, um einfach zu trainieren und seine Künste an den kubanischen Nachwuchs weiterzugeben. Ihm allein ist es zu verdanken, dass sich das Boxen neben Baseball als Volkssport etabliert hat und die kleine Insel in andauernder Regelmäßigkeit mit die besten Boxer der Welt hervorbringt.

Als Francisco sein zweites Bucanero öffnet, sagt er:

»Wenn der Geist krank ist, wird der Körper auch krank. Deswegen muss ich meinen Geist fit halten. Bier hält meinen Geist fit. *Salud.*«

»*¡Listo, salud!*«

Der Abend ist angerichtet.

Die Erzählungen können beginnen.

Francisco erklärt uns, er habe gehört, dass Cristiano Ronaldo einen kolumbianischen Sänger geheiratet hätte – wegen des Geldes! Danach quatschen wir querbeet über Diego Maradona, Katzenbabys und Rihanna (»Die neue Nationalhymne Kubas« – Francisco). Als wir auf die politischen Situationen in Venezuela und Brasilien zu sprechen kommen, ist Hermes auf den Plan gerufen. Seit seiner Ankunft in Kuba kommt er nicht umhin, die Karibikinsel mit dem Rest Südamerikas zu vergleichen.

»In Brasilien zum Beispiel erlebe ich all die Nachteile der stumpfen kapitalistischen Gier und des ›Fortschritts‹. Der finanzielle Wohlstand der letzten zehn Jahre emanzipiert sich in Form von dicken Bäuchen, die mit Selfiesticks dokumentiert werden. Nach außen verkaufen wir Brasilianer unsere ach so freudige Kultur, Samba, Lebenslust und so weiter, aber die Realität ist weit davon entfernt, sie war nie so. Globo (ein brasilianischer Fernsehsender) hat sicherlich geholfen, dieses Image nach außen zu verkaufen. Aber Korruption, Elitismus und insbesondere der Rassismus sind besorgniserregend. Ein Land regiert von weißen, alten, ›christlichen‹ Männern. Brasilien ist gerade dabei, sich zum König aller Bananenrepubliken zu machen.«

»Ein patriotischer Wert ist wichtig«, sagt Francisco, »aber er muss gleichzeitig auch internationalistisch sein, ob hier oder in

Brasilien. Man muss wissen, wie man hilft und wie man Hilfe annimmt. Das ist nobel und das ist wichtig für ein Volk.«

»Ja, hier fördert der Staat Humanismus und Solidarität, in Bolivien und Südamerika scheißt man derart gewaltig auf die Solidarität, das kann man sich hier gar nicht vorstellen. Es geht nie um Werte, sondern um Profit und höchstens Nationalismus.«

Hermes reicht mir die Flasche weiter, als handele es sich um ein Mikrofon. Es ist ein guter Zeitpunkt, Francisco zu fragen, was er von seinem Land und der Revolution halte, die seit Jahrzehnten für nur sehr wenig Veränderung gesorgt habe? Nach einigen Momenten, in denen er seine Gedanken zu ordnen scheint, lehnt er sich in seinen Sessel zurück und sagt:

»Ich hatte ein gutes Leben. Ich habe dir schon erzählt: Ich war zwei Jahre in Venezuela und zwei in Afrika, in Kap Verde, wo ich jeweils geholfen habe, die Nationalmannschaften zu trainieren. Mein Land hat mich als Helfer dahin geschickt und ich bin gerne gegangen, denn ich mag das Reisen – und die Frauen! Außerdem gab es doppeltes Gehalt, eines hier, eines dort, und man hatte immer ein schönes Zimmer und genug zu essen. Unsere Ziele stimmen. Aber obwohl ich Fidel und Raúl unterstütze, wünsche ich mir eine Opposition. Ohne Opposition schläft man ein, es ist schädlich für den Fortschritt. Aber auch so hat sich schon viel geändert, es gibt mehr Austausch mit anderen Kulturen, das ist das Wichtigste. Früher gab es viele Feinde, deswegen war die innere Politik sehr streng, aber der Austausch mit anderen gibt uns Kraft.«

Hier will ich eigentlich unterbrechen, um von Manana zu erzählen. Aber als er den Namen des Festivals hört, weiß er zu meiner Überraschung bereits bestens Bescheid.

»Manana! Früher hatten wir ganz viele kleine Veranstaltungen, aber nie etwas so Großes und Internationales wie Manana. Es ist großartig, es fördert die elektronische Musik, die ja, wie man weiß, ihren Ursprung in der afrikanischen Musik hat, die überall in Santiago zu Hause sind. Nicht nur Boxen ist Kultur, sondern auch das.«

Wieder einmal ziehe ich meinen Hut vor meinem *profesor.* Als ich ihm das Foto von Stevenson und Fidel zurückreiche, holt er noch einmal aus:

»Fidel ist ein großer Mann, aber wie alle Menschen voller Fehler. Vielleicht muss man machtsüchtig sein, um seine Position zu erreichen, ich weiß es nicht. Die Ideale stimmen, aber man macht Fehler. Das Problem ist, die Ideale mit der Wirklichkeit ganz zu verbinden. Die Welt ist schwierig zu kontrollieren. Und das Problem mit unserem Präsidenten: Er muss sich beugen, der Aristokratie und den Reichen und Mächtigen, die Kuba ein Embargo aufzwingen. Wir sind nicht frei, wenn die Welt nicht unser Partner werden kann.«

Francisco ist tief in seinen Sessel gerutscht. Da er keinen Kühlschrank hat, hole ich ihm eine neue Dose aus dem Eimer Wasser, den wir in den Wind gestellt haben. Wahrscheinlich hat er recht mit dem, was er über Fidel sagt. Ich erinnere mich an eine Unterhaltung mit Demián und werfe seine Worte in die Runde: Fidel sei zwar ein großer Denker, aber kein guter Minister!

»Ich weiß nicht«, sagt Francisco. »Ja und nein. Aber könnte sein, dass das stimmt. Es ist ganz einfach. Wir sind stolz auf Kuba und im Großen und Ganzen zufrieden. Was wir erreicht haben, ist einzigartig. Aber was uns fehlt, ist der Rest der Welt. Die Amerikaner haben uns die Welt geraubt, weil sie nicht wollten, dass wir frei sind. Sie wollen kontrollieren. Aber wir Kubaner sind zu stark, um uns kontrollieren zu lassen.«

ooo

In der Tat. Nach den meisten Unterhaltungen mit Kubanern lässt sich der Schwall der Lobpreisungen respektive der Anklagen in zwei große Bilder rahmen:

1. Man schätzt das Gute, was die Revolution geschaffen hat,
   und möchte es unter keinen Umständen verlieren.
2. Man möchte mehr. Man möchte etwas anderes.

Die Verdienste Kubas sind schwindelerregend. Nach dem Sieg der
Guerilla wurde der Analphabetismus innerhalb weniger Jahre zu
einem finsteren Relikt der Vergangenheit. Das Gesundheitssys-
tem ist beispielhaft, der Arztbesuch kostenfrei und der Staat sorgt
für Obdach. Achtzig Prozent des Wohnraums gehört den Menschen und kann ihnen unter keinen noch so widrigen Umständen
genommen werden. Anstatt Drogen zu verkaufen oder zu konsu-
mieren, gehen alle Jugendlichen zur Schule und erhalten eine
hochwertige und kostenlose Ausbildung. Das gute Bildungssystem und die Tatsache, dass Kuba praktisch drogenfrei ist (mit der
legalen Ausnahme des omnipräsenten Alkohols), sind kaum über-
zubewerten. All die desaströsen Folgen von Drogenproduktion,
-handel und -konsum, die halb Lateinamerika in den Ruin treiben,
sind in Kuba fremd. Selbstverständlich wohnen hier nicht nur Engel, doch die Straßen kennen kaum Gewalt. Kein Kubaner wird zu
Rassismus, Homophobie oder Ausländerfeindlichkeit erzogen –
nirgendwo auf der Welt habe ich ein Volk getroffen, das derart *rein*
ist, sprich: in dessen Seele und Herz kaum Frustration, Beklem-
mung, Hass oder Sorge ankern.

Demgegenüber steht eine Gerontokratie, die eine völlig unpo-
litische und äußerst gelangweilte Jugend hervorgebracht hat. Da
es nichts zu holen gibt, erwartet man wenig. Das Abwinken, sobald man auf die Politik zu sprechen kommt, ist so groß wie die
Zeit unendlich. Was soll man denn schon groß tun!? Nicht nur einige Male habe ich die Menschen von einer Diktatur sprechen hören. Fidel, dessen Intelligenz und Gerechtigkeitssinn mit dem
Machtanspruch gepaart sind, die eigene Weltanschauung für das
alleinige Amen in der Kirche zu halten, hat zeitlebens alle Wegge-
fährten, Künstler und Kubaner, die seine Überzeugungen nicht

teilten und ihm gefährlich wurden, auf die ein oder andere Weise
verstummen lassen. Che wartete im Dschungel Boliviens vergeblich auf die Hilfe, die Fidel versprochen hatte; Camilo Cienfuegos
Flugzeug und das Auto von Oswaldo Payá verunglückten; Virgilio
Piñera, Reinaldo Arenas und Co. wurden entweder geächtet, noch
zu Lebzeiten vergessen oder, wie General Ochoa, zu jahrzehnte-
langen Haftstrafen verurteilt.

Es gibt ein Gedicht des Fidel-*compañero* Nicolás Guillén, das von
der Zeit vor der Revolution handelt. Doch zweifelsfrei würden viele
Kubaner noch heute ihre Stimmung in diesem Gedicht widergespie-
gelt finden. In »Mild ist mein Vaterland von außen« schreibt er:

»Mein Vaterland ist mild von außen;
im Innern Bitternis und Schmerzen;
süß ist mein Vaterland von außen
mit seinem grünen Frühlingsbrausen,
mit seinem grünen Frühlingsbrausen,
und einer Sonne ganz aus Galle tief im Herzen
(...)
Ach Kuba, wenn ich dir sagen würde,
ich, der dich kennt so gut,
dass deine Palmenhaine voll Blut,
dass deine Palmenhaine voll Blut,
und voll Klagen die Meeresflut!
Unter deinem so leichten Lachen,
ich, der dich kennt so gut,
ich sehe dein Stöhnen, dein Blut
unter deinem so leichten Lachen.
Stöhnen und Blut
unter deinem leichten Lachen;
Stöhnen und Blut
unter deinem leichten Lachen.
Stöhnen und Blut.«

»Der Mensch benötigt etwas mehr als nur Brot: er braucht Ehrge-
fühl und Respekt.« So wahr diese Worte Fidels sind, so absurd ist
es, dass kubanische Ingenieure als Taxifahrer arbeiten, Kranken-
schwestern illegale Nagelstudios betreiben und Lehrer sich durch
Citytouren mit Touristen schleppen. Sich etwas schaffen; die Freiheit zu haben, mit ehrlicher Arbeit seine Familie nicht nur mit
dem absoluten Minimum versorgen zu können; keine permanente
Angst davor zu haben, wegen Belanglosigkeiten im Knast zu landen: All dies ist mit dem Selbstwertgefühl verbunden, und das
weiß auch Raúl Castro, der seit 2008 die Führung des Landes von
seinem Bruder Fidel übernommen hat.

Raúl, der schon während des Guerillakampfes in der Sierra
Maestra ein erstaunliches Organisationstalent offenbarte, hat
Kuba Schritt für Schritt seinen Stempel aufgedrückt. Es birgt
mehr Wahrheit, als man vorschnell zu denken gewillt ist, als
Raúl einmal sagte, Kuba sei kein Land mit nur einer Partei:
»Wir haben hier zwei Parteien, genauso wie in den USA: Fidels
und meine.«

Und so hat die zweite Partei des Landes, gleichsam unter der
Flagge der Revolution stehend, eine Annäherung an die USA zustande gebracht, die eventuell zu einer entscheidenden Locke-
rung des elenden Embargos führen könnte, das man den Kubanern noch immer aufbürdet. Wie dem auch sei: Raúl hat
nichtagrarische Genossenschaften gestärkt und mehr selbststän-
dige Arbeit zugelassen – mehr Handwerker, Unternehmer und Restaurants. Zwanzig Prozent der Wirtschaft sind bereits in privater
Hand, Bauern dürfen auf immer mehr Bauernmärkten den Preis
ihrer Waren selbst bestimmen, es ist leichter zu reisen und unge-
fährlicher, auf der Straße seine ehrliche Meinung zu sagen. Langsam verändern sich die Dinge, sehr langsam und ohne entscheidende Umwälzungen, aber immerhin. Und trotzdem, ich hatte es
einmal aus Yanelis', ein anderes Mal aus Alains Mund gehört: Man
traut dem Braten nicht und glaubt noch immer an die Repressio-

nen, die einem drohen, sobald man in den Augen der Regierung nicht revolutionär genug lebt, textet und wirtschaftet.

Grund zum Jubel wird es für viele Kubaner erst geben, wenn vieles anders ist – obgleich man kaum eine Vorstellung hat, wie genau das wohlbringende Andere aussehen würde. Aus Sicht eines privilegierten Europäers haben die Kubaner all das, was der Kapitalismus durch seine Illusion des konsumierbaren Glücks verspricht: Frieden und endlos viel Zeit, mit sich und seinen Menschen die Rhythmen des täglichen Sonnenscheins zu verleben.

Aber diese Art des Reichtums, diese Beziehung zur ›Freiheit‹ – sie wäre einfach zu schön, um wahr zu sein. Wie hatte es Elvio gesagt, als wir vor seinem Haus saßen und das kunterbunte, überlebensgroße Treiben in der Santa Rosa betrachteten? Dass die Kubaner nur eines wollen, nämlich »gut leben«. Und auf meine Frage, was denn dieses gute Leben genau sein solle, antwortete er:

»Ich weiß es auch nicht. Aber auf jeden Fall etwas Besseres als das hier.«

Man rufe sich Heinrich Bölls »Anekdote zur Senkung der Arbeitsmoral« ins Gedächtnis. In der kleinen Erzählung liegt ein ärmlich gekleideter Mann in seinem Fischerboot und döst zufrieden vor sich hin, belästigt nur von einem schick gekleideten Touristen, der ihn und das Panorama, das er versprüht, mit seiner Kamera festzuhalten sucht.

Warum der Fischer nicht rausfahre, fragt der Tourist. Man habe ihm erklärt, heute sei das Wetter mehr als fantastisch für einen guten Fang. Den habe er heute Morgen schon gemacht, antwortet der Fischer, ein tatsächlich sehr ordentlicher Fang! Und nun habe er Zeit, sich auszuruhen und zu dösen.

Auch wenn man den Rest der Geschichte nicht kennt, ahnt man hier bereits den Lauf der Dinge.

Der Tourist versucht, den Fischer zu überzeugen, den guten Tag zu nutzen und noch mehr zu fangen. Dann könne er mehr verkaufen, etwas sparen und sich bald ein besseres Boot leisten, ergo, noch mehr fangen, ergo, mehr Boote und größere Fänge, ergo Kühlhallen, vielleicht ein Restaurant, der Verkauf der Fische ohne Zwischenhändler, ergo: Gewinnspannen noch und nöcher.

Der Fischer fragt den Touristen, warum er das alles tun solle?

Und dieser antwortet: »Damit man dann seelenruhig hier am Strand liegen und auf das herrliche Meer schauen kann.«

Der Fischer wird – Böll erwähnt es nicht – zufrieden an seiner Zigarette gezogen haben, bevor er antwortete, dass er ja genau dies gerade tue – dösen und auf das herrliche Meer blicken.

So niedlich sich so etwas liest, es wäre nicht das kubanische Ende der Geschichte. Denn: Wenn es nicht in der Macht des Fischers liegt, zu entscheiden, wann er genug hat, funktioniert das Gleichnis nicht.

Auf das Thema der Korruption angesprochen, nannte Fidel dieses für den Ausgang der kubanischen und globalen Geschichte so entscheidende Wort:

»Auch im Sozialismus gibt es sie, denn Menschen haben Bedürfnisse.«

Die Bedürfnisse! – Das Schreckgespenst der menschlichen Zufriedenheit. Denn es scheint, als hätte derjenige sein Glück eingetütet, der überhaupt nicht erst danach sucht, und als sei diejenige zufrieden, die dem Wille-zum-Mehr nicht mehr Aufmerksamkeit zukommen lässt als dem beständigen Ton des Herzens.

In den Anfängen dessen, was wir undefinierbarerweise als Sozialismus bezeichnen, stand nicht das Streben nach gesellschaftlicher und wirtschaftlicher Gerechtigkeit anhand neuer ökonomischer Theorien, sondern nach einer gänzlichen Neuschaffung des Menschen. Nachdem man begriffen hatte, dass die Frage, wie man leben will, immer mit der Zwillingsfrage verbunden ist, wie man *werden* soll, war die Anthropotechnik auf den Weg gebracht. Es geht schlicht und ergreifend um die Verbesserung, um die Evolution des Menschen – und die Geschichte zeigt, dass die ›Bedürfnisse‹ vor allen Dingen spiritueller Natur sind und nicht nur ökonomisch oder politisch befriedigt werden können.

»Meiner Meinung nach gibt es keine dringlichere Aufgabe, als ein universelles Bewusstsein herauszubilden und diese Problemstellung der Masse der Milliarden Männer und Frauen jeden Alters, einschließlich der Kinder, die unseren Planeten bewohnen, klarzumachen. Die objektiven Zustände und das Leid der großen Mehrheit dieser Menschen bilden zusammen die subjektiven Bedingungen für diese Aufgabe der Bewusstseinsbildung.« (Fidel Castro)

Wenn es für die richtige Bewusstseinsbildung etwas braucht, dann sind es Utopien. Keine Utopien im so falschen wie gebräuchlichen Sinne des Wortes, keine haftungslosen Fantasien und von der Realität fortgedachten Paradiese. Sondern Unternehmungen, wie Ernst Bloch sie verstanden und vermessen hat.

In »Geist der Utopie« zeigt er nicht nur das erweiterte Spektrum der Utopik, die sich unter anderem auf das Musikalische, Soziale oder Religiöse bezieht, sondern ortet ihre experimentelle Art im bereits Vorhandenen. Die Welt selbst ist die Realisierung eines Versuchs, ein Modell, und, was bereits existiert, ist stets nur die Probe auf eine Idee hin, die sich noch nicht bewiesen hat. Die Welt *ist* Utopie! Da die menschliche Seele nach Bloch auch dieses »Drüben« umspannt, was noch nicht ist, beweist der Ruf nach diesem Noch den Menschen als permanenten Utopiker, der gar nicht anders kann, als in den Versuchen seiner Versuche zu leben. Er selbst und die Welt sind nichts als bereits experimentierbar gemachte Ideen und die größte Utopie, das Leben-an-sich, immer und überall vorhanden. Unter diesem Gesichtspunkt macht es Sinn, wenn Martin Buber behauptet, der Sozialismus sei eine Utopie – und genau deswegen so wichtig.

Mit dem Beginn des politischen und wirtschaftlichen Sozialismus entstand auch dessen Krise. Da soziale Gerechtigkeit anscheinend nicht mit den Bedürfnissen und Grundversorgung nicht mit Freiheit vereinbar ist, hat sich noch kein sozialistisches Modell in einem größeren Maßstab bewährt. Es ist ein Leichtes, zwanzig oder einhundertfünfzig Menschen zufrieden unter dem Banner einer kommunistischen Politik und Nächstenliebe zu vereinen, aber ein ganzes Volk, eine komplette Nation? Gerade heute fehlt jegliche Vision, die die gegenwärtigen Verhältnisse entscheidend aufgreift und anhand neuer sozialistischer Programme aus der Perspektivlosigkeit reißt. Die Vorstellung des Proletariats als Motor der Revolution oder die Idee, dass der Fortschritt als den Menschen inhärentes Prinzip gesetzesmäßig daherkommt, sind überholt, ohne dass man von ihnen loskommt oder sie adäquat hat ersetzen können.[3]

Die Formsuche nach einem Sozialismus, der in einer postkapitalistischen Welt funktionieren kann, wird wohl eine der großen Herausforderungen dieses Jahrhunderts – und sicherlich ihre dringlichste. Denn bleiben die Menschen in den heutigen sozialistischen Systemen geahnte Sehnsüchter, ist jedem Menschen klar, dass sich der bis dato praktizierte Kapitalismus seinem Ende zuneigt. Überall, wo sich die Wirtschaft nicht nach einer vernünftigen Politik, sondern die Politik nach einer heillos unvernünftigen Wirtschaft richtet, zählt der Kapitalismus mehr Opfer als Gewinner. Man blicke nur von Kuba aus auf den großen Nachbarn im Norden, der dem Großteil der Welt als wirtschaftliches und demokratisches Vorbild dient. Man blicke auf den US-amerikanischen Finanzmarkt, dessen Lobbyarbeit in Washington derart stark ist, dass er sich zum Unwohle aller selbst regulieren darf. Man blicke auf den institutionell ausgelebten Rassismus, die alptraumhafte Zahl der Gewalt-, Medikamenten- und Drogentoten, eine horrende Gesundheitsversorgung, das von Tag zu Tag

---

3   s. Axel Honneth: Die Idee des Sozialismus. Versuch einer Aktualisierung. Suhrkamp Verlag, Berlin 2015

schlechter finanzierte und unwissenschaftlicher werdende Bildungssystem zweier Klassen und das Budget, dass für Militärausgaben und Angriffskriege nicht nur zur Verfügung steht, sondern auch eingesetzt wird. Die Präsidentschaftswahl 2016 hat es fantastisch demonstriert: Als die Amerikaner auf Teufel komm raus den einzigen Kandidaten wählten, der das Ende der bekannten Welt versprach, war dies kein zu leiser Abgesang auf die amerikanische Demokratie und deren Institutionen.

Raúl Castro und seine Nachfolger werden die Gelegenheit nutzen müssen, den Abgesang beider Lager nicht ungenutzt verhallen zu lassen. Wenn es unter einer Vielzahl von Menschen irgendwann gerecht zugehen soll, muss eine neue Idee des Sozialismus Gestalt annehmen, eine wahre Revolution: die Verknüpfung materieller und spiritueller Bedürfnisse als Ausdruck eines Menschen, der, vom Menschenaffen kommend, über das Menschsein hinauswachsen will.

In Erwartung des Neuen, welches uns dem Licht ein wenig näherbringt, verharrt die Welt in einer Starre, und Kuba mehr als jedes andere Land. Ein ganzes Menschenleben lang schon verharrt die Insel im Status quo ihrer Gegenwart, die sich seit sechzig Jahren kaum verändert hat, und hat nicht die leiseste Ahnung, was die Zukunft bringen wird. Ja: Der Kubaner ist stolz auf die Revolution und den einzigartigen Weg, den die Weltgeschichte dieser kleinen Insel zugewiesen hat – gleichzeitig ist man beschämt ob der eigenen Mittellosigkeit. Das Herz ist eisern und die Trauer groß. Dieser ewige Zwiespalt ist symptomatisch für Kuba, das man ohne Übertreibung ein Schattenreich nennen kann. Denn ungezählte Jahre zwischen Ideal und Wirklichkeit, pragmatischer und ideologischer Politik haben aus Kuba ein Land gemacht, das nur den Schwebezustand kennt: In den afrokubanischen Religionen werden derart Brücken zwischen den Mythen und der Welt, zwischen dem Bewussten und Unbewussten und Leben und Tod geschlagen, dass nur noch Brücken übrig bleiben und kein Land mehr. Die Toten gehen in die Heiligen über und diese erobern wiederum den Menschen. Fidels und Ches Arbeit am ›Neuen Menschen‹ wird so lange dauern, wie es Menschen gibt. Darüber hinaus habe ich in Kuba die Übergänge zwischen Wachen und Träumen völlig anders wahrgenommen, vom kubanischen Umgang mit der Wahrheit ganz zu schweigen. Solange der Unterhaltungswert stimmt, ist sie genauso viel wert wie eine Lüge. Wenn es etwas Entscheidendes zu sagen gäbe, bliebe es ungesagt. Wahrscheinlich hat auch Martí in seiner Funktion als Dichter gewusst, dass das Sagbare stets von Wahrheit zu Wahrheit reist, ohne sich bei verlässlichen Begriffen aufzuhalten. Die Welt: Sie ist sowieso nur eine, mehr als fantastische Erzählung.

Als verlebendigter Mittler zwischen all diesen Polen versucht man auf Kuba, ein großartiges Leben zu führen – zumindest das ist verlässlich. Kubas Spiritualität ist das schiere, bittersüße Leben, und all die Reden von Revolution, Sein, Haben oder Glück bleiben als Euphemismen in den Schatten der Palmen zurück. An den Bars sitzen die Trinker, die Fischer murmeln heiße Worte und die Frauen fassen sich an die Hüften und wollen, *¡Cojones!,* rauchen und saufen. Man ist zufrieden mit der Handvoll Tag, den die Sonne ausstreut in großer Gebung. Es ist ihre eigene Zeit, die die Menschen einholen wird. Und so weiß man, zwischen Tagein und Tagaus, dass das Leben nicht gut sein muss – es muss nur gelingen.

Wie begann Bloch sein letztes Kapitel in »Geist der Utopie«:

»Wir leben und wissen nicht, wozu. Wir sterben und wissen nicht, wohin.

Leicht ist zu sagen, was man jetzt und nachher will. Aber niemand kann angeben, was er überhaupt will, in diesem doch so sehr zweckhaften Dasein. Mich wundert, daß ich fröhlich bin! sagt ein alter Türspruch.«

Santiago erwacht.

Erwacht mit großem Ohr und hellem Ton, erwacht mit Hahn, Schweini, Vogelschwarm, mit den ersten Radios, kehlenden Gebeten und Ausschreiern. Als sei nichts notwendiger als der Ruhm der Worte, singt Santiago seine Menschen aus dem Schlaf. Linny liegt auf dem Wassertank, die kaputte Waschmaschine träumt noch mit ihrem übergestülpten Plastiksack, die Topfpflanzen stehen still. Bruni und Hermes öffnen die Augen.

Ich schlage die Decke weg und ziehe mich aufs Mäuerchen. Verwunschene Santa Rosa, märchenhaftes Hausgegenüber: Zwei uniformierte Männer stehen in der Herrgottsfrühe auf dem Dach und schieben Wellbleche hin und her. Hier und da greifen sie sich ihr Zeugs, um das immerhin unreparierbare Dach zu reparieren. Alles aufbewahrte Gerümpel ist gerechtfertigt – irgendwann wird sich etwas zurechtschneiden, abbrechen und einsetzen lassen, wird sich eine Verwendung für den Eisenschrott finden, aus zwei krummen eine gerade Sache gemacht und das morsche Holz für allerlei herhalten müssen. Und sei es auch nur, um ein Schwein darüber zu braten.

Der alte Mann im wandlosen Zimmer knüpft sich sein Hemd auf und wieder zu, während der Hund den Kopf in seine Lieblingsschüssel steckt und jault. Die Großmütterchen beschnuppern die Santa Rosa. Ein Morgen so klar, als bliebe er ewig; in den Bergen sieht man jeden einzelnen Baum, die Luft schmeckt glasig. Wahrlich, ein Sonntag so gerecht wie Trauben und Wein.

»¡Ven aka!«

»Principe, Hermes, Chinita, Runa, VEN!«

Nachdem wir Linny wachbekommen haben, schlurfen wir runter zu Milsy.

Hermes ist im Fluss und der Rest aus der Casa Azul hat nichts einzuwenden gegen seinen *carajillo,* den Tau des Hahnes: die ersten Portionen Ron Santiago purzeln in unsere Kaffeetassen. Hermes sagt: »Und gute Nacht.«

Wir setzen uns in die Tür.

Die Straße blüht und die Santiagueros spreizen ihre Flügel, die sie mal zum Himmel, mal in die Hölle tragen.

Irgendwo wird eine neue Platte aufgelegt.

Sonne ist.

Der Tag ist über das Wesentliche unterrichtet.

Bruni sagt »Adieu«, und legt sich zurück ins Bett.

Wir frühstücken und beschließen, Violetta zu besuchen.

Vorbei an einer Gruppe älterer Damen, die im Schatten einer Seitenstraße Gymnastik betreiben, vorbei an den winzigen *bodegas,* die nicht mehr haben als ein bisschen Reis in einer abgeschnittenen Plastikflasche, einige Millimeter Salz in anderen abgeschnittenen Plastikflaschen, weitere Zufälligkeiten und vierzig Stück Seife. Vorbei an den Schildern »*Hay Flan*« (Hier gibt es Flan) und »*No trabajo con jinerteros*« (Ich arbeite nicht mit *jinerteros*), bis wir bei Demián aufmarschieren, der schon auf fast gepackten Koffern sitzt. Als man ihnen die neue Wohnung anbot, gab es keine Zeit für lange Überlegungen. Alles musste sofort geschehen, Zusage, Kündigung, Kofferpacken, Umziehen. *Bueno.*

Demián ist allein. Patricia und die Kinder seien zu Freunden in ein anderes Viertel gegangen, erklärt er. Hier gebe es kein Wasser mehr, das letzte kam vor elf Tagen, die Reserven sind verbraucht und Violetta müsse trinken, sauber gemacht werden, Klamotten könnte man auch mal waschen und so weiter. Wie Wüstenbewohner sei man auf die Suche nach Wasser ausgezogen. »Und ich …, ich packe und stelle mir Wasser vor. Wie hat Tagore gesagt: Wenn du weinst, weil die Sonne nicht scheint, kannst du die Sonne auch nicht sehen, wenn sie da ist, weil deine Augen voller Tränen sind. Wir müssen weitermachen, immer weiter, wir sind Menschen. Unsere erste Bedingung ist, dass wir verdammt noch mal weitermachen.«

Mit dem Wasser aus meiner Flasche kochen wir uns Kaffee.

Als Patricia mit den drei Kindern zurück ist, machen sich all die Gedanken über Wasser bezahlt. Einstimmig beschließen wir, direkt weiterzuziehen nach Siboney, dem Hausstrand Santiagos. Hatte Gott nicht diese Sonntage eingerichtet, um in der Schönheit seiner Welt zu baden?

Wir laufen den halben Kilometer zu der nächsten kleinen Plaza, von der einige Jeeps runter in das winzige Dorf fahren. Nach einer schnellen Preisverhandlung rauschen wir bald an dem alten Farmhaus vorbei, in das sich Fidel und seine Mannen nach dem missglückten Moncada-Angriff zurückzogen. Bester Laune und mit acht Mann auf den beiden Rückbänken zusammengequetscht, dauert es nur knappe zwanzig Minuten, bevor unsere Füße im Meer stecken.

Die schöne, steinige Bucht massiert die Herzen und beruhigt, bis auf ein einziges Gebäude, die Augen. Schaut man auf das Meer hinaus, ist zur linken Seite ein hotelartiges Gebäude in das Grün geschlagen, dessen riesiger, runder Wassertank als Fußball bemalt ist.

Warum, kann mir Demián nicht sagen, aber natürlich hat er die Geschichte des Hauses auf Lager, das der Baseballspieler Elpidio ›Pillín‹ Manzevo bauen ließ. Als dieser – kubanische Sportikone par exellence! – einige Räume illegal vermietete und die Partys laut und endlos waren, drückte man noch das ein oder andere Auge zu. Doch auch seine guten Beziehungen zur Regierung halfen ihm nichts mehr, als herauskam, dass in dem Haus auch Kinderpornos gedreht wurden. Manzevo wanderte in den Knast. Und das Haus ist nun eine Einrichtung für schwangere Frauen. Mit einem grotesken Fußball auf dem Dach.

Das Meer ist eine Scheibe.

Violetta quiekt im Wasser, die Stunden bleiben.

Auf jeder anderen Karibikinsel wäre ein Strand wie Siboney touristenüberlaufen. Aber Hermes, Linny und ich sind neben ei-

nem Franzosen, der mit seiner gesamten angeheirateten Sipp-
schaft unterwegs ist, die einzigen Ausländer, und die Handvoll
kleiner Gasthäuser scheinen alle leer zu sein, was an der Pracht
der zur Schau gestellten Zerstörung liegen mag. Mit Demián und
Violetta auf dem Arm drehe ich eine Runde durch das Chaos, welches noch immer von Hurrikan Sandy übrig geblieben ist. Die
Häuser, die direkt am Meer liegen, sind nichts weiter als traurige
Ruinen, auf die der Mittag brennt.

Immerhin gibt es ein staatliches Strandrestaurant mit Angestell-
ten, deren Arbeitseinsatz den gleichzeitigen Willen zum Atmen
kaum übersteigt. Aber was für eine Tafel! Wie die ersten und letzten Gäste sitzen wir um den Tisch und schlagen uns voll mit dem,
was man uns auftischen kann.

Dann kriechen wir für unsere Siesta zurück unter unsere
Strandschirme und nutzen die tote Stunde, um zurück in die Stadt
zu fahren.

Hermes und Linny zieht es zurück auf die Terraza Azul und
während Patricia und die Kinder packen, legen Demián und ich
noch letzte Hand an die neue Wohnung, die sich nur einige Straßen parallel zur Santa Rosa befindet. Ich bin kaum in der Lage,
meine Freude über die neue Wohnung zurückzuhalten. Anstatt
der niedrigen, engen, lärmgefüllten Zwei-Zimmer-Wohnung ist
die im dritten Stock gelegene Altbauwohnung ein wahr geworde-
ner Traum. Fünf hohe, weite und luftige Räume in einem blassen
Mintgrün – ehrlich, ich würde hier sofort einziehen, hier lässt es
sich atmen, schreiben, leben! Hier und da muss noch Licht gelegt werden und einige Löcher bleiben noch zu verputzen, aber,
aber, aber. Die Bude ist ein kleines Schloss. Violetta wird hier ihren Spaß haben und sich austoben können.

Wir packen den letzten Schutt zusammen, fegen aus und bringen die vollen Säcke auf die Straße. Dann schlagen wir uns den
Staub von den Händen. Es kann eingezogen werden.

Ich lade Demián noch schnell auf einen Kaffee im Ven ein, bevor er mit zwei befüllten Wasserflaschen zum letzten Mal in sein altes Reich zurückkehrt.

Als ich über die Plaza de Marte schlendere, treffe ich Kodi. Da stehen er und sein angefressenes Gesicht, mitten auf dem Platz, eine Blume in der Hand und eine Weinkühltasche umhängend, in der sich tatsächlich eine Flasche Rotwein befindet. Sichtlich nervös fragt er mich, wo zur Hölle Ling stecke? Er sei hier mit ihr verabredet gewesen und warte nun schon seit einer Stunde. Was bleibt mir anderes übrig, als ihm die Wahrheit zu geben.

Kodi!

Linny ist in Ordnung, aber völlig wahnsinnig.

Und es wird immer schlimmer.

Ohne Hermes oder mich zu fragen, hat sie einen Flug nach Köln gebucht.

Yep, du hast richtig gehört!

Wir kümmern uns so gut es geht, haben aber keinerlei Kontrolle.

Einmal habe ich ihr Zwei-Uhr-morgens-Essen aufgegessen.

Nachts schläft sie auf dem Wassertank, morgens ist sie verschwunden, abends kommt sie nach Hause oder bleibt weg – du weißt ja!

Mann ... sie wird nicht kommen.

Er zieht die Flasche aus dem Schaft, schraubt sie auf, nimmt einen großen Schluck und reicht sie mir.

»*Salud*«, sagt er. »Verdammt, ich mag sie trotzdem.«

Ich kaufe eine Flasche Mulata, mit der ich mich hoffentlich in den nächsten Tagen übergießen werde, hüfttief in einem Fluss stehend, der aus den Bergen kommt. Ob es was hilft? Ich hatte jede Menge Kaffee getrunken und mich auch sonst an keine der Vorgaben gehalten, die mir der *babalao* auferlegt hat. Aber ach, die Toten, Heiligen und Götter: Sie werden es mir schon durchgehen lassen.

Noch eine kleine Schachtel Kuchen für Abuela und Schokolade für die *patronas,* dann geht es vorbei an den Sonnensegeln des Nachmittags, die die Stadt in den Himmel reißen, vorbei an den letzten Schatten, die von den Rauchschwaden der alten Buicks und Cadillacs geworfen werden und immer vorbei an Holzschachtelbuden, Luftschlössern und prächtig vergangenen Patios, aus denen die Vergangenheit in unaufhörlichen Bildern hallt. Auf den gusseisernen Balkonen dösen die Hunde und Kinder klettern sich lachend auf die Schultern. Man meißele es in den nächstbesten Stein: Die Stadt ist ewig, Kuba eine Insel, die Luft ist warm, die Menschen sind schön.

Milsy und Mayra sind auf Kirchgang. Ich reiße Hermes, Linny und Bruni aus ihrem Schlummer, dann klopft es an der Tür. Yanelis, ein Mensch wie ein einziges großes Strahlen, eine Frau in schwarzen Leggings und heller Blumenbluse, ja: ein Mädchen mit Sonne in den Locken und Glitzer auf den kirschkernfarbenen Augen.

Auf der Terrasse geben wir Elvio und Ivan Bescheid, dass heute Abend bei den Streetcats, neuen Freunden aus der Santa Rosa, eine Party stattfindet. Alle Bewohner der Casa Azul und sogar Richard und Presidente seien informiert. Die beiden Brüder springen zu uns herüber, Ivan zieht Bruni an sich und sagt: »Ihr Deutschen seid zwar verrückt, aber wir sind verrückter. Ihr werdet sehen. Ich ziehe mir meine Tanzschuhe an, *cojones!*«

Nachdem wir Bruni befreit haben, machen wir uns los auf die andere Seite der Trocha, wo eine benachbarte Conga-Band für den bevorstehenden Karneval probt. Ein Karneval, der, laut einschlägigen Berichten, allem täglich verrauschten Trunk und Tanz der Stadt noch mal die Krone aufsetzt – und das tagelang!

Wir hatten die Gruppe, die sich Paso Franco nennt, schon einmal in einer Seitenstraße aufgestöbert. Heute finden wir sie hinter der Mini-Tankstelle, die ganz Tivolí mit Sprit (Benzin) und Sprit

(Rum) versorgt. Noch werden alle Instrumente, Schüsseln, Bleche und Trommeln spielerisch von Hand zu Hand gereicht. Der Vorsänger beziehungweise Vortrommler ist noch nicht eingetroffen und die wartende Versammlung von dreißig Musikern und dreißig Schaulustigen hat genug Zeit, sich rauchend an die nächstbeste Mauer zu lehnen und – überaus höflich in ihrer undechiffrierbaren Existenz – den Sonnenuntergang zu begleiten.

Die Stadt ist ein goldenes Tal, das den Himmel über die Erde weitet.

Yanelis ist in Stimmung. Während sie sich ordentlich am Rum bedient, erzählt sie uns alles, was ihr auf dem Herzen liegt, beginnend mit der Erklärung, dass während der Conga-Aufmärsche regelmäßig Leute abgemurkst würden. Wenn ein Santiaguero ein Opfer im Visier habe, etwa aufgrund eines Gang-Streits oder einfach nur, weil er oder sie von dunklen Mächten bestiegen sei, fänden die Morde meistens hier statt. Jeder sei in Trance und derart mitgerissen von der Musik, dass es ein Leichtes sei, unerkannt zuzustechen.

Hermes sagt: »Prima«, und fordert die Flasche ein. Als diese an Linny weitergereicht wird, erzählt Yanelis bereits über Changó. Dieser musste sich einst im Kleiderschrank seiner Geliebten Ochún verstecken. Ochún hatte viele Liebhaber und Changó durfte nicht entdeckt werden. Um sich unbehelligt aus dem Kleiderschrank schleichen zu können, verkleidete er sich als Frau und seitdem ist das Geschlecht Changós wechselhaft. Ein Jahr komme er als Mann, das nächste als Frau.

Nachdem sie abschließend über die Regierung geschimpft hat, die nach dem schleichenden Niedergang Venezuelas bereits Benzin rationiert und ihr und allen anderen Kubaner dringend empfohlen hat, den Gürtel enger zu schnallen (»Was für einen verdammten Gürtel denn bitte!«), beginnt das Spektakel.

Den Anweisungen des Hauptmanns folgend, der die Kuhglocke spielt, beginnt man ein Dutzend Mal die einleitenden Takte zu

proben, bevor sich die Parade in Bewegung setzt. Eisenringe und
rostige Klangschalen, riesige Bauchtrommeln und über die Schultern hängende Congas, dazu rasselnde Kerne, Gesang und die *cor-*
nita china genannte Rattenfängertrompete, die nur hier in Oriente
eingesetzt wird.

Um die Musikanten formt sich ein immer größer werdender
Trupp aus Jung und Alt. Die Band zieht die Menschen auf den
Straßen mit, als sei sie ein Magnet, und wer in der Nähe seines
Hauses ist, holt Pfannen, Schüsseln und sonstigen Krimskrams,
um sich lauthals in den Reigen einzureihen. Was für ein Tanz! So
natürlich wie ein Vogelschwarm bewegen sich die Santiagueros, so
ganz und gar Stoff einer gestandenen Erde, von einer Kreuzung
zur nächsten. Wer noch nie dreijährige Kinder gesehen hat, die zu
einem schweren Balkwerk von Trommelbass und Schellenschlag
derart aneinander tanzen, als habe ihnen das Leben nichts anderes
versprochen, weiß nichts von der Gerechtigkeit des Körpers. Etwas Ereignisvolles, etwas Vollständiges geht hier vor sich. Das
Glück des Körpers, der all unser geistiges Habe zementiert, ist
dermaßen unterbewertet, dass wir ihn kaum beachten. Hermes,
selbst ein ziemlich guter Tänzer, macht dieselben großen Augen
wie ich und erzählt mir, was sein Vater einst über die Schwarzen
gesagt hatte: dass sie die Ersten waren und sind, die es geschafft
haben, das Menschsein in ihren Körpern ganz zu verwirklichen.

Wenn der Orkan der schmetternden Metallringe in den Rhythmus einsteigt, erreicht die Ekstase ihren Höhepunkt. Ich bin nicht
mehr in der Lage, Wallung, Hitze und Musik auseinanderzuhal-
ten. Eingesungen und fortgezogen folge ich mit geschlossenen
Augen den zwanzig Trommeln, die eine einzige sind, folge dieser
einen Trommel, die dem Reich der Götter die Stunde schlägt und
die Füße auf einen anderen Planeten setzt. Der Duft Yanelis'. Ihre
Haut so heiß wie Kohle. Sie zieht mich zu sich und flüstert: »Männer behaupten, Kuba sähe aus wie ein Krokodil. Aber die Frauen
wissen, es ist eine Zigarre. Eine brennende Zigarre.«

Als sich die Welt wieder zusammenfügt, sind wir schon längst an der Heimstätte der Band angekommen und die Instrumente zurück in den Hof gepackt worden. Die Menge zerstreut sich. Glühend und schwitzend nehmen wir Kubapizzen bei Tico und sammeln anschließend unseren Teil der Santa Rosa ein, um einige Blocks weiter unten zu den Streetcats zu stoßen. Bis auf Presidente und Abuela sind alle dabei und haben ihre besten Parfüms aufgetragen: Richard und seine Frau Maria, Ivan, Elvio, Milsy und sogar Mayra, die keine Mühe hat, Yanelis den gesamten Abend zu ignorieren.

Für die Party in Dagmars Haus hat man unter Anstrengung aller kubanischen Kräfte eine große Box besorgt, während es die Aufgabe der Deutschen und Linnys war, für den Rum zu sorgen. Dagmar ist eine junge Frau von sechsundzwanzig Jahren, die, wie sie uns stolz erzählt, gerade zum fünften Mal schwanger ist. »Vier Mal habe ich abgetrieben, aber verdammt, dieses Mal bekomme ich das Kind.«

Ihr Freund Luis, selbst gerade einmal Anfang zwanzig, reckt beide Daumen in die Luft und Mariela, Dagmars Mutter, die sich mit zwei Freundinnen die stundenlang hergerichteten Nägel feilt, lacht so sarkastisch, als wolle sie sagen: Na, das wollen wir doch erst mal sehen!

Den harten Kern der üblichen Streetcats, benannt nach ihrem Hang, den gesamten Tag vor dem Haus herumzuhängen, bilden Lolo, Arian und Orlando, Letzterer einer der beeindruckendsten Menschen, die ich auf Kuba kennengelernt habe. Als normaler Mensch kommt man nicht umhin, seine Selbstverständlichkeit obszön zu finden. Man meint, ihm gehöre die Luft und alles andere Leben, und er kann gar nicht anders, als ungewollt ein riesiges Grinsen zu verbreiten. Ohne dass er es weiß, gelingt ihm alles.

Während sich immer mehr Freunde unserer Gastgeber einfinden, die Musik lauter und lauter wird und die Flaschen wie Lebestoff herumgehen, bleiben die Nachbarn und Bewohner der Casa Azul noch unter sich und versuchen, mit den neuen Bekannten warm zu werden. Zum Glück trägt Mariela das Herz auf den Lippen und geht mit Linny genauso um wie die Ober*patrona* der Casa Azul; das sollte helfen, um das Eis zu brechen.

»China«, sagt Mariela, »hast du Stäbchen zum Essen dabei? Magst du gebratenen Reis?« Dann zeigt sie auf einen der muskulösen Cats und sagt: »Komm schon, ich weiß, dass du auf Schwarze stehst, also nur zu!«

Auch Linny kann man es nur zugutehalten, dass sie die liebliche Rohheit der Kubaner mitsamt deren Humor einwandfrei wegsteckt und ihrerseits kontert, sie nehme ihn gerne: Aber nur, *¡Cojones!,* wenn er einen großen Schwanz habe! Das Haus explodiert. »Na, das schwöre ich dir!«, schreit Mariela und springt unter dem Beifall aller Anwesenden auf, dem Angesprochenen die Geheimnisse seiner Lenden zu entreißen. Zum Glück weiß man sich zu wehren.

Darauf eine Runde!

Mittlerweile läuft zum ersten Mal »*Yo soy soltera*«.

Und aus allen Ecken strömen mehr Besucher.

Jede volle Stunde muss einer von uns losziehen, um neuen Rum zu besorgen. Dagmar besteht auf TuKola. Anscheinend meint sie es ernst mit dem Baby.

Unter den alten Holzplatten, die eine Decke sein sollen – aufgeweicht, abgebröckelt und braun –, wird es immer lauter und heißer. Der Staub auf den schiefen Bilderrahmen zittert, der Schimmel an den Wänden ist zufrieden mit der steigenden Luftfeuchtigkeit. Mittendrin schweben die Gläser und wogen die Tanzenden wie eine einzige, mal mehr oder weniger anmutige Masse, die sich selbst bestens vergessen hat.

Als zum zweiten Mal »*Hasta que se seque el Malecón*« von Jacob Forever läuft, da schafft es auch Jabba, von zwei bis drei Gläsern

in Bewegung gesetzt, die paar Treppenstufen hinauf in die Wohnung. Wir sollten sie nicht zu sehr auffordern und diese Jung-
spunde besser von ihr fernbleiben, kreischt sie, hinterher komme das hier alles raus und zack, man werfe sie in den Knast zu
Nymphomaninnen! »Ai, ai, ai«, kreischt sie, »und dann? Dann
nehmen mich vier Frauen mit in die Kellerdusche, um mit mir
das nachzuholen, was ich die letzten zwanzig Jahre verpasst
habe. Aber bitte ganz ruhig die Damen, tut mir nicht weh, macht
es bitte eine nach der anderen, ich bin, *dios mio,* vollkommen aus
der Übung!«

Sie wirft die Hände zur Decke und wackelt mit dem Hintern.
Hermes ist sprachlos. Bruni kann es nicht fassen. Ich nehme all
meine jemals erlebte Dankbarkeit zusammen und preise den
Weltengeist, der so etwas möglich gemacht hat.

Des Weiteren: Dagmar und Bruni synchronisieren ihre Dance-
moves, da sie immerhin den gleichen Rock anhaben, und Linny
tanzt, als ließe sie ihr komplettes Arsenal an Muskeln und Sehnen
im Stich. Mayra greift sie von der Tanzfläche und knuddelt sie an
sich. Was für ein Bild! Eine zutiefst verunsicherte Linny und Mayra, die, so freudestrahlend wie selten zuvor, versichert:

»Ach Chinita, du bist zwar komisch, aber irgendwie gehörst du
doch zur Familie.«

Als hätte es dieser himmlischen Szene und der so wahren Worte noch bedurft, fegt Ivan herein, der sich bislang ebenfalls zu-
rückgehalten hat. Nun steht ihm der Zuckerrohrschnaps bis unter
die Schädeldecke. Sachte grölend zieht er seine quadratischen
Kreise durch die Tanzenden, sodass ich an die Zeilen von Guillén
denken muss:

»Trinker nicht endender Schlücke,
Gurgel aus Büchsenblech,
treibende Barke im Meer aus Rum,
Reiter im Festtanz der Neger.«

»*Salud*. In welchem anderen Land«, sagt Luis, »kann man den ganzen Tag rumsitzen und Domino spielen und saufen! Ich weiß nicht, warum sich die Leute beschweren. Wir alle wissen, was im Rest der Welt vor sich geht. Nein, nein! Jetzt bekomme ich ein Kind und das wird großartig, jetzt ...«

Zack! Luis, von Ivan zur Seite gestemmt, verschwindet irgendwo im Raum. Mein liebster Nachbar legt mir die Hand auf die Schulter. Jetzt, sagt er, sei eine gute Gelegenheit, mein dämliches Aufnahmegerät einzuschalten. Mit einem Ruck nimmt er den letzten Rest der Flasche und beginnt seinen Freestyle:

»Diese Frau, Mayra, sie glaubt, sie herrscht über uns, weil sie eine Frau ist und Beine hat oder weil sie uns Beine von Tieren kocht, wenn wir hungrig sind.

Ich kann mit ihr verhandeln, aber nur, wenn ich schon besoffen bin, denn wenn man kein Essen oder Trinken gibt, dann gibt man auch kein Leben.

Mein Bruder, du bist Deutscher und kein Kubaner, ich mach dich und die ganze Welt müde, bis deine Eier zu kochen beginnen.

Passt auf!, denn der Deutsche nimmt alles auf, wir müssen aufpassen und sagen, dass wir Freunde von Fidel und Raúl sind.

Ich bin ein echter Kubaner von Herzen, und du, kleiner Deutscher, wasch dich und nimm Deo. Jetzt bricht der Tag an, und ich bin mir sicher, dieser *cabrón* nimmt all seine Aufnahmen mit sich.«

Der Applaus und die klirrenden Gläser, die auf ihn und den neuen Tag anstoßen, sind vollkommen berechtigt. Ivan hat recht. Ich werde meine Aufnahmen mitnehmen und noch viel mehr. Aber wie? Mir scheint, als habe ich nicht genug Körper für all das Gepäck und zu wenig Verständnis für all das Begreifen, das mir Kuba mit auf den Weg gibt:

Dass die Welt mehr Vehemenz, mehr echte Menschen braucht.

Dass es immer etwas zu erzählen und das Meiste zu verschweigen gibt.

Dass das ›Glück‹ weder auf das Bruttosozialprodukt schielt noch eine Floskel aus dem Werbefernsehen ist. Zufriedensein ist eine traditionell simple Angelegenheit, die immer ohne den großen Effekt und ohne Höhenrausch auskommt: Freundschaften haben und pflegen. Gut oder überhaupt zu essen. In keinem Krieg kämpfen müssen. Medizin zu haben, wenn man krank ist, und keine Anspannung, wenn man gesundet. Die Sonne als den Bruder des Tages zu küssen. Die Möglichkeit der Zeit. Vor allem aber: nicht einsam zu sein und *berührt,* ja angesprochen zu werden von der Familie, Nachbarn und Liebhabern.[4]

Wie ich ein letztes Mal in die Runde schaue, ist das entscheidende Gut der Kubaner unübersehbar.

Hier auf der Tanzfläche.

In der Markthalle.

Beim Warten vor der Bank.

Beim Zeitunglesen.

Betrunken in den Straßen.

Beim Schwätzchenhalten.

In den Schaukelstühlen, Boxringen oder Bars:

Ich habe keinen Kubaner je die *Haltung* verlieren sehen.

Denn auch, wenn mehr als die Hälfte schiefgeht und man sich wie überall auf der Welt ein anderes, ein besseres Leben wünscht, stirnt sich eben dieses Leben gegen alle Täglichkeiten, die eine Seele zu fressen vermögen. Niemand vergräbt den Kopf im Sand.

---

4 Über fünfundsiebzig Jahre hinweg hat eine Langzeitstudie der Harvard University untersucht, was uns glücklich macht. Das Ergebnis: Menschen, die sozial gut eingebunden sind in ihre Familien, Freunde und Gemeinden sind allesamt glücklicher, gesünder und leben länger, wobei vor allem die Qualität der Beziehungen entscheidend ist.

Jedermann bleibt auf den Beinen. Jedefrau spricht sich Psalme ins Herzrot. Ja, in Santiago de Cuba wird man jederzeit an die Worte Schopenhauers erinnert: »Ein glückliches Leben ist unmöglich: Das Höchste, was ein Mensch erlangen kann, ist ein heroischer Lebenslauf.«

In der Tat macht man alles richtig, wenn man auf dem Höhepunkt des kollektiven Rausches eine müde werdende Yanelis an die Hand nimmt und den Bacchusreigen verlässt. Das Letzte, was ich von meinen Freunden höre und sehe, ist Ivan, der Bruni mit den Worten antanzt: »Oh mein Gott, ich glaube du bist meine Tochter.«

Yanelis protestiert, aber ich bestehe darauf: Der Umweg über das Café Matamos wird in Kauf genommen. Das Fett glänzt auf den *bocaditos* und der immer gleiche kubanische Käse wird aufgetragen, Lappen für Lappen. Außerdem: Wären wir nicht hier hochgelaufen, hätten wir den Bus verpasst, der auf seiner Windschutzscheibe folgenden Schriftzug präsentiert:

>»*La envidia no mata, pero mortifica.*«
>»Die Missgunst tötet nicht, aber demütigt.«

Wir überqueren die leere Straße und landen im Straßengewirr Portuondos. Ich quatsche wirr und besoffen vor mich hin, Yanelis hat sich eingehakt und riecht wie das verdammte Meer. Es steht nicht in meinen Sternen und liegt nicht als Fügung im Inneren irgendeines Steines, mit Yanelis hier auf Kuba ein Kind zu zeugen – da bin ich mir mit Hermes, Orúla, meinem Beschützer Changó und Yanelis einig. Aber wie gut, von solch einem Lachen begleitet zu werden; wie gut, dass mich diese Lippen in der Nacht halten.

In ihrem Haus brennt noch Licht. Die Großmutter ist noch wach und wartet, bis Yanelis zurückkommt und ihr das Malzbier mitbringt, das wir noch beim *autoservicio* besorgt haben. Ein Abschiedskuss, zu dem tatsächlich das Licht ausgeht. Ohne ein Geräusch liegt der gesamte Block im Dunkeln. »Kuba«, raunt Yanelis, »deine tolle Insel des Lachens, meine Heimat der geplatzten Träume. Bis morgen ...«

Yanelis verschwindet im Haus.

Nachdem ich noch eine Weile auf die Tür gestarrt habe, kann ich mich noch nicht mal erinnern, aus welcher Richtung wir gekommen sind.

Ich laufe los.

Eiserne Regel eines Verschollenen: immer fluss- oder hügelabwärts und immer in die Richtung, wo noch Straßenlampen die Wege erhellen. Nach drei Kreuzungen, die allesamt gleich aussehen, habe ich mich endgültig verlaufen.

Dort, wo wieder Licht brennt, treffe ich einen alten Mann, der sich den Nacken föhnt. Wir rauchen eine Zigarette, während sich das gelbe Licht auf den Palmenblättern wiegt. Irgendwo tropft Wasser in die Totenstille des frühen Morgens. Ich gehe weiter, die Häuser wie Festungen, die Häuser wie Schlösser, die Häuser wie Baracken, Ruinen und Märchen. Ich zähle all die Bäume und Sträucher, die es in Tivolí nicht gibt, und treffe sogar auf letzte Heimkehrer, »vom Wein oder der Venusmuschel hergetrieben« (Lima) und so geradeaus wie kubanische Eisenbahnschienen.

Ob ich Zigaretten habe? – Leider nicht. Rum? – Is' alle!

Wir klapsen uns lachend auf die Schulter, möge Gott für alles sorgen. In meine Liste der Dinge, die in Kuba fehlen, notiere ich: Ohnmacht.

Ein Baum voller rosa Blüten. Kein Mond in seiner Nachtbahn. Mein Immer-weiter-laufen wird von Geräuschen und Lärm unterbrochen – ich stehe am Hintereingang einer Großbäckerei, gehe hinein und nehme mir ein baguetteartiges Teil, so groß wie mein

Oberschenkel. Einem verdutzten Arbeiter drücke ich ein *Buenas* und all mein Kleingeldgeklimper in die Hand, wahrscheinlich das Dreißigfache des Ladenpreises.

Ich laufe weiter. Das knusprige Baguette bröselt mir den Mund trocken, aber wie ein Affe, der nicht aufhören kann, wenn er einmal angefangen hat, knabbere ich hungerlos weiter und weiter. Wo bin ich? Und wer ist dieser Zirkushund? Da steht er und pisst so kunstvoll, dass sein Wasser einmal unter seinem Körper hindurchfließt und bei seinen Vorderbeinen herauskommt. Keine Frage, das Essen hat er sich verdient. Er dankt es mir, indem er mich ans Ziel bringt. Ich folge ihm und der Spur, die die Baguettekrümel auslegen, bis ich plötzlich ein Haus wiedererkenne.

Die Aguilera! Ich stehe vor dem Büro des CDR, in dem tagsüber eine gelangweilte Belegschaft von vor sich hindösenden Frauen herrscht, und hier vorne ist die Bäckerei, in der man Milo und mir vor einer gefühlten Ewigkeit einige Brötchen geschenkt hat. Nebenan: Das Nagelstudio der jungen Frau, in die Hermes sich aus der Ferne verliebt hatte, und etwas weiter unten das Ministerium für Immigration. Zur Belohnung krame ich eine zerknitterte Criollo aus der Hosentasche.

Santiago hat mich zurück.

Eine halbe Minute später stehe ich vor Demiáns Wohnung. Da drinnen liegen sie in ihrem wohlverdienten Schlaf, Demián, Patricia und besonders Violetta, die noch nichts von ihrem Glück weiß, in wenigen Stunden zum letzten Mal in den alten acht Wänden aufzuwachen.

Ich hocke mich zu der Büste Martís, vor der wir so viele Abende verbracht haben, und streichle den Kopf des Dichters. Eine halbe Stunde noch und der Rand des Tages wird sich in sein Hellblau tauchen, um die Menschen aus ihrer Nacht zu holen. Ein kleines bisschen noch, und alles morgen beginnt von vorne.

Wie hatte es Alain einst gesungen:

»Ich werde sterben als Santiaguero
aber nicht, weil es auf meinem Ausweis steht,
sondern in mein Herz geschrieben ist.
Wenn ich wiedergeboren werden könnte
dann sag mir, Kumpel, wo es diesen Ort gibt
wo die Leute arm sind
aber das Herz niemals leer und verlassen.
Und wenn ich sterbe, und falls ich ein Engel werden würde,
(Scheiiiße, was leider ziemlich schwierig wird)
dann säße ich oben auf der Kathedrale
von wo aus der Wind, aus der Bucht kommend,
meine Worte mitnähme –
um diese Stadt, um Santiago de Cuba zu segnen.«

Kubanische Begriffe

adiós	auf Wiedersehen, tschüss
agua potable	Trinkwasser
aji	Chili
ajo	Knoblauch
alemán	deutsch, Deutsche(r)
alemán crudo	steifer Deutscher
amor, mi amor	Liebe, meine Liebe
amorcito	Liebchen
aplauso	Beifall
aromatizante	Aroma-, Duftstoffe
arroz	Reis
autopista	Autobahn
autoservicio	Tankstelle
babalao	Priester der Santería bzw. des Buches Ifá
Batá	ursprünglich afrikanische zweifellige Sand-uhrtrommel
besito	Küsschen
bienvenido	willkommen
bocadito	weißes, weiches Brötchen
Bucanero	kubanische Biersorte
buena/s, bueno	gut
borracho	Betrunkener
cabrón	Kumpel, Kerl
cafecito	kleiner Kaffee
calle	Straße
camión	Lastwagen
carajillo	Kaffee mit einem Schuss Alkohol

carro	Karre
casa	Haus
casa particular	Privathaus, -unterkunft
CDR, Comité de Defensa de la revolución	Komitee zur Verteidigung der Revolution
cebolla	Zwiebel
Changó	afrokubanische Gottheit; Donnergott; assoziiert mit der heiligen Barbara
chica	Mädchen
chicoticos	kubanische Maisflips
claro, si claro	klar, selbstverständlich
cojones	Slang: Eier
comandante en jefe	Oberkommandierender (= Fidel Castro)
compañero	Kamerad
Conga	afrikanische einfellige Fasstrommel
corazón, mi corazón	Herz, mein Herz
crema	Creme, Sahne; hier: eine Art Mayonnaise
Criollos	wörtlich: Kreolen; kubanische Zigarettenmarke
Cristal	kubanische Biersorte
crudo	roh, streng, hölzern
cubana, cubano	kubanisch
Cubay	kubanische Rumsorte
cubo	Eimer
¡dimme!	Erzähl mir!
dios mio	mein Gott
directamente	direkt
dulce	süß
Eleguá	afrokubanische Gottheit der Wege und Straßen; assoziiert zum Beispiel mit dem heiligen Michael
ensalada	Salat

esa	anfeuernder Ausruf, Schrei
exactamente	genau
fumigación	Ausräucherung
gracias	danke
Granma	Motorjacht, mit der Fidel Castro im November 1956 von Mexiko nach Kuba übersetzte; zugleich Name der größten kubanischen Tageszeitung und Name einer kubanischen Provinz
hay	es gibt, es ist/sind
helado	Eis
hermano	Bruder
hijo, mi hijo	Kind (Sohn), mein Sohn
hola	hallo
Hollywood	kubanische Zigarettenmarke
hombre	Mann
internationalista	Internationalist; Bezeichnung für die von Kuba in andere Länder entsandten zivilen und militärischen Helfer
jangletas	Flip-Flops
jefe	Chef
jinertera	Prostituierte
jinertero	Loverboy, Zuhälter; auch jemand, der alles beschaffen kann
limpiar	putzen
listo	bereit, startklar; oft gebraucht im Sinne von: alles klar, okay
loco	verrückt
madre	Mutter
madre mia	herrjeh, heilige Scheiße
malanga	Malangaknolle, auch Tannia *(Xanthosoma sagittifolium);* die stärkehaltige Knolle wird ähnlich einer Kartoffel verwendet

malecón	Kai, Hafenpromenade
mas o menos	mehr oder weniger
mi	mein
mierda	Scheiße
moto	Motorrad
mujer, mujeres	Mädchen
mujeriego	Weiberheld, Schürzenjäger
nada	nichts
negrita, negrito	Schwarze, Schwarzer
nesecita	erforderlich, notwendig
nesecita pantalones	Hosen erforderlich
no	nein, nicht
Ochún	afrokubanische, weibliche Gottheit der Liebe, Schönheit und Fruchtbarkeit
opon de Ifá	Weissagungsschale in der Ifá-Religion
orisha	Gottheiten in der Religion der Yoruba und den daraus abgeleiteten afroamerikanischen Religionen und Kulten
Orúla	afrokubanische Gottheit; assoziiert mit dem heiligen Franz von Assisi
oye	hey
pantalones	Hosen
pasión	Leidenschaft
patrona	Chefin, Hausherrin
permiso	Erlaubnis; hier im Sinne von: Entschuldigung
pimiento	Paprika
plaza	Platz
pollo	Hühnchen
pollo fritos	frittiertes Hühnchen
Popular	kubanische Zigarettenmarke
porrones aluminio	Aluminiumbehälter
Presidente	kubanische Biersorte
puta	Hure

que pinga	Slang: Schwanz
que puta	Slang: was für eine Hure
rapido	schnell
refresco	Erfrischungsgetränk, Limonade
Reggaeton	elektronische Tanzmusik, basierend auf Reggae, Hip-Hop, Merengue und so weiter
Ron Mulata	kubanische Rummarke
Ron Santiago	Ron Santiago de Cuba, kubanische Rummarke
sala	Saal, Halle
Sala de Polivalente	Mehrzweckhalle
Salsa	lateinamerikanische Musik-, Tanzform
salud	Gesundheit, Prost!
Santería	afrokubanische Hauptreligion Kubas
santero	Priester der Santería
Santiagueros	Einwohner von Santiago de Cuba
santos	Heilige
servietta	Serviette
siempre	immer
Son	kubanische Musikrichtung aus spanischen und afrokubanischen Musik-, Tanzformen
Soy cubano, *soy Popular*	Werbespruch der Popular-Zigaretten: Ich bin kubanisch, ich bin Popular (*popular* = beliebt)
subproducto	Bei-, Nebenprodukt
todo	alle, alles
turista	Tourist
último	der Letzte; Frage, wenn man sich in einer Reihe anstellt
vamos	lass uns gehen
vegetales	Pflanzen
ven aka	komm her
zapote	Sapote, Breiapfel *(Pouteria sapota);* Baum mit großen Beerenfrüchten, die zu Süßspeisen oder Getränken verarbeitet werden

Quellennachweis

S. 5: »Ich sah was ich nicht sah, ...«: José Lezama Lima, Fragmente der Nacht (Übersetzung: Curt Meyer-Clason). Lagrev Verlag, Feldkirchen-Westerham 1994, S. 69

S. 43: »Hier sind wir! ...«: Nicolás Guillén: Gedichte (Übersetzung: Erich Arendt). Suhrkamp Verlag, Frankfurt a. M. (Berlin) 1982, S. 7

S. 73: »Wie gut es doch ist, ...«: Calle 13: Baile de los pobres, auf dem Album: Entren los que quieran (Songtext von René Pérez, Eduardo Cabra, Rafael Ignacio Arrcaute). © EMI Music Publishing, Warner/Chapell Music, Inc. 2010 (Übersetzung: Dennis Freischlad)

S. 77: »Mein Herz, wir sind die Nacht ...«: unbekannt (Übersetzung: Dennis Freischlad)

S. 80: »Ser culto es el único ...«: José Martí, Inschrift auf Büstensockel (Übersetzung: Dennis Freischlad; Originaltext zu finden in: Maestros ambulantes. Biblioteca Virtual Universal, Buenos Aires 2003)

S. 80: »Es ist etwas Alltägliches ...«: Angela Krauß, Die Gesamtliebe und die Einzelliebe. Frankfurter Poetikvorlesungen. Edition Suhrkamp, Frankfurt a. M. (Berlin) 2004, S. 96

S. 81: »Wenn es wirklich ist, ...«: Octavio Paz, Gedichte (Übertragung: Fritz Vogelsang). Suhrkamp Verlag, Frankfurt a. M. (Berlin) 2000, S. 163 (Gewissheit)

S. 82: »Die Poesie, die zusammenfügt oder ...«: José Martí, Mit Feder und Machete, Gedichte, Prosaschriften, Tagebuchaufzeichnungen (Übersetzung: Christiane Bauer, Hans-Otto Dill, Christel Dobenecker und Franziska Hexel, Nachdichtungen: Annemarie Bostroem). Rütten & Loening Verlag, Berlin 1986, S. 127

S. 83: »Ich bin sechzehn Jahre, ...«: José Martí zitiert nach: Kurt Schnelle, José Martí, Apostel des freien Amerika. Pahl-Rugenstein Verlag, Köln 1983, S. 40

S. 84: »Gewiß! Auch ich, den Schädel ...«: José Martí, Mit Feder und Machete, Gedichte, Prosaschriften, Tagebuchaufzeichnungen (Übersetzung: Christiane Bauer, Hans-Otto Dill, Christel Dobenecker und Franziska Hexel, Nachdichtungen: Annemarie Bostroem). Rütten & Loening Verlag, Berlin 1986, S. 285

S. 85: »Land der Zuflucht, ...«: José Martí, Mit Feder und Machete, Gedichte, Prosaschriften, Tagebuchaufzeichnungen (Übersetzung:
Christiane Bauer, Hans-Otto Dill, Christel Dobenecker und Franziska Hexel, Nachdichtungen: Annemarie Bostroem). Rütten & Loening Verlag, Berlin 1986, S. 186

S. 85: »Die Wirklichkeit erkennen und ...«: José Martí, Mit Feder und Machete, Gedichte, Prosaschriften, Tagebuchaufzeichnungen (Übersetzung: Christiane Bauer, Hans-Otto Dill, Christel Dobenecker und
Franziska Hexel, Nachdichtungen: Annemarie Bostroem). Rütten &
Loening Verlag, Berlin 1986, S. 89

S. 86: »despotischen und tückischen«: José Martí, Mit Feder und Machete, Gedichte, Prosaschriften, Tagebuchaufzeichnungen (Übersetzung: Christiane Bauer, Hans-Otto Dill, Christel Dobenecker und
Franziska Hexel, Nachdichtungen: Annemarie Bostroem). Rütten &
Loening Verlag, Berlin 1986, S. 68

S. 86, Fußnote: »Unfähig ist nicht das entstehende Land, ...«: José Martí,
Mit Feder und Machete, Gedichte, Prosaschriften, Tagebuchaufzeichnungen (Übersetzung: Christiane Bauer, Hans-Otto Dill, Christel Dobenecker und Franziska Hexel, Nachdichtungen: Annemarie
Bostroem). Rütten & Loening Verlag, Berlin 1986, S. 64

S. 88: »Waffen der Vernunft, ...«: José Martí, Mit Feder und Machete, Gedichte, Prosaschriften, Tagebuchaufzeichnungen (Übersetzung:
Christiane Bauer, Hans-Otto Dill, Christel Dobenecker und Franziska Hexel, Nachdichtungen: Annemarie Bostroem). Rütten & Loening Verlag, Berlin 1986, S. 62

S. 88: »Jeder soziale Zustand findet ...«: José Martí, Mit Feder und Machete, Gedichte, Prosaschriften, Tagebuchaufzeichnungen (Übersetzung: Christiane Bauer, Hans-Otto Dill, Christel Dobenecker und
Franziska Hexel, Nachdichtungen: Annemarie Bostroem). Rütten &
Loening Verlag, Berlin 1986, S. 126

S. 89, Fußnote: »Es ist lächerlich, unsinnig und ...«: Leo Trotzkij, Literatur
und Revolution (Übersetzung: Renate Gebhardt nach der russ. Erst-
ausgabe von 1924, übersetzt von Eugen Schaefer und Hans von Riese).
dtv, München 1972, S. 11

S. 89: »Ich auf der Brücke. ...«: José Martí, Mit Feder und Machete, Gedichte, Prosaschriften, Tagebuchaufzeichnungen (Übersetzung:
Christiane Bauer, Hans-Otto Dill, Christel Dobenecker und Franziska Hexel, Nachdichtungen: Annemarie Bostroem). Rütten & Loening Verlag, Berlin 1986, S. 386

S. 90: »Das Kind, Bruder oder Sohn von Märtyrern ...«: José Martí, Mit Feder und Machete, Gedichte, Prosaschriften, Tagebuchaufzeichnungen (Übersetzung: Christiane Bauer, Hans-Otto Dill, Christel Dobenecker und Franziska Hexel, Nachdichtungen: Annemarie Bostroem). Rütten & Loening Verlag, Berlin 1986, S. 325

S. 90: »Am Grund des Brunnens der Geschichte, ...«: Pablo Neruda, zitiert nach: Kurt Schnelle, José Martí, Apostel des freien Amerika. Pahl-Rugenstein Verlag, Köln 1983, S. 12

S. 91: »besagte Insel, wenn sie durch Spanien ...«: Michael Zeuske, Kleine Geschichte Kubas. Verlag C.H. Beck, München 2007, S. 141

S. 92: »Die Lage, in die man dieses Volk ...«: Máximo Gómez, zitiert nach: Roman Rhode, Fidel Castro. Verlag W. Kohlhammer, Stuttgart 2014, S. 20

S. 93: »Ich habe am Himmel ...«: unbekannt (Übersetzung: Dennis Freischlad)

S. 97: »Meine Kindheit war unvergleichlich schön, ...«: Reinaldo Arenas, Bevor es Nacht wird (Übersetzung: Thomas Brovot und Klaus Laabs). Edition diá, Berlin 1996, S. 19

S. 97: »Sexuelle Beziehungen hatte ich ...«: ...«: Reinaldo Arenas, Bevor es Nacht wird (Übersetzung: Thomas Brovot und Klaus Laabs). Edition diá, Berlin 1996, S. 24

S. 97: »Ich weiß nicht, ob der wirkliche Reiz ...«: »Meine Kindheit war unvergleichlich schön, ...«: Reinaldo Arenas, Bevor es Nacht wird (Übersetzung: Thomas Brovot und Klaus Laabs). Edition diá, Berlin 1996, S. 24

S. 98 »Die Lebensalter des Menschen ...«: José Lezama Lima, Paradiso (Übersetzung: Curt Meyer-Clason unter Mitwirkung von Anneliese Botond). Suhrkamp Verlag, Frankfurt a. M. (Berlin) 1984, S. 345

S. 107: »Ich werde dir vergeben ...«: unbekannt (Übersetzung: Dennis Freischlad)

S. 107: »Wie ein kaltes Gefäß ...«: José Martí, Mit Feder und Machete, Gedichte, Prosaschriften, Tagebuchaufzeichnungen (Übersetzung: Christiane Bauer, Hans-Otto Dill, Christel Dobenecker und Franziska Hexel, Nachdichtungen: Annemarie Bostroem). Rütten & Loening Verlag, Berlin 1986, S. 139

S. 111: »Doch in der Werkstatt des Universums ...«: José Martí, Mit Feder und Machete, Gedichte, Prosaschriften, Tagebuchaufzeichnungen (Übersetzung: Christiane Bauer, Hans-Otto Dill, Christel Dobenecker und Franziska Hexel, Nachdichtungen: Annemarie Bostroem). Rütten & Loening

Verlag, Berlin 1986, S. 158

S. 117: »Que arte que tiene tu sexo ...«: Alexandre Pires, Es por amor (Song-writer F. Estefano Salgado, Donato Poveda). © Sony/ATV Music Pub-lishing LLC (Übersetzung: Dennis Freischlad)

S. 131: »Die Schießerei breitete sich aus. ...«: Fidel Castro mit Ignacio Ra-monet, Mein Leben (Übersetzung: Barbara Köhler). Rotbuch Verlag, Berlin 2008, S. 141

S. 132: »im Namen der Freiheit ...«: José Martí zitiert nach: Fidel Castro mit Ignacio Ramonet, Mein Leben (Übersetzung: Barbara Köhler). Rotbuch Verlag, Berlin 2008, S. 167

S. 132: »Das Problem des Bodens, ...«: Fidel Castro, zitiert nach: http://fidel-castroarchiv.blogspot.de/2007/08/die-geschichte-wird-mich-freispre-chen.html, Das deutschsprachige Fidel Castro Archiv
Die Geschichte wird mich freisprechen. Rotbuch Verlag, Berlin 2009.

S. 133: »Seine Leidenschaft für ...«: Gabriel Márquez, zitiert nach: Roman Rhode, Fidel Castro. Verlag W. Kohlhammer, Stuttgart 2014, S. 7

S. 133: »Er beginnt stets mit fast unhörbarer Stimme, ...«: Gabriel Már-quez, zitiert nach: Fidel Castro mit Ignacio Ramonet, Mein Leben (Übersetzung: Barbara Köhler). Rotbuch Verlag, Berlin 2008, S. 24

S. 133: »Condenadme, ...«: Fidel Castro, zitiert nach: http://archivo.juven-tudes.org/textos/Fidel%20Castro/La%20Historia%20me%20absol-vera.pdf (Fidel Castro Ruz, La Historia me absolverá. La Caja de Her-ramientas, Biblioteca Virtual UJCE), letzter Satz aus Fidel Castros Verteidigungsrede

S. 134: »Stolpernd gelangten wir ...«: Che Guevara, zitiert nach: Roman Rhode, Fidel Castro. Verlag W. Kohlhammer, Stuttgart 2014, S. 102

S. 136: »Wir haben noch immer zwölf Männer! ...«: Carlos Manuel de Cés-pedes, zitiert nach: Fidel Castro mit Ignacio Ramonet, Mein Leben (Übersetzung: Barbara Köhler). Rotbuch Verlag, Berlin 2008, S. 202

S. 137 »An einem Gefecht habe ich nie ...«: Reinaldo Arenas, Bevor es Nacht wird (Übersetzung: Thomas Brovot und Klaus Laabs). Edition diá, Berlin 1996, S. 53

S. 137: »das sicherste Bollwerk ...«: Fidel Castro, zitiert nach: Roman Rho-de, Fidel Castro. Verlag W. Kohlhammer, Stuttgart 2014, S. 143

S. 138: »radikal eigenständige Innen- und Außenpolitik«: Roman Rhode, Fidel Castro. Verlag W. Kohlhammer, Stuttgart 2014, S. 173

S. 138: »national-antiimperialistische Revolution«: Michael Zeuske, Kuba im 21. Jahrhundert, Revolution und Reform auf der Insel der Extreme. Rotbuch Verlag, Berlin 2012

S. 140: »Como perro que vuelve ...«: Biblia Reina-Valera 1960, Proverbios 26:11

S. 140: »Wie ein Hund, der zu seinem Erbrochenen ...«: Bibel, Das Buch der Sprichwörter (Einheitsübersetzung), 26:11

S. 149: »Y así pasan los días, ...«: Osvaldo Farrés: Quizás, quizás, quizás. 1947, bekannt geworden durch die Version von Los Panchos, 1948 (Übersetzung: Dennis Freischlad)

S. 154: »Mis pasos en esta calle ...«: Octavio Paz. Gedichte (Übertragung: Fritz Vogelsang). Suhrkamp Verlag Frankfurt a. M. (Berlin) 2000, S. 154

S. 154: »Meine Schritte in dieser Straße ...«: Octavio Paz. Gedichte (Übertragung: Fritz Vogelsang). Suhrkamp Verlag Frankfurt a. M. (Berlin) 2000, S. 155

S. 162: »Ich komme von dort, wo die Sonne ...«: Alexander Abreu, Me dicen Cuba, auf dem Album: Alexander Abreu, Havanna D'Primera, Me dicen Cuba – La Rosa Peligrosa. © Páfata Productions Ltd., Barcelona 2013 (Übersetzung: Dennis Freischlad)

S. 183, Fußnote: »Das macht den Menschen glücklich, ...«: Heinrich Heine, zitiert nach: Nachgelesene Gedichte 1828–1844. www.staff.uni-mainz.de/pommeren/Gedichte/HeineNachlese

S. 187: »Seit ich dich kenne, gibt es ...«: unbekannt (Übersetzung: Dennis Freischlad)

S. 191: »Und damit du nicht fremd bleibst, ...«: Christoph Meckel, Tarnkappe, Gesammelte Gedichte. Carl Hanser Verlag, München 2015, S. 65

S. 196: »No muerdas la mano ...«: Demián Rabilero, El hombre invisible. Ediciones Santiago, Santiago de Cuba 2014, S. 13 (Übersetzung: Dennis Freischlad)

S. 206: »So muss sie sein, die hohe Dichtkunst, ...«: José Martí, Mit Feder und Machete, Gedichte, Prosaschriften, Tagebuchaufzeichnungen (Übersetzung: Christiane Bauer, Hans-Otto Dill, Christel Dobenecker und Franziska Hexel, Nachdichtungen: Annemarie Bostroem). Rütten & Loening Verlag, Berlin 1986, S. 98

S. 207: »Ich liebe die Bars und Tavernen ...«: Nicolás Guillén, Gedichte, In spanischer und deutscher Sprache (Übersetzung: Erich Ahrendt). Reclam, Leipzig 1969, S. 129

S. 208: »No me importa que ...«: José José, Mujeriego. © Sony/ATV Music Publishing LLC, Rafael Ferro, Roberto Livi, 1995

S. 220: »Es gibt eine Stadt aus ...«: Demián Rabilero, Todas las despedidas del mundo. Ediciones Santiago, Santiago de Cuba 2004, S. 18 (Übersetzung: Dennis Freischlad)

S. 222, Fußnote: »Sei nicht furchtsam, ...«: William Shakespeare, Der Sturm, 3. Akt, 2. Szene zitiert nach: http://wiki.eanswers.com/de/Caliban_(Shakespeare)

S. 223: »Der heutige Dichter muß die Menschen lehren, ...«: José Martí, Mit Feder und Machete, Gedichte, Prosaschriften, Tagebuchaufzeichnungen (Übersetzung: Christiane Bauer, Hans-Otto Dill, Christel Dobenecker und Franziska Hexel, Nachdichtungen: Annemarie Bostroem). Rütten & Loening Verlag, Berlin 1986, S. 42

S. 231: »Es sind nun sechsundfünfzig Jahre ...«: unbekannt, Übersetzung Dennis Freischlad

S. 238: »In meinem Testament ...«: Juan Julio Arrascaeta zitiert nach: Janheinz Jahn (Hrsg.), Schwarzer Orpheus, Moderne Dichtung afrikanischer Völker beider Hemisphären. dtv, München 1973, S. 236

S. 243: »Ich bin«, schrieb Fidel, »aufgrund von gelebter Erfahrung...«: Fidel Castro mit Ignacio Ramonet, Mein Leben (Übersetzung: Barbara Köhler). Rotbuch Verlag, Berlin 2008, S. 598

S. 262: »Ich kannte die Eiche und die Verbene. ...«: Demián Rabilero, Todas las despedidas del mundo. Ediciones Santiago, Santiago de Cuba 2004, S. 8 (Übersetzung: Dennis Freischlad)

S. 263: »Ganz nahe ist der Lärm der Sonne ...«: José Martí, Mit Feder und Machete, Gedichte, Prosaschriften, Tagebuchaufzeichnungen (Übersetzung: Christiane Bauer, Hans-Otto Dill, Christel Dobenecker und Franziska Hexel, Nachdichtungen: Annemarie Bostroem). Rütten & Loening Verlag, Berlin 1986, S. 126

S. 266: »Beginnen wir unseren Marsch ...«: Fidel Castro, am 22.4.2016, auf dem VII Congreso del Partido Comunista de Cuba, zitiert nach: https://www.youtube.com/watch?v=8Mi2zYsK2HA&feature=youtu.be

S. 267: »Er wollte die Zeit im Schlaf ...«: José Lezama Lima, Paradiso (Übersetzung: Curt Meyer-Clason unter Mitwirkung von Anneliese Botond). Suhrkamp Verlag, Frankfurt a. M. (Berlin) 1984, S. 281

S. 267: »Der Weg, der in der passenden Farbe ...«: León Estrada, zitiert nach: Pedro López Cerviño, Arelis Albino und León Estrada, La poesía contemporánea de Santiago de Cuba. Ediciones Ángeles de Fierro, San Francisco de Macorís, Dominikanische Republik 2007 (Übersetzung: Dennis Freischlad)

S. 282: »Mein Vaterland ist mild von außen; ...«: Nicolás Guillén, Gedichte

(Übersetzung: Erich Ahrendt). Suhrkamp Verlag, Frankfurt a. M. (Berlin) 1982, S. 43

S. 283: »Der Mensch benötigt …«: Fidel Castro, zitiert nach: Roman Rhode, Fidel Castro. Verlag W. Kohlhammer, Stuttgart 2014, S. 231

S. 283: »Wir haben hier zwei Parteien, …«: Nick Miroff: Cubans worry about what comes next after Fidel Castro's death. In Washington Post, 26.11.2016, zitiert nach: https://www.washingtonpost.com/world/cubans-carry-on-quietly-as-worries-grow-for-what-comes-next/2016/11/26/cac41440-b3ee-11e6-bc2d-19b3d759cfe7_story.html?hpid=hp_hp-top-table-high_cuba703pm%3Ahomepage%2Fstory (Übersetzung: Dennis Freischlad)

S. 285: »Damit man dann seelenruhig …«: Heinrich Böll, Anekdote zur Senkung der Arbeitsmoral (geschrieben für eine Sendung des NDR zum Tag der Arbeit, 1. Mai 1963, Erstdruck in Welt der Arbeit, 22.11.1963), zitiert nach: Robert C. Conrad (Hrsg.), Heinrich Böll, Kölner Ausgabe, Bd. 12, 1959–1963, Kiepenheuer & Witsch, Köln 2008

S. 285: »Auch im Sozialismus gibt es sie, …«: Fidel Castro mit Ignacio Ramonet, Mein Leben (Übersetzung: Barbara Köhler). Rotbuch Verlag, Berlin 2008, S. 392

S. 286: »Meiner Meinung nach gibt es keine dringlichere Aufgabe, …«: Fidel Castro mit Ignacio Ramonet, Mein Leben (Übersetzung: Barbara Köhler). Rotbuch Verlag, Berlin 2008, S. 435

S. 289: »Wir leben und wissen nicht, wozu. …«: Ernst Bloch, Geist der Utopie. Suhrkamp Verlag, Frankfurt a. M. (Berlin) 1985, S. 343

S. 300: »Trinker nicht endender Schlücke, …«: Nicolás Guillén, Gedichte (Übersetzung: Erich Ahrendt). Suhrkamp Verlag, Frankfurt a. M. (Berlin) 1982, S. 17

S. 303: »Ein glückliches Leben ist unmöglich: …«: Arthur Schopenhauer, zitiert nach: Irvin D. Yalom, Die Schopenhauer-Kur. btb Verlag, München 2007, S. 49

S. 304: »vom Wein oder der Venusmuschel hergetrieben«: José Lezama Lima, Paradiso (Übersetzung: Curt Meyer-Clason unter Mitwirkung von Anneliese Botond). Suhrkamp Verlag, Frankfurt a. M. (Berlin) 1984, S. 491

Danksagung

Unnötig, alle Personen dieses Buches hier noch einmal zu erwähnen: Ihnen ist sowieso bis in alle Ewigkeit dafür gedankt, mich in Santiago fulminant beheimatet zu haben. Danke Mayra und Milsy, Demián Rabilero und Alain García Artola. Danke Rafael Cruz, Hermes Villena, Runa Möhrke und Ling Siaw.

Ohne Anregungen und Übersetzungshilfen wäre dieses Buch nicht zustande gekommen. Danke Mouhsine Serrar, der mich mit seinen Erzählungen auf den Weg nach Santiago gebracht hat, danke Tim ›T-Grown‹ Grothaus, Michael Zeuske, Hannah Schievelkamp, Julia Lemke, Rike Weyhing, José Adrián Vitier, Lena Grothe (viel), Michel Grothe (wenig), Sophia Villena, Miranda McLeod, Angela Herran, Rita Santella, Raul Amoros, Philip Laubach-Kiani, Maria Anna Hälker und Britta ›Scroll Scroll Sroll‹ Rath, den spanisch sprechenden und nicht spanisch sprechenden Mitarbeitern von Marcs in Auroville.

Danke Christian ›Trainingsrückstand‹ Emde für den Blumenstrauß.

Danke Dermes, du guter Affe.